Adele Schopenhauer

Jugendleben und Wanderbilder

Band 1

CLASSIC PAGES

Hrsg.: Schopenhauer, Adele

Jugendleben und Wanderbilder, Band 1

Nachlaß von Johanna Schopenhauer, herausgegeben von ihrer Tochter

Reihe: classic pages

1. Auflage 2009 | ISBN: 978-3-86741-180-6

Verbesserter Nachdruck der Erstausgabe von 1839 (Verlag George Westermann, Braunschweig)

© Europäischer Hochschulverlag GmbH & Co KG

www.classic-pages.de

Jugendleben

und

Wanderbilder.

Nachlaß
von
Johanna Schopenhauer.

Herausgegeben
von
ihrer Tochter.

In zwei Bänden.

Erster Band.

Braunschweig,
Verlag von George Westermann.

1839.

Johanna Schopenhauer's

Nachlaß.

Herausgegeben

von

ihrer Tochter.

In zwei Bänden.

Erster Band.

Braunschweig,
Verlag von George Westermann.
1839.

Einleitung.

> Où vont tous ces voyageurs?
> Ils vont où va toute chôse,
> Où va la feuille de rose
> Où va la feuille de laurier!

Schon unzählige Male, in Versen wie in Prosa, ist bis zum Ueberdruß der Menschen Leben einer Reise verglichen worden; die zwischen beiden obwaltende Aehnlichkeit drängt sich unwiderstehlich Jedem entgegen, und auch ich weiß dieses Vergleichs mich nicht zu erwehren, obgleich ich, eben seiner Vortrefflichkeit wegen, mich seiner schäme.

Da stehe ich nun, zwar etwas reisemüde, aber übrigens doch mit frischem Sinn und voll innerer Lebenskraft auf der Höhe der letzten Station vor dem Ziele. Ich blicke noch einmal hinab auf den zurückgelegten langen Weg, auf die lieblichen Thäler, die ich durchwandelte, auf die steilen dornigen Felsenpfade, durch die ich mich winden mußte; zwar will ein wunderbar weiches, aus Freude und Leid zusammengesetztes Gefühl bei diesem Rückblicke sich meiner bemächtigen, doch bin ich im Ganzen wohl zufrieden, so weit gelangt zu sein.

Als vor sechzig bis siebenzig Jahren von Eisenbahnen und Chausseen noch gar nicht die Rede war, und Klopstock seiner um ihn bangenden Cidli aus der Ferne die tröstenden Worte zusang:

»Cidli, Du weinest, und ich schlumm're sicher,
»Wo im Sande der Weg verzogen fortschleicht —«

Damals freilich schlich auch das Leben so langsam gemächlich mit dem Menschen dahin, wie Klopstocks Wagen im Sande; einige kleine, unterwegs nicht zu vermeidende Püffe abgerechnet, kam man, halb im Traume, ehe man sich dessen versah, an das uns Allen gesetzte Ziel, dem noch Keiner jemals ausgewichen ist.

Im wirklichen wie im figürlichen Sinne, wie ist doch das Alles in dieser letzten Zeit, in welche die bei weitem größere Hälfte meines Daseins gefallen ist, so ganz anders geworden! Mit verdreifachter und vervierfachter Schnelle gehen Leben und Reisen, in Eilwägen und auf Dampfschiffen vorwärts, sogar die Stunden galopiren. Was aus Armen und Beinen, besonders aber aus den Köpfen werden wird, wenn erst die Eisenbahnen die ganze Erde wie ein

Netz umziehen, und vollends Herr Green den Plan ausführt, in Zeit von drei Tagen mit seinem Luftballon nach Amerika überzusetzen und im Verlauf einer Woche die Welt zu umkreisen, das freilich ist eine Schwindel erregende Frage, deren Lösung nur die Zeit gewähren kann. Ob die Reisenden bei ihrer Heimkehr von ihren Erfahrungen soviel werden zu erzählen wissen, als ihre langsamer fortschreitenden Vorgänger, ist ebenfalls sehr zu bezweifeln, doch steht zu hoffen, daß sie in keinem Falle minder unterrichtet zurückkommen werden, als der größte Theil der englischen sogenannten Touristen, welche jetzt schaarenweise in der Welt umherziehen.

Erzählen! Des Alters liebste Unterhaltung; und warum sollte sie es nicht sein? »Daß jeder Narr jetzt seine eigne Geschichte hat, das eben ist keine der geringsten Plagen der jetzigen bösen Zeit,« seufzte freilich einst Göthe, als einige, übrigens ganz vortreffliche Personen, wenige Tage nach der Schlacht bei Jena, in etwas ungehöriger Breite von ihrem während derselben und den ihr unmittelbar folgenden drei Plünderungstagen erlittenen Drangsale uns unterhalten hatten; auch ich habe manches aus meinen früheren Erlebnissen, das ich gern mittheilen möchte, doch Göthe's Ausspruch klingt abschreckend genug, um wenigstens einiges Bedenken dabei zu erregen.

Ein in Unmuth ausgestoßenes Wort macht indessen doch noch kein Gesetz, auch kann man ein Buch, das nicht unterhält, leichter zuschlagen, als langweilige Schwätzer zur Thür hinausführen!

Nach der dem siebenjährigen Kriege nun folgenden dumpfen Ruhe fiel mein Leben in eine sehr ereignißreiche Zeit, und von dem ersten im Jahre siebenzehnhundert und fünf und siebenzig in Philadelphia erfolgten Aufstande der Amerikaner bis auf den heutigen zwei und zwanzigsten Januar des Jahres achtzehnhundert und sieben und dreißig, an welchem der unerwartete Ausspruch der Straßburger Jury über die Empörer, zu Gunsten des Prinzen Louis Napoleon, die vielbesprochene Tagesneuigkeit ist, hatte ich Zeit und Gelegenheit zum Ueberfluß, um manches zu sehen, zu erleben, zu bemerken, was nicht allein meiner eignen Erinnerung, sondern auch der Mittheilung nicht ganz unwürdig sein dürfte.

So sei es denn gewagt! Vielleicht gelingt es diesen meinen Erinnerungen aus meiner langen Lebensreise, sich eine nicht minder günstige Aufnahme zu erwerben, als sie meinen früheren, auf kürzeren Reisen gesammelten Erfahrungen geworden ist. Auch liegt gewissermaßen in dieser Art von Wiedererleben des längst Vergangenen ein eigner anziehender Genuß, dem Schmerzlichen darunter hat die Zeit den verwundenden Stachel abgestumpft, und welcher Seefahrer gedächte nicht gern früherer überstandener Stürme! Die glücklicheren Tage hingegen, besonders die der Kindheit, erscheinen uns im verklärenden, Alles verschönenden Schimmer der sonnigsten Ferne.

Auch muß ich gestehen, ich wünsche durch diese meine Selbstbekenntnisse jenen oberflächlichen Biographien zu entgehen, die, bei seinem Erlöschen, jedem nur einigermaßen bekannten Schriftstellerleben drohen, und mit Hülfe einiger von indiscreten Freunden und Bekannten leicht zu erhaltenden Briefen, Notizen und Anekdoten sich schnell zusammen bringen lassen, wenn gleich die Verfasser derselben während der Lebenszeit des Gegenstandes ihrer Bemühungen, in keine Art von Berührung mit demselben jemals gestanden. Wahrscheinlich beabsichtigen sie nur zur Verewigung seines Namens beizutragen, mir aber erscheinen diese Herren wie Leichenfrauen, welche in Ausübung ihres Amtes den Todten, dessen Wiederbelebung nicht in ihrer Macht steht, wenigstens zum letztenmal mit traurigem Flitterstaat aufputzen, ehe er völlig dem Dunkel des Grabes anheimfällt. Und wer, so lange Sonne und Mond ihm noch leuchten, möchte nicht Alles anwenden, um, wenn seine Zeit vorüber ist, solchen Händen sich zu entziehen?

Und so will ich denn versuchen, mit leichten aber sichern Zügen ein Sittengemälde meiner Zeit, in ihrem Fortschreiten mit mir, zu entwerfen; jener alten ehrlichen Zeit, deren Gebräuche und Lebensweise uns jetzt so fern zu liegen scheinen, als wären sie durch Jahrhunderte von uns getrennt, obgleich seit ihrem völligen Erlöschen kaum funfzig Jahre vorüber gezogen sind. Uebrigens bitte ich nicht zu viel von mir zu erwarten, aber auch nicht zu viel von mir zu befürchten, denn ich verspreche mein Möglichstes zu versuchen, um die gefährlichste aller Klippen, die der Langweiligkeit, zu vermeiden.

Wahrheit will ich geben, reine, unverfälschte Wahrheit, ohne jede Beimischung von Dichtung, aber mit Auswahl, ohne auf eine ausführliche Darstellung aller Ereignisse meines Lebens einzugehen, die doch nur für die Wenigen einiges Interesse haben können, welche persönlichen Antheil an mir nehmen. Mit meinen Herzensangelegenheiten aber will ich die Welt ganz verschonen; behaupten, ich habe deren nie gehabt, wäre eben so nutzlos als albern, denn wer würde es mir auf mein Wort glauben?

Es war damit eben wie gewöhnlich das alte Lied:

»Ä bißerl Liäb un ä bißerl Treu,
»Un ä bißerl Falschheit war och mit dabei.«

Um indessen meine Leser so viel möglich auf den Gesichtspunkt zu stellen, von welchem aus ich wünsche, daß sie meine skizzenhaften Darstellungen betrachten mögen, erlaube ich mir noch einige Worte über das, was ich bin und nicht bin, oder vielmehr über das, was ich zu sein und nicht zu sein glaube; denn wer wäre noch jemals zur völligen Erkenntniß seines eignen räthselhaften S e l b s t gelangt?

Für's erste bin ich keine mit philosophischem Blick und männlichem Muth in alle Verhältnisse des Lebens, des eignen wie des fremden, tief eindringende und tief eingreifende Rahel; aber auch kein ercentrisch=poetisirendes Kind, dessen übermächtige Phantasie Wahrheit und Dichtung dermaßen in einander wirrt, daß es selbst am Ende beide nicht mehr von einander zu sondern vermag.

Auch lief ich nicht als sechsjähriges Mädchen, wie meine berühmte Vorgängerin, schreibe seligen Andenkens, Frau von Genlis von sich selbst erzählt, in der Tracht eines Cupidon du siècle de Louis quinze, mit einem schön beflitterten Flügelpaar auf den Schultern in meinem elterlichen Hause umher.

Ihrer eigenen Versicherung zufolge war Frau von Genlis in dieser Tracht so überschwenglich allerliebst, daß sie viele Monate hindurch sie gar nicht ablegen durfte, sondern Sonntags und Werkeltags ein französirter Amorino blieb, was mitunter wunderlich sich ausgenommen haben mag. Ich war im nämlichen Alter, im kattunenen Kleidchen, mit einer feinen weißleinenen Schürze und einer kleinen Flor=Dormeuse auf dem Kopfe, unter welchem ein gepudertes Toupée hervorsah, herrlich geputzt, und nahm mich ungefähr aus, wie das kleine Louischen auf Chodowiesky's Kupfern zur ersten Ausgabe des Weißischen Kinderfreundes, diesen treuesten Modebildern damaliger Zeit.

Soviel von dem was ich weder war noch bin; viel von dem, was ich zu sein glaube, zu sprechen, steht mir nicht zu, auch werden meine Leser im Verlauf dieser Blätter es selbst wohl einsehen. Nur so viel noch nach dem Zeugniß derer, die mich persönlich näher kennen, bin ich eine heitre, anspruchlose alte Frau, der man im geselligen Umgange die Schriftstellerin gar nicht anmerkt.

Und darauf bilde ich mir etwas ein.

Erstes Kapitel.

> Der ist am glücklichsten, er sei
> Ein König oder ein Geringer, dem
> In seinem Hause wohlbereitet ist.
> Göthe.

Am fernen Strande der Ostsee, in der alt=ehr=
würdigen damals noch freien Reichsstadt Danzig,
erblickte ich am neunten Juli des Jahrs siebenzehn
hundert sechs und sechzig das Licht der Sonne zum
ersten Mal. Ich kam an einem Posttage, deren es
damals nur zwei, und nicht wie jetzt, sieben in der
Woche gab, zur Welt, deshalb wollten Einige be=
haupten, meine Ankunft sei an diesem Tage meinem
Vater nicht ganz bequem gewesen, weil sie in seinen
Geschäften ihn störte; demohnerachtet erregte sie große
Freude, um so mehr, da sie meinen Eltern für den
Verlust ihres Erstgebornen, eines Knaben, wenigstens
einigen Ersatz bot.

Ich erhielt in der Taufe den Namen Johanna
Henriette, denn meine Mutter hatte auf ihrer großen

und einzigen Reise von zwei und zwanzig Meilen, von der sie immer gern erzählte, in Königsberg ein kleines allerliebstes Mädchen gesehen, das Johanna hieß und Hänschen genannt wurde. Und so hieß denn auch ich ein paar Jahre hindurch Hänschen, bis man es für anständiger hielt, mich in eine französische Jeannette zu übersetzen.

Zu meinem sehr großen Glücke blieb ich nicht lange das einzige Kind; während des Verlaufs von sieben Jahren wurden mir noch drei Schwestern geboren, von denen zwei mir schon in die Ewigkeit vorangegangen sind, die jüngste aber noch in Danzig lebt.

Christian Heinrich Trosiener, mein Vater, zählte sich zwar nicht zu den reichsten, aber doch zu den angesehenen und wohlhabenden Kaufleuten der großen Handelsstadt. Der in Rußland wurzelnde, damals sehr blühende Zweig seines Geschäftes, der jetzt ganz verdorrt ist, ließ keine Art von Sorge in ihm aufkommen. Auch war er fröhlicher und lebhafter Gemüthsart, dabei verständig, von unbestechlicher Redlichkeit und unbeugsam republikanischem Sinne. Angebornes Talent und wohlbenutzte Lebenserfahrungen ließen den fast gänzlichen Mangel gelehrter Schulkenntnisse bei ihm wenig gewahren; als Mann des

Volks stand er bei seinen Mitbürgern aus dem Mittelstande in Ehren und Ansehen, denn wann hätte wohl jemals eine Republik, selbst die kleinste, ohne Oppositionspartei bestehen können?

In seinem Aeußern hatte er etwas Imposantes, seine Amtskleidung auf dem Rathhause, der faltenreiche, mit Sammet breit aufgeschlagene Mantel, von schwerer schwarzer Seide, die lockenreiche, weißgepuderte Alongeperücke, die bis auf den Rücken herabreichte, gaben dem großen wohlgewachsenen Manne ein recht stattliches Ansehen. Für die damalige Zeit hatte er bedeutende Reisen gemacht, war in Warschau, Petersburg und Moskau gewesen, hatte in Frankreich, besonders in Lyon, mehrere Jahre zugebracht, und nicht nur die Sprachen dieser verschiedenen Länder, sondern auch eine gewisse geistige und körperliche Gewandtheit sich angeeignet, durch die er auch in seiner äußern Erscheinung sich vortheilhaft auszeichnete.

Ueber alle diese lobenswerthen Eigenschaften warf indessen eine nicht zu zähmende Heftigkeit des Charakters zuweilen ihren sie verdunkelnden Schatten, welche denen, die ihn nicht genau kannten, den Umgang mit ihm verleidete. Gerade wenn man es am wenigsten erwartet hatte, konnte die unbedeutendste Veranlassung zu wildesten, freilich sich schnell wieder legenden Zorn ihn aufbringen. Dann erbebte vor seiner Donnerstimme das ganze Haus; wir Kinder waren ohnehin gewöhnt, uns still zu verhalten, wenn es hieß: »der Vater kommt,« doch alle andere Hausgenossen, bis auf Hund und Katze, liefen ihm dann voll Angst aus dem Wege.

Nur meine liebe sanfte Mutter ließ durch ein solches häusliches Ungewitter sich nicht aus der Fassung bringen; sie wartete in großer Gelassenheit, bis ihr Alter ausgetobt hatte. Sie predigte ihm nicht, sie schmeichelte ihm nicht, sie redete sogar ihm nicht zu; aber sie verstand es, ihn ganz unmerklich zu besänftigen und ihren grimmigen Löwen dahin zu bringen, daß er fromm wie ein Lamm seiner Uebereilung sich innerlich schämte. Uns, jung wie wir waren, entging dies nicht, und wir hatten ihn deshalb nur um so lieber, denn ein Kindergemüth weiß jedes rein menschliche Gefühl gleich anzuerkennen.

Eine gewisse altfränkische Galanterie gegen unser Geschlecht hielt übrigens meinen Vater stets ab, sich gegen unsre Mutter merklich zu vergessen. Während seines langen Aufenthalts in Frankreich hatte er sie sich wahrscheinlich angeeignet, und sie war zur zweiten Natur ihm geworden, ohne jedoch in's Lächerliche zu fallen. Jetzt ist diese alte Sitte dermaßen aus der Mode gekommen, daß meine Leser kaum verstehen werden, was damit eigentlich gemeint ist; sogar uns Töchtern kam diese mildere Sitte zu Gute. In einer ruhigen Stimmung konnten wir als ganz kleine Mädchen vom Vater alles erhalten, was wir wünschten; sobald wir nur nicht zubringlich ungeschickt oder in unserm Verlangen gar zu unverständig uns bezeigten.

Mit wenigen Strichen ist das Bild meiner Mutter, Elisabeth, geborne Lehmann, recht getreu und charakteristisch darzustellen. Ein kleines zierliches Figürchen mit den niedlichsten Händchen und Füßchen, ein Paar große sehr lichtblaue Augen, eine sehr weiße feine Haut und schönes langes lichtbraunes Haar, so war sie in der äußern Gestalt.

Hübsch angezogen sein war ihre Freude, auch mein Vater sah seine kleine Frau gern geputzt und nahm, ohne daß sie ihn dazu aufzufordern nöthig hatte, jede Gelegenheit wahr, welche seine Geschäftsverbindungen ihm boten, um aus Lyon mit Kleidern, Blonden und Hauben, aus Italien mit den schönen Blumen sie zu beglücken, die damals in jenem Lande aus Eierhäutchen und Seidenwürmer-Kokons der Natur täuschend nachgebildet wurden.

Zur rührigen Hausfrau, in dem Sinne der damaligen Zeit, eignete meine Mutter ihrer Natur nach sich wenig, auch war mein Vater keineswegs gesinnt, dieses von ihr zu verlangen; er war völlig damit zufrieden, daß sie die Oberaufsicht über ihr Hauswesen recht verständig zu führen verstand. Uebrigens war sie an ihrem Nähtisch vom Morgen bis zum Abend für sich und die Ihrigen beschäftigt; das alte Sprichwort: was ihre Augen sehen, wissen ihre Hände zu machen, galt im vollsten Maaße von ihr.

In Hinsicht auf das, was in unsern Tagen von Frauen und Mädchen gefordert wird, war freilich die Erziehung meiner Mutter nicht minder vernachlässigt worden, als die der Mehrzahl ihrer Zeitgenossen. Ein Paar Polonaisen, ein Paar Murkis auf dem Klavier, ein Paar Lieder, bei denen sie selbst sich zu accompagniren wußte, Lesen und Schreiben für den Hausbedarf, das war so ziemlich Alles was man sie gelehrt hatte. Doch Mutterwitz, natürlicher Verstand und jene rege, den meisten Frauen eigne Auffassungsgabe entschädigten sie für diesen Mangel an erworbenen Kenntnissen.

Bis zur Erscheinung von Sophiens Reise von Memel nach Sachsen, hatte sie außer Gellerts Schriften blutwenig gelesen. Romane standen in jener Zeit in sehr schlechtem Kredit, doch bei diesem machte

meine Mutter eine Ausnahme, weil er zum Theil in
Danzig spielte, und Hermes, der Verfasser desselben,
eine Zeitlang in unserer Vaterstadt gelebt hatte. Außer
Gellerts schwedischer Gräfin, höchst langweiligen An=
denkens, hatte sie noch nie ein Buch dieser Art ge=
lesen, und sie eröffnete durch diese Lektüre sich eine
ihr bis dahin ganz unbekannt gebliebene Quelle von
Genuß, deren Unversiegbarkeit weiterhin noch ihr
spätestes Alter erheiterte.

Und nun! Adam! ehrlicher vieljähriger Diener
Deines Herrn; Kasche! Du treue, sorgsame Pflegerin
meiner hülflosen Kindheit, Du, die ich so herzlich lieb
hatte, und doch im Verein mit meinen Schwestern
täglich neue Ungezogenheiten zu Deiner Plage ersann;
gute redliche Seelen, möge man es mir nicht verar=
gen, daß ich im Hintergrunde dieses Gemäldes mei=
ner Familie Euren bescheidenen Gestalten ein Plätz=
chen anweise, wie ihr es im Leben in derselben nicht
unrühmlich ausfüllet.

Beide vermischen sich mit meinen frühesten Erin=
nerungen; gleich bei meiner Geburt nahm Kasche mich
in ihre treuen Arme und theilte sich in der Sorge
für mich mit meiner Mutter, die im Widerspruch
mit dem Hausarzt und dem damals allgemeinen

Gebrauch, fest darauf bestand, mich keiner Amme
anzuvertrauen.

Kasche war meine erste Lehrerin; von ihr lernte
ich, noch früher als meine Muttersprache, polnisch
sprechen; so wollte es mein Vater, in der Ueberzeu=
gung, daß durch die sehr schwere Aussprache die=
ser Sprache, die jeder andern, welche man späterhin
erlernt, sehr erleichtert werde. Der Erfolg hat we=
nigstens bei mir diesen Grundsatz durch Erfahrung
bestätigt; polnisch lesen habe ich indessen nie gelernt,
weil Kasche selbst nicht lesen konnte, und da diese
Sprache in unserm Hause bald völlig außer Gebrauch
kam, indem meine Mutter sie nicht verstand, so habe
ich sie sehr schnell gänzlich vergessen. Abends beim
Schlafengehen nahm Kasche, als ich noch kaum spre=
chen konnte, mich auf den Schooß, als ich größer
wurde, stellte sie mit gefalteten Händen mich vor den
Tisch hin und ließ mich beten:

»Des Walte Gott Vater, Gott Sohn, Gott heiliger
Geist. Amen!«

Das war mein ganzes Abendgebet, was es eigentlich
sagen wollte, wußte ich nicht, kümmerte mich auch
gar nicht darum, mochte aber nicht ohne dasselbe in's
Bette. Während ich einschlief, sang Kasche mit heller
tremulirender Stimme: Nun ruhen alle Wälder,

abwechselnd mit: Nun sich der Tag geendet hat; ich hörte aufmerksam zu, bis der Schlaf mich übermannte, und weder die ruhenden »Vieh, Menschen, Städt' und Felder,« im ersten, noch die »schwarzen Nachtgespenster« im zweiten Liede, haben jemals den mindesten übeln Eindruck auf meine Phantasie gemacht.

Uebrigens war Kasche eine Wittwe in mittleren Jahren, aus der Gegend um Thoren herum, wo in jener Zeit in den untern Ständen die polnische Sprache noch die herrschende war. Jungen Mädchen seine Kinder anzuvertrauen war damals ein Unerhörtes, und der wichtige Posten einer Kinderfrau wurde nur von erfahrenen Personen ausgefüllt, die nachmals, wie unsere Kasche eben auch, als Glieder der Familie, der sie treu gedient hatten, bis an ihr Ende in Ehren gehalten wurden.

Adam war ein vielseitigeres Genie, gleich Molière's Maîtres Jaques im Geizigen bekleidete er in unserm Hause die Stellen eines Kammerdieners, Hausknechts, Lakaien, Kellermeisters, sogar die eines Haushofmeisters, und zwar mit eben so viel Redlichkeit als Geschick. Er nahm meiner Mutter alle jene Details des Hauswesens ab, die selbst zu verwalten ihr zu beschwerlich fiel, und besorgte zugleich alle bedeutenderen Einkäufe, sogar bis auf den des fetten Mastochsens, den mein Vater nach dem damaligen allgemeinen Gebrauch im Herbste zum Wintervorrath einschlachten ließ.

Adam war der einzige im Hause, der meinem Vater alles recht zu machen verstand, was selbst meiner Mutter nicht immer gelingen wollte; dafür nahm er freilich zuweilen es sich heraus, ein Wörtchen mit darein zu sprechen, doch wurde er nicht leicht unbescheiden, und ließ sich schnell wieder in seine Schranken zurückweisen. Höchst selten brach eines jener oben erwähnten häuslichen Donnerwetter über seinem Haupte aus, und fast nie ein recht schweres.

»Unser Herr ist auch ein rechter Narr!« monologisirte Adam einst für sich allein, indem er gleich nach einem solchen Gewitter, das er schweigend über sich hatte ergehen lassen müssen, den Theeapparat herein trug.

»Meinst Du Adam?« erwiederte ihm unerwartet mein Vater, indem er im Sopha hinter dem Theetisch sich aufrichtete, wo Adam ihn nicht bemerkt hatte. Adam sank vor Schrecken fast in die Kniee; doch fiel darüber kein Wort zwischen Herrn und Diener; Beide thaten, als wäre nichts geschehen, und die Sache war zu ihrer Ehre abgethan und vergessen.

Zweites Kapitel.

»Es muß auch solche Kauze geben!
Göthe.

Ich kann es mir nicht versagen, diesem vielleicht etwas zu sehr Ifflandisirenden Familiengemälde eine jener ergötzlichen Karrikaturen als lustiges Nachspiel anzuhängen, deren Originale in der neueren Zeit, selbst in Krähwinkel, völlig ausgegangen sind. Uebrigens gehört Herr Christophorus Moser, als Buchhalter meines Vaters und unser täglicher Tischgenosse, ebenfalls zu meinen frühesten Erinnerungen und verdient schon für die Mühe, welche er sich gab, mich in der edlen Schreibekunst zu unterrichten, daß ich sein Andenken der Vergessenheit zu entreißen suche.

Herr Moser war ein klein=kleines Männchen, mit einer langen, rothen, spitzigen Nase, neben der ein Paar schwarze Aeuglein unter einer schön frisirten Perrücke hervorleuchteten, an welcher ein großer majestätischer Haarbeutel befestigt war, der ihm fast den halben Rücken bedeckte.

Diese außerordentliche Haarbeutelpracht verdankte der zartesten, keuschesten und treuesten Liebe ihr Dasein; denn schon seit undenklichen Jahren war Herr Moser verlobter Bräutigam der berühmtesten Haarbeutel-Fabrikantin der Stadt Danzig, der Jungfer Nesselmann, mit welcher er ohne Nachtheil für beider guten Ruf wie für ihre Tugend im nämlichen Hause wohnte.

»Die kleine Familie kostet zu viel!« erwiederte er ärgerlich, warf den Kopf auf und drehete dem Ueberlästigen den Rücken zu, der zu fragen sich erkühnte, ob der Hochzeitstag schon angesetzt sei?

Sein Stolz und seine Freude war: »ein Nürnperger Pürger« zu sein; so sprach er in seiner harten fränkischen Mundart es aus, die bei seinem steten Verwechseln des B mit P, des G mit K, des D mit T, uns unaufhörlich zum Lachen reizte. Besonders setzte ich, »Jungfer Scharnetta,« wie er mündlich und schriftlich mich nannte, ihn dadurch oft in Verzweiflung, und bedachte, oder vielmehr bemerkte in meinem kindischen Uebermuthe nicht, daß der damalige gedehnte singende Danziger Dialekt, der aber jetzt mit jedem Jahre mehr verschwindet, doch auch nicht der lobenswertheste sei.

Mittags, wenn mein Vater zuweilen länger als

gewöhnlich an der Börse verweilte, nahm Herr Moser gern die Gelegenheit wahr, sich ein halbes Stündchen vor Tisch in unserem Wohnzimmer einzustellen, um mit meiner Mutter zu politisiren, die ihrerseits ebenfalls froh war, von Krieg und Frieden, und wie es zufolge des Hamburger Korrespondenten überhaupt in der Welt stehe, etwas zu erfahren.

Doch auch Gegenstände anderer Art kamen zuweilen zur Sprache; Herr Moser wußte Geschichten zu erzählen, für deren Wahrheit er sich hoch und theuer verbürgte, und bei denen uns Allen, die Mutter mit eingeschlossen, sogar am hellen Mittag kaltes Grausen überkam, die wir aber allesammt doch gar zu gern anhören mochten.

Zum Beispiel von Faust's Höllenzwang, den er mit eigenen Augen in der Bibliothek zu Nürnberg mit schweren eisernen Ketten an den Tisch angeschmiedet gesehen, und nicht für die halbe Welt nur mit einem Finger das Buch habe berühren mögen. Einer seiner Jugendfreunde aber war so vorwitzig, sich in die Bibliothek einzuschleichen, sich dort einschließen zu lassen, und wollte nun darüber her, die Beschwörungen aus dem Höllenzwange zu kopiren. Doch was geschah! Ueber Nacht entstand ein gewaltiger Sturm, der das Dach der Bibliothek abzudecken drohte, und

am Morgen fand man den jungen Frevler bewußt=
los unter dem Tische liegen; er wurde zwar wieder
zu sich selbst gebracht, blieb aber von Stund' an tief=
sinnig sein Lebenlang, und wollte Niemandem entdecken,
was in jener Nacht ihm widerfahren sei.

Auch vom Nativitätstellen wußte Herr Moser
viel zu sagen, und wie es damit doch sein eignes
Bewandniß habe, und gar nicht »mit Ohne« sei.
Er selbst hatte einen jungen Nürnberger Patrizier ge=
kannt, dem seine Eltern bei der Geburt die Nativi=
tät hatten stellen lassen, und dem aus den Sternen
geweissagt worden war, daß er in einem bestimmten
Jahre, an einem bestimmten Tage, durch einen schnee=
weißen Schimmel ums Leben kommen werde. Nichts
war wohl natürlicher, als daß die gnädige Mama
ihn an dem Tage nicht aus dem Zimmer ließ, und
siehe da, von der nach damaliger Art mit Hautre=
liefs von Stuckatur geschmückten Decke lösete ein
schweres weißes Pferd von Gyps sich ab, und er=
schlug den, nach dem Beschluß der Sterne frühe dem
Tode Geweihten.

Die schönste von allen seinen Geschichten, bei de=
ren oft von uns erbetenen Wiederholung mein klei=
nes republikanisches Herzchen jedesmal in freudige
Bewegung gerieth, war die Beschreibung eines alten

Gebrauchs, der, wie Herr Moser behauptete, damals noch alljährlich in Nürnberg stattfand. An einem dazu bestimmten Tage hielt ein über und über geharnischter Reiter vor dem Thore und verlangte in die Stadt gelassen zu werden; die Nürnberger fragten, in wessen Namen er Einlaß begehre.

Im Namen Seiner Majestät des Königs von Preußen, erwiederte der Geharnischte, und nannte der Reihe nach die übrigen Titel des Monarchen, welche alle auch Herr Moser mit bewundernswürdiger Zungenfertigkeit ableierte, zuletzt kam auch

Burg-Graf von Nürnberg!

Mit Nichten! riefen die tapfern Nürnberger, warfen, bautz! ihr Thor ihm vor der Nase zu, und der Geharnischte ritt wieder hin woher er gekommen, um im nächsten Jahre wieder zu kehren.

Mir schien es wirklich, als ob das etwas ungeheuer Großes sei!

Doch wie wurden alle diese Geistesgaben durch die seltne Pracht in Schatten gestellt, in welcher Herr Moser an heitern sonnenhellen Festtagen der staunenden Welt sich zeigte! Unter dem Arme das kleine schwarzseidene Dreieck, damals Chapeau-bas genannt, ebenfalls ein Meisterwerk seiner kunstfertigen Braut, dann der prächtige postillon d'amour, ein sehr breites schwarzes Band, das, vom Haarbeutel ausgehend, locker und leise seine Wangen umspielend, auf seiner Brust im breiten Jabot sich verlor.

Und nun noch das grasgrüne, überall, sogar rings um die zahllosen Knopflöcher mit Gold besetzte Kleid! An hohen Festen, zu Ostern und Pfingsten, war dies Kleid sogar scharlachroth, dann vermochte kein sterbliches Auge den Glanz zu ertragen. Dazu noch die Kleinodien, die lang herabbaumelnde goldige Uhrkette, den Ring am kleinen Finger, groß wie ein recht großes Achtgroschenstück, aus unzähligen kleinen Rosetten und Tafelsteinen künstlich zusammengefügt, dann die den ganzen Fuß bedeckenden funkelnden Steinschnallen. Schon damals hatte die ganze große Stadt Danzig kaum eine zweite Figur dieser Art aufzuweisen; jetzt würde man wohl vergeblich die ganze Welt darnach durchstreifen.

An solchen Tagen fiel es Herrn Moser gar nicht ein, mit meiner Mutter die Geheimnisse der europäischen Kabinette ergründen zu wollen; kerzengerade stand er wenigstens anderthalb Stunden im brennendsten Sonnenschein auf den breiten Stufen vor unserm Hause, ließ Ring und Schnallen nach allen Seiten hin ihre Strahlen versenden, kratzte mit großem Geräusch zu einem zierlichen Tanzmeister Bückling aus, und schrie überlaut: »Kehorschamster Tiener, Herr so und so!« wenn ein bedeutender Mann auf der Straße sich zeigte.

Kurz vor Tische ging er gewöhnlich noch zur Abkühlung ein Viertelstündchen auf die Jagd; er begab sich nämlich in den schattigen Hausflur, fing Fliegen, riß ihnen einen Flügel aus und legte sie so verstümmelt unserm großen Zücher=Kater vor, der ruhig im Fenster sich sonnte; worüber ich dann jedesmal in heftigen Zorn gerieth.

Gewiß gab es an solchen festlichen Tagen kein glücklicheres Wesen auf Erden, als Herrn Moser, wenn nicht vielleicht seine Braut es war. Was mag ihr liebendes Gemüth empfunden haben, wenn der Bräutigam aus ihren ihn schmückenden Händen ent= lassen, in solcher Pracht die Straße herab stolzirte! Doch leider gedeiht unterm Monde kein dauerndes Glück! Einige Jahre später fingen die Zöpfe an die Haarbeutel zu verdrängen, Zopfperrücken so= gar nahmen Ueberhand! Das gefühlvolle Herz der Jungfer Nesselmann erlag diesem Schmerz: sie starb!

Unglaublich ist es, aber doch wahr, kaum Jahr und Tag war vergangen, als der kleine Treulose mit ihrer Nachfolgerin in dem immer mehr sinkenden Geschäft sich wirklich vermählte.

Meine gute liebe Mutter stellte ihn darüber recht ernstlich zur Rede. »Ach!« seufzte lächelnd Herr Moser, »heißt sie doch gerade wie die seelige Jungfer, Adelgunda!«

Drittes Kapitel.

> Nach Sevilla, nach Sevilla!
> — — wo sich Nachbarn freundlich grußen.
> Mädchen aus den Fenstern sehen,
> Ihre Blumen zu begießen,
> Ach! da sehnt mein Herz sich hin!
> Brentano.

Das Gepräge ehemaligen hohen Wohlstandes, und der aus diesem entspringenden soliden Prachtliebe ist meiner Vaterstadt so tief aufgedrückt und dermaßen mit ihrem ganzen Wesen verzweigt und verwachsen, daß es unmöglich wäre, sie zu modernisiren, ohne sie ganz zu zerstören und ein neues Danzig auf der Stelle des alten zu erbauen.

Wie in allen einst durch den alten Hanseatischen Bund vereinigten Städten, stehen auch in dieser alle Häuser mit der Giebelseite der Straße zugewendet, und scheinen daher nicht nur, im Vergleich zu ihrer Breite, von unverhältnißmäßiger Höhe, sondern sind es auch wirklich, und müssen es, um den ihren Bewohnern nothwendigen Raum der Luft abzugewin-

nen, welchen der durch die Festungswerke beschränkte
feste Boden zu karg ihnen gewährte.

Auch wühlten unsere Vorfahren zum nämlichen
Zwecke sich tief in die Erde hinein; weitläufige
Keller, oft zwei Stock über einander, ziehen unter
den Häusern sich hin, deren Gewölbe einige Fuß über
die Oberfläche sich erhebt und eine Art Souterrain
bildet, das häufig zu ziemlich bequemen, weder feuch=
ten noch sehr dunkeln Wohnungen eingerichtet ist, zu
denen man von der Straße aus hinabsteigt, und die
von Bürstenmachern, Korbflechtern, besonders aber
von Obst=, Gemüse=, und Milchverkäufern vorzugs=
weise gesucht werden.

Hierin scheint mir die erste Veranlassung der ganz
eigenthümlichen Bauart zu liegen, durch welche meine
Vaterstadt von allen andern ihr sonst so ähnlichen
alten Städten sich unterscheidet. Die Hauptstraßen
in Danzig sind weit breiter als in jenen; in dem
Raum zwischen den beiden einander gegenüberliegen=
den Häuserreihen könnten zwei, ja drei Kutschen be=
quem neben einander hin fahren, und zu beiden Sei=
ten bliebe noch Platz für einen mit Platten belegten
Fußweg. Und dennoch ist die eigentliche fahr= und
gangbare Straße durchweg so enge, daß ein recht
gut eingefahrner Kutscher es nicht immer vermeiden

kann, mit seinem ihm entgegenkommenden Kollegen in unangenehme Kollision zu gerathen. Die in solch einen Wirrwarr hineinkommenden Fußgänger aber haben genug zu thun, um nur ihre gesunden Gliedmaßen zu salviren.

Die Beischläge vor allen Häusern, von denen aber das, was man in Hamburg oder Lübeck mitunter so nennt, nicht den Schatten eines Schatten bietet, sind die alleinige Ursache dieser seltsamen Erscheinung. Doch womit soll ich sie vergleichen, um nur eine einigermaßen anschauliche Idee von diesen wunderlichen Propyläen zu geben, durch welche die alte nordische Stadt ein fast südliches Ansehen gewinnt, und in denen in meiner frühen Jugendzeit ein großer Theil des häuslichen Lebens mit jetzt unglaublicher Offenherzigkeit, fast so gut als auf freier Straße, betrieben wurde.

Balkone sind diese Beischläge nicht, aber möchte ich geräumige, ziemlich breite Terrassen sie nennen, die, mit großen Steinplatten belegt, längs der Fronte des Hauses sich hinziehen, zu denen von der breite bequeme Stufen hinaufführen und die seitwärts mit steinernen Brustwehren versehen sind.

Zwischen den aneinanderstoßenden Beschlägen der zunächst benachbarten Häuser bilden vier bis fünf

Fuß hohe Mauern die Grenze; blecherne Röhren führen der auf derselben ruhenden steinernen Rinne das Regenwasser von den Dächern zu, die diese durch den Rachen kolossaler, zuweilen recht kunstreich in Stein gehauener Wallfisch- oder Delphinköpfe wieder ausströmen läßt.

Die launigste aller Herrscherinnen, die Mode, nimmt seit einiger Zeit alles, was sonst als altfränkisch verschmäht wurde, unter dem Namen Rokoko in ihren mächtigen Schutz; möge es ihr gefallen, diesen auch den Danziger Beischlägen angedeihen zu lassen! Schwerlich giebt es ein grandioseres Rokoko, das dessen würdiger wäre.

Häuser von mehr als drei Fenstern in der Fronte gab es in meiner Jugend in Danzig nur wenige; und sie gehören wohl noch zu den Ausnahmen; weit häufiger sind die, welche nur zwei Fenster aufzuweisen haben, und wie kahl, wie jämmerlich vereinzelt müßten diese vier bis fünf Stock hohen Häuserstreifen ohne den sie dem Auge zu einem Ganzen verbindenden Vorhof der Beischläge dastehen.

Die unbeschadet der Vorliebe für Rokoko immer weiter um sich greifende Verschönerungs- oder vielmehr Modernisirungssucht unserer Tage droht aber schon seit geraumer Zeit ihnen den nahenden Untergang. Schon sind die alten herrlichen Kastanienbäume vor den Häusern verschwunden, deren weit sich ausbreitende Zweige Kühlung und Schatten gewährten, unter welchen der arbeitsmüde Bürger in der Mitte der Seinen oder im Gespräch mit dem zu ihm sich herüber beugenden Nachbar einer Art leidlichen Genusses sich erfreuete.

Denen, die durch ihre Verhältnisse die ganze Woche hindurch in der Stadt festgehalten wurden, brachten die aufbrechenden Knospen dieser schönen Bäume alljährlich Kunde von dem draußen eben angelangten Frühling, und seine Einladung, am nächsten Sonntage ihn vor dem Thore aufzusuchen, wo er in aller Pracht und Herrlichkeit sie erwarte.

Und welch' einen Spielplatz bot in meiner Jugend der Beischlag den Kindern! so sicher, so bequem! Dicht unter den Augen der oben am Fenster nähenden und strickenden Mutter, die zuweilen es nicht verschmähte, mitten unter ihnen des milden Abends zu genießen. Bei leidlichem Wetter brachten wir mit unsern Gespielen alle unsere Freistunden in diesem Asyl zu, das noch den unschätzbaren Vorzug besaß, daß wir unsers lärmenden Treibens wegen weniger gescholten wurden, weil es hier bei weitem nicht so lästig wurde, als im Hause selbst.

Mehrere Häuser, deren Giebel mit Statüen und andern architektonischen Verzierungen von Bildhauerarbeit geschmückt sind, zeugen noch heute sowohl von dem Reichthum als von der Kunstliebe unserer Vorfahren, welche bei deren Erbauung mit nicht unbedeutendem Geldaufwande diese Kunstwerke von guten Meistern in Italien verfertigen und nach Danzig kommen ließen. Andere, früheren Tagen angehörende Häusergiebel stehen noch in ihrer, fast noch aus der Zeit der Tempelherren stammenden Alterthümlichkeit da, doch neigen sich diese ganz ihrem Verfalle zu, und ihre Anzahl wird immer geringer.

Das schönste und merkwürdigste derselben, welches ehemals meinem Onkel Lehmann angehörte und auch von ihm bewohnt wurde, ist, wie ich höre, vor einigen Jahren auf Höchsten Befehl gekauft, sorgfältig abgebrochen und auf die Pfaueninsel bei Potsdam verpflanzt worden. Allerdings ist dies eine sehr ehrenvolle Bestimmung, doch fürchte ich, daß es dort bei weitem so gut sich nicht ausnimmt, als in seinen ehemaligen, ihm angemesseneren Umgebungen in der Brotbäcker-Gasse.

Viertes Kapitel.

> Es ist das kleinste Vaterland der größten
> Liebe nicht zu klein:
> Je enger es Dich rings umschließt, je näher
> wird's dem Herzen sein.
> Wilhelm Müller.

Daß das Land, daß die Stadt, in welcher wir geboren und erzogen wurden, auf die Bildung unseres Geistes, wie überhaupt auf die Entwickelung unseres ganzen Wesen den mächtigsten Einfluß üben, ist eine fast unbestrittene Thatsache. Bei mir aber tritt noch überdem der beinah unglaubliche Fall ein, daß Beides, ja ich möchte sagen, der Gang, den das Leben später mit mir genommen, von dem unbedeutenden Umstande abhing, daß das Haus meiner Eltern gerade an der Stelle und an keiner andern stand. Einige Häuser höher hinauf oder tiefer herunter, sogar in der nämlichen Straße, und wahrscheinlich wäre Alles anders gekommen, und ich selbst eine ganz Andere geworden.

An der Mittagsseite der heiligen Geist-Gasse liegt das Haus, in welchem ich geboren wurde, unfern dem nach der langen Brücke führenden Thor, über welchem damals die Räume sich befanden, in welchen die dortige naturforschende Gesellschaft ihre Zusammenkünfte hielt und ihre Sammlungen aufbewahrte.

Die lange Brücke aber ist gar keine Brücke, sondern ein hölzerner Kai, an der Landseite längs den Häusern mit Buden besetzt, in welchen Früchte, Blumen und sonst noch allerlei, was ein Kinderherz erfreuen kann, zum Verkauf ausgestellt wird. Zwischen diesem Kai und der gegenüberliegenden Speicherinsel fließt die hier ziemlich breite, mit Schiffen und Barken belebte Mottlau still und ruhig der nahen Weichsel, und im Verein mit dieser dem Meere zu.

Das Haus meiner Eltern gehörte zu der in Danzig gewöhnlichsten, drei Fenster breiten Mittelgattung, die man weder schön noch häßlich, weder groß noch klein nennen kann; auch wich die innere Einrichtung desselben von der dort gewöhnlichen durchaus nicht ab, und war für den Bedarf unserer Familie bequem und geräumig genug.

Keine besternte Lyra bezeichnete schon vor meiner Geburt unser Dach; die einzige Auszeichnung, deren es sich zu rühmen hatte und wohl noch hat, besteht darin, daß statt der Götter, Engel, Vasen, Adler, Pferde und andern Gethiers, das dort von der

Höhe anderer Häuser auf die Straße hinab schaut, auf der höchsten Giebelspitze desselben eine große metallene Schildkröte auf dem Bauche liegt, und mit nach allen Weltgegenden ausgestreckten, stark vergoldeten Pfoten und Kopf beträchtlich nickt und zappelt, wenn der Wind heftig weht. Diese langmüthige Kreatur mochte vielleicht schon weit über hundert Jahre sich so abgemühet haben, ohne sonderlich beachtet zu werden, aber Herrn Mosers Scharfblick entging diese Bemerkung nicht; er machte mich darauf aufmerksam, und wir Beide waren die Einzigen im Hause, die dieses bewundernswerthe Kunstwerk gehörig zu würdigen verstanden.

Zur linken Seite stieß die englische Kirche, zur rechten ein Gasthof an unser Haus, doch bitte ich, daß dabei Niemand an das alte Sprichwort denken möge, nach welchem der Teufel sogleich neben jedem Gotteshause ein Kapellchen sich anbauet, denn jene englische Kirche ist eigentlich nichts anderes, als eine kleine, recht freundliche Hauskapelle, die nur höflicher Weise Kirche genannt wurde; an dem uralten rostigen Schiffergilden=Hause aber, das wenigstens viermal größer ist als die Kirche, konnte der Teufel auch keine Macht haben, obgleich es einem verwünschten

Schloſſe ſehr ähnlich ſah; denn die Bewohner deſſelben waren ſehr brave ehrbare Leute.

Alle bürgerlichen Gewerbe waren damals noch in Zünfte und Gilden getheilt, deren jede ihr eignes Haus beſaß, wo Meiſter und Geſellen zu beſondern, auf ihre Privilegien, Geſetze und Gebräuche Bezug habenden Zwecken ſich verſammelten, beſonders aber zur Faſtnachtzeit zu Banketten, bei denen es hoch und wild herzugehen pflegte.

Schon der Name deutet an, daß das Schiffergilden-Haus das Eigenthum der damals ſehr bedeutenden und geachteten Gilde der Danziger Schiffer war. Dort kamen ſie, in den ſich dazu vorbehaltenen Räumen zuſammen, um ſich über die Angelegenheit ihrer Corporation zu berathen, oder auch, um auf allgemeine Koſten und zum allgemeinen Beſten es ſich bei Tiſche wohl ſein zu laſſen. Bunte Wimpel und Flaggen neben einer weißen, mit dem Danziger Wappen bemalten Fahne, groß wie ein Segel, flatterten dann vom Beiſchlage herab und verkündeten der Nachbarſchaft die Feier des Tages.

Die übrigen Räume des weitläufigen, winkligen Gebäudes blieben dem Gaſtwirth überlaſſen, der nicht nur für den geſchickteſten Koch in Danzig galt, ſondern ſogar einer über-europäiſchen Berühmtheit sich erfreuete. Seine winzig kleinen eingemachten Glasgurken gingen unter der Flagge seiner Beschützer in alle Welt, und von seinen kolossalen Baumkuchen wurden sogar große Sendungen bis nach Amerika verladen.

Freundlicher, ewig heiserer Herr Nachbar Bergmann, leicht sei Dir die Erde; dankbar gedenke ich Deiner, denn in der glühenden Hitze Deines Küchenheerdes, mitten in den wichtigsten Arbeiten, zur Besorgung einer hochzeitlichen Tafel, hast Du auch Deiner kleinen Nachbarin gedacht! Mit manchem Gläschen süßen Gelée, manchem Tellerchen köstlichen Backwerks, die Du durch Adam mir übersandtest, erfreuetest Du bei solchen Gelegenheiten mein kindliches Gemüth. Dafür sei denn in diesen Blättern Deinem Namen ein ewiges Denkmal gestiftet, so weit nämlich in unsern Tagen eine solche papierne Ewigkeit reichen kann.

Doch wenden wir uns jetzt der linken Seite des Hauses meiner Eltern zu.

In Folge eines, in früheren Zeiten abgeschlossen Kontrakts, der bedeutende, sonst nur dem eingebornen Bürger zuständige Rechte ihnen zusicherte, hatte seit langen Jahren eine Gesellschaft englischer Kaufleute mit ihren Familien in Danzig sich niedergelassen, und im Verlaufe der Zeit dermaßen sich eingewohnt, daß es weder von ihrer noch von unserer Seite Jemandem mehr in den Sinn kam, sie als Fremde zu betrachten. An der Börse wurden ihre Häuser den ersten der Stadt gleichgestellt, in Sitten und Gebräuchen wichen sie von den übrigen Einwohnern so wenig als möglich ab. Sie sprachen Deutsch, machten die Nacht nicht zum Tage, aßen nach Landesgebrauch um ein Uhr zu Mittag, erzogen ihre Kinder, die größtentheils in unserer Mitte geboren worden waren, auf die bei uns übliche Weise, und betrugen sich im Ganzen wie vernünftige Leute thun, die nicht darauf ausgehen, durch thörichte Anmaßung und alberne Alfanzereien sich und Andern das Leben zu erschweren.

Das Haus meinem elterlichen zur Linken war das Eigenthum dieser englischen Kolonie; mit Aufopferung des besten Theils desselben, waren die belétage und die über derselben durchbrochen worden, und eine hohe, helle, ziemlich geräumige Kapelle entstanden, der es weder an einer Orgel, noch an einer Kanzel fehlte, noch an dem nach englischen Gebrauche unter dieser angebrachten Katheder für den das Morgengebet ablesenden Clerk oder Küster.

Der übrig gebliebene Raum des Hauses war zur Wohnung ihres Geistlichen eingerichtet, den sie selbst sich erwählte.

Fünftes Kapitel.

>In truth, he was a strange and wayward wight,
>Fond of each gentle and each dreadful scene:
>In darkness and in storm he found delight,
>Nor less than when on Oceans wave serene
>The southern sun diffus'd his dazzling sheen.
>Even vicissitude amus'd his soul;
>And if a sigh would sometimes intervene,
>A sigh, a tear so sweet, he wish'd not to control.
>*The Minstrel.*

Der Einladung der englischen Kolonie folgend, die unter eben so ehrenvollen, als vortheilhaften Bedingungen ihn zu ihrem Prediger berufen, war Doktor Richard Jameson, ungefähr gleichzeitig mit der Verheirathung meiner Eltern, in Danzig angelangt. Ob er einen Vorgänger im Amte gehabt, weiß ich nicht, bezweifle es aber, weil ich einen solchen nie erwähnen gehört.

In Edinburg zum Doktor der Theologie promovirt, brachte er unstreitig einen weit gründlichern und ausgebreitetern Schatz von Gelehrsamkeit mit sich, als es seine Stellung erforderte, doch wurde diese nur für ihn selbst ein Quell erhöhten Genusses, nie entschlüpfte ihm eine Aeußerung, die nur von fern auf Pedantismus deutete, oder daß er sich unterrichteter und deshalb besser fühle, als andere Leute.

Bei seiner Ankunft in Danzig mochte er, soviel ich ihm jetzt nachrechnen kann, ungefähr vier bis fünfunddreißig Jahre alt gewesen sein. Sein Aeußeres zeichnete nur durch den Ausdruck des reinsten Wohlwollens sich aus; die regelmäßigen Züge seines nicht schönen, aber angenehmen Gesichts verleugneten keineswegs sein Vaterland: helle blaue Augen, blonde Augenbrauen und Wimper, ließen sogleich den Schotten in ihm erkennen. Uebrigens war er von mittler schlanker Gestalt, in seinen Bewegungen nicht ungewandt, trug eine runde wohlfrisirte Perrücke, und Jahr aus Jahr ein, bei schwarzseidenen Unterkleidern und Strümpfen, einen hellgrauen Rock mit schwarzen Knöpfen.

Nie gab es ein still zufriedneres Gemüth als das seine, nie einen jeder echten geräuschlosen Freude offneren Sinn, nie ein regeres Gefühl für alles Edle, Große und Schöne, wie für jeden menschlichen Schmerz, den zu lindern die Aufgabe seines Lebens zu sein schien. Mit warmer Theilnahme umfaßte sein mitleidiges Gefühl alles was in der Natur leidensfähig ist, die Thiere mit eingeschlossen; er konnte keines derselben mißhandeln sehen, ohne sich dessen anzunehmen; aber falsche, erkünstelte, oder übertriebene Sentimentalität, wie sie zu seiner Zeit anfing Mode zu werden, war ihm unaussprechlich zuwider, und er verfolgte sie unbarmherzig spottend, wo er sie auftauchen sah.

Seine innere und äußere Erscheinung erinnerte lebhaft an Yorik, wie die sentimental Journey und Tristram Shandy ihn darstellen.

Bei aller ihm eignen Heiterkeit des Gemüths verrieth doch ein ihn zuweilen fast unmerklich überschleichender Zug von Schwermuth, daß er noch die Nachwehen von freilich jetzt vernarbten Wunden empfinde, die ihm früher das Leben geschlagen haben mochte. Doch erwähnte er nie seiner Vergangenheit, wie er denn überhaupt nicht gewohnt war, viel von sich selbst zu sprechen. Nie entschlüpfte ihm ein Wort, das auf dieselbe Bezug gehabt hätte, nie hörte ich Eltern, Verwandte, oder vertrautere Freunde ihn erwähnen. Fern vom geliebten Vaterlande, in einer ihm ganz fremden Welt, stand er mit seinem warmen Herzen ganz isolirt da.

Meine Eltern, als seine nächsten Nachbarn, machten gar bald seine Bekanntschaft; das heitre Fami=

lienleben des neuvermählten Paars hatte viel Anziehendes für ihn; fester geknüpft durch die aneinander grenzenden Beischläge beider Häuser, ging diese, anfangs oberflächliche Bekanntschaft bald in einen vertrauteren Umgang über. Man sah sich fast täglich, Jameson hatte die deutsche Sprache sich in dem Grade angeeignet, daß beinah nur seine etwas fremdartige Aussprache als Ausländer ihn verrieth, und so war auch dieses Hinderniß einer innigeren Annäherung von beiden Seiten völlig gehoben.

Als Kasche an einem recht hellen Sonnentage mich zum erstenmal in den Beischlag trug, um den neuen Ankömmling dem Herrn Nachbar zu zeigen, nahm er mich freudig in die Arme, und es war, als ob dieser Augenblick das Band fester verknüpfte, das schon damals mit meiner Familie ihn vereinte.

Als ich heranwuchs, wurde Jameson mein Lehrer, mein Führer, mein Berather, und blieb mir zur Seite, und wachte über meine junge Seele, und ließ nicht von mir, bis die Zeit herangekommen war, in welcher ein Anderer die Verpflichtung, für mich Sorge zu tragen, mit meiner Hand am Altare übernahm.

Sechstes Kapitel.

I remember, I remember, when my little lovers came,
With a lily, or a cherry, or a new invented game.
M. Prasd, Esq.

Kaum hatte ich das dritte Jahr meines Lebens zurückgelegt, als ich schon täglich zweimal, Vormittags und Nachmittags, in eine kaum zweihundert Schritt von meinem elterlichen Hause entfernte Schule auf ein Paar Stunden geschickt wurde.

Kurz wie der Weg war, fehlte doch nicht viel daran, daß ich nicht eines Tages auf demselben vom ungewöhnlich tief gefallenen Schnee, wie von einer Lavine verschüttet worden wäre; Agathe, unser Jungfermädchen, wie man in Danzig die Kammermädchen zu nennen pflegte, Agathe nahm meine kleine ziemlich schwere Person auf den Arm, weil ich zu Fuße nicht fort konnte, sie wollte einem hinter uns her jagenden Schlitten aus dem Wege laufen, glitt aus, fiel auf die Kniee und rutschte mitten in einen vom Winde seitwärts an den Häusern zusammenge=

weheten, mehrere Ellen hohen Schneehaufen hinein, aus welchem wir alle Beide, ich von ihrem Arm emporgehalten, kaum mit den Köpfen heraussahen. Es war zur Mittagszeit, und die Straße daher völlig menschenleer, aufstehen konnte Agathe nicht, so lange sie mich auf dem Arme hielt, die Stimme versagte ihr vor Kälte und Angst. Schon schwanden ihre Kräfte, schon war sie im Begriff mich sinken zu lassen, Gott weiß, was noch aus uns geworden wäre; da erschien gleich einem rettenden Genius Herr Moser, half uns tapfer schreien und brachte dadurch Leute aus der Nachbarschaft herbei, die uns thätigeren Beistand leisten konnten.

Stillsitzen lernen war Alles, was fürs erste von mir gefordert wurde; anfangs protestirte ich sehr laut gegen diese Zumuthung, doch Niemand kehrte sich daran. Ich mußte den saueren Weg zur Schule gehen, und ging schon am zweiten Tage ihn gern, denn außer mir waren noch zwanzig Kinder aus der Nachbarschaft, Knaben und Mädchen, zu dem nämlichen Zweck dort versammelt, von dem ich aber nicht rühmen kann, daß er dadurch sonderlich gefördert worden wäre.

Die düstre Schulstube, mit ihren getäfelten Wänden von durch die Zeit gebräuntem Eichenholz, in der wir dennoch so fröhliche Stunden verlebten, das große, aus mehr als hundert kleinen runden Scheiben zusammengesetzte Fenster stehen noch sehr lebhaft in meiner Erinnerung. In der Ecke dieses Fensters thronte in ihrem geräumigen Sorgstuhl eine uralte Frau mit schneeweißem Haar, in etwas fremdartiger, sehr saubrer, aber einfacher Tracht.

Das Alter hatte ihr Auge mit einem immer dichter werdenden Schleier umwoben, doch ihren heitern Sinn nicht zu umdunkeln vermocht. Deutsch sprach sie wenig und ungern, sie war eine geborne Französin und hatte, als Hugenottin, ihres Glaubens wegen, aus ihrem schönen Vaterlande flüchtig werden müssen, aber sowohl die Tracht, als Sitten und Sprache des französischen Bürgerstandes beibehalten. Ihr Alter und ihr schwaches Gesicht erlaubten ihr nicht, ihren beiden, auch schon ziemlich bejahrten Töchtern in Leitung der Schule beizustehen, aber sie war doch gern mitten unter den Kindern.

Mich hatte sie zu ihrem Liebling erkohren, ich durfte dicht zu ihr hinflüchten, wenn das Getobe der wilden Knaben mir zu arg wurde. Dann nahm sie mich auf den Schooß und sagte allerlei leichte französische Worte und Redensarten mir vor, die ich zu ihrem großen Vergnügen wie ein gelehriger Papagei nachplapperte, und zuletzt auch wirklich verstehen lernte.

Der Name dieser Frau wird in der Kunstgeschichte unsrer Tage nie untergehen, denn sie war die Mutter des in seinem Fach bis jetzt noch unerreichten Chodowiecki.

Während eines Besuches von einigen Tagen, den er in Danzig bei seiner Mutter ablegte, ließ er auch in unsre Schulstube sich führen; neugierig sah ich, wie der fremde ernste Mann ein Tischchen hin- und herrückte, bis es ihm recht stand. Seine beiden Schwestern, unsre Lehrerinnen, gingen indessen freundlich uns zuredend durch unsre Reihen, versprachen Thorner Pfefferkuchen, Rosinen und Mandeln, die Hülle und Fülle, wenn wir nur ein kurzes Stündchen, so wie wir eben saßen und standen, uns ruhig halten wollten.

Der fremde Mann setzte sich inzwischen an seinen Tisch, legte Papier vor sich hin, packte Bleistifte und andre kleine Geräthschaften aus, sah aufmerksam umher, schrieb etwas, wie es mir schien, sah wieder auf, schrieb wieder, ich hielt mich nicht länger. Ich vergaß Rosinen, Mandeln und Pfefferkuchen und Alles; leise, leise, wie ein Kätzchen, schlich ich zwischen und unter Tischen und Stühlen bis zu ihm hin, und sah so bittend ihm ins Gesicht, daß er es nicht übers Herz bringen konnte, mich zu verscheuchen. Freundlich nickte er die Erlaubniß mir zu, neben ihm stehen zu bleiben.

Und nun sah ich auf dem kleinen Blättchen die ganze Schulstube vor meinen Augen entstehen; das hatte ich mir nie als möglich gedacht! Der Athem verging mir darüber; ich dachte und empfand nichts, als das Glück, dergleichen schaffen zu können. Von diesem Augenblick an ging all mein Wünschen und Trachten auf Zeichnen und Malen aus. Wer mir eine Freude machen wollte, mußte Papier und Bleifedern mir schenken; ein Nürnberger Farbenkästchen versetzte mich auf den höchsten Gipfel des Entzückens.

Und als nun der Künstler am Ende ein ander Blättchen zurechtlegte, mich vor sich hinstellte, zeichnete, ohne daß ich sehen konnte, was er machte, und mir nun das Blättchen hinreichte, um nebst einem Gruße von ihm es meiner Mutter zu bringen. Meine ganze kleine Person, von dem bedormeuseten Köpfchen an bis zu den etwas einwärts stehenden Füßen, war im verkleinerten Maßstabe dargestellt. Es fehlte nicht viel, so wäre ich aus lauter Freude in Thränen ausgebrochen, kaum konnte ich die Zeit erwarten, bis Agathe mich abzuholen kam.

In jener Stunde war die in meiner noch so unentwickelten Kinderseele tief schlummernde Neigung zur bildenden Kunst zum ersten Male erwacht, die mein ganzes langes Leben hindurch mein Trost und meine Freude blieb, und nur mit diesem erlöschen wird.

Meine Mutter bewahrte das Bild bei ihren liebsten Schätzen, denn Chodowiecki's Name war schon damals berühmt. Leider habe ich selbst späterhin, durch einen unseligen Versuch eben aus jenem Farbekästchen, es zu illuminiren, es verdorben.

Die Schulstube hat der Künstler durch den Grabstichel verewigt, wie ich gehört habe; doch muß das Blatt wohl zu seinen seltenen gehören, denn ich habe es nie zu Gesichte bekommen.

Einer meiner Schul= und Spielkameraden aus jener frühen Zeit lebt noch in Danzig, als ehrwürdig=ergrautes Haupt des dortigen Hagestolzen=Ordens. Ein Einziger unter so Vielen! Auch ihm, wie mir, verlieh die Natur die Gabe, alle die großen und kleinen Beschwerden eines langen, wechselvollen Lebens leichten Muthes zu ertragen oder zu überwinden, je nachdem die Umstände es forderten oder erlaubten. Er ist wahrscheinlich noch ein Paar Jahre älter als ich, denn er hatte schon im a, b, ab große Fortschritte gemacht, als ich noch das a, b, c studirte, war aber auf diesen Vorzug so wenig stolz, daß er eine ganze Woche hindurch artig zu sein sich bemühete, wenn er dafür die Aussicht erhielt, Sonntags, bei schönem Wetter, im Beischlage mit mir spielen zu dürfen. Und dafür sende ich ihm hier, vor aller Welt Augen, von den rebenumkränzten Felsenufern des Rheins bis an das kalte flache Gestade der Weichsel meinen freundlichen Gruß.

Siebentes Kapitel.

>Es braus't das Meer, die Wogenhäupter schäumen,
>Die Brandung stürmt die Burg des Felsenstrandes,
>Und mit dem großen Orlogschiffe treiben
>Die Wind' und Fluthen ihre wilden Spiele,
>Wie Kinder mit dem leichten Federballe
>   Wilhelm Müller.

An schönen Sommerabenden, wenn die nur eben noch über dem Horizont schwebende Sonne zur guten Nacht die Erde noch einmal anlächelt, wie eine Mutter ihr entschlummerndes Kind, dann zeigt sich rings umher, im Wiederschein ihrer scheidenden Strahlen, so weit das Auge nur reicht, Alles in überirdischer Klarheit. Die weiteste Ferne ist uns näher gerückt, unverschleiert tritt sie in der nebelfreien Luft uns entgegen, und Gegenstände, an denen wir in der Frühe des thauigen Morgens vorübereilten, die wir später in den zitternden Dünsten, welche in der Hitze der Mittagsstunden der Erde entqualmen, völlig aus den Augen verloren, werden uns wieder sichtbar.

So ist es auch am Abend unsers Lebens, wenn die Sonne desselben ihre letzten Strahlen ausspendet; die meinige neigt sehr merklich dem Untergange sich zu, und indem ich von ihr umleuchtet den Blick noch einmal dem weit hinter mir liegenden Aufgange zuwende, drängt ein buntes Gewimmel der mannigfaltigsten Erscheinungen sich mir entgegen, die ich mit wenigen Strichen leichthin zu skizziren versuchen will, ehe es ganz dunkel wird.

Ein großer Vorzug, der auch mir ward, und den man, wie jeden, mit dem die Natur uns freigebig beschenkte, gewöhnlich sehr spät erst erkennt, ist der, am Ufer des Meeres, im Angesicht desselben, möchte ich sagen, das Tageslicht zuerst zu erblicken. Wie oft habe ich das späterhin im Binnenlande sehnsüchtig empfunden, wenn Abends ein dunkelblauer, am flachen Horizont sich hinziehender Streifen mit lieber Illusion mich täuschte.

Was dem Schweizer seine Alpen mit ihrem würzigen Kräuterduft, das ist uns, am Ufer des Meeres Gebornen, sein frischer Hauch, der Anblick der ewig bewegten, unabsehbaren Fläche, das nie verhallende Gebrause seiner Wogen; entfernt vom Meer werden wir der Sehnsucht darnach niemals los. Kein Strom der Welt, nicht der Rhein mit seinen paradiesisch schönen Ufern, nicht die Donau, sogar nicht die Elbe und die Themse, mit ihren großen, prächtig einhersegelnden Seeschiffen und dem zum Himmel aufstarrenden Walde von Masten in ihren Häfen, vermag uns Ersatz dafür zu bieten.

Daß es Leute geben könne, welche die See nie gesehen, kam als Kind mir ganz fabelhaft vor, späterhin fühlte ich wahres Mitleid mit den Berlinern und andern Fremden, die zur großen, vier Wochen währenden Dominiksmesse nach Danzig gekommen, meine Eltern besuchten. Spät Abends stand ich, wenn im Hause alles stille war, am Fenster auf dem Gange, und lauschte mit einem ganz unaussprechlichen Gefühl auf die feierliche eintönige Melodie des bei gänzlicher Windstille aus den tiefsten Tiefen der spiegelglatten See zuweilen aufsteigenden Gebrauses, dieses Aufathmens der nächtlich ruhenden Natur.

Morgen giebt es schön Wetter, die See raart, sprach dann wohl Adam, oder wer sonst von unsern Leuten an mir vorüber ging, die See raart! mir grauste ein wenig bei dem wunderlichen Wort, aber doch blieb ich an meinem Fenster.

Wie gern möchte ich nur noch einmal die See raaren hören! von so manchem, das mir lieb war,

bin ich jetzt unwiederbringlich geschieden, und weiß
es; doch von dem Gedanken, daß mir so gar keine
Hoffnung geblieben, jemals das Meer wieder zu
sehen, wende ich immer mich ab.

Achtes Kapitel.

> Bei meinem lieben Topf voll Reiß
> Genieß' ich, Sklav des großen Dei's,
> Sorglose stille Stunden.
>   Joh. Heinrich Voß.

Vor sechzig bis siebenzig Jahren konnte Danzig noch füglich für einen der nordischen Marksteine der kultivirten Welt gelten; mit Riesenschritten hat seitdem die Kultur die früher ihr gesetzten Grenzen in den Staub getreten, und im Innern wie im Aeußern die bedeutendsten Umwandlungen herbeigeführt. Doch behielt meine Vaterstadt, abgesehen sogar von ihrer vor andern sie auszeichnenden Bauart, noch genug von ihrer früheren Originalität übrig, um noch heut zu Tage dem Fremdling in ihren Mauern ein lebhaftes Interesse einzuflößen, wenn er einigen Sinn für dergleichen mitbringt. Dazu gehört insbesondre die Ankunft der mit Getreide beladenen polnischen Fahrzeuge, die noch immer ein merkwürdiges Schauspiel bietet, wenn gleich nicht mehr ganz in dem Grade, als in einer weit früheren Zeit.

Wenn der Frühling unter dem milderen Himmel des Rheins die ihm gebührende Oberherrschaft schon längst angetreten, und nur noch einzelne, schnell vorübergehende Scharmützel mit seinem überwundenen Feinde zu bestehen hat, der im Fliehen sich zuweilen neckend gegen ihn umwendet, dann erst reißt er in meinem Vaterlande mit einem kühnen Sprunge aus dem kalten weißen Leichentuche sich los, und zerbricht die krystallenen Gewölbe, unter welchen Quellen und Ströme gefesselt liegen.

Unglaublich schnell dringt dann aus Bäumen und Hecken, auf Wiesen und Feldern das frische knospende Leben warm und duftig hervor; es giebt Tage, in denen man wirklich glauben möchte, das Gras wachsen zu hören, die Veilchen sich entwickeln zu sehen. Der Frühling ist da und eilt vorüber, ehe man Zeit gehabt hat, sich seiner recht zu erfreuen. Dann schwellen auch tief in Polen die Gewässer, und die, selbst für die sehr flach gehenden polnischen Fahrzeuge oft zu seichte Weichsel wird gegen Ende des Maimonats kräftig genug, um auf ihrem Rücken die goldnen Gaben der Ceres in meine Vaterstadt zu tragen, die mit vollem Recht in früherer Zeit die Kornkammer von Europa genannt wurde.

Die kleinen, längs der langen Brücke auf der

Mottlau vor Anker liegenden Seeschiffe, auf welchen, wie auf den Retourchaisen in Frankfurt, der Ort ihrer nächsten Bestimmung auf schwarzen Tafeln zu lesen ist, »will's Gott nach Königsberg,« »will's Gott nach Petersburg,« »will's Gott nach Memel,« sie alle schließen vor der seltsamen Flotte sich gedrängter an einander, welche nun die Mottlau bedeckt und einen höchst wunderbaren Anblick gewährt.

Schiffe sind die schlecht zusammengezimmerten Fahrzeuge eigentlich nicht, aus welchen jene Flotte besteht, sie scheinen so unbequem und zerbrechlich, daß man kaum begreift, wie sie den weiten Weg glücklich zurücklegen konnten, ohne unterzugehen; auch werden sie am Ende ihrer Laufbahn zerschlagen, das Holz wird verkauft, und die Mannschaft mag zusehen, wie sie durch Moor, Haide und unwegsame Urwälder zu Fuße wieder nach Hause gelangt.

Am füglichsten wären diese Fahrzeuge einem kleinen Floße vergleichbar, nur sind sie weniger breit, laufen an beiden Enden in Form eines Kahns etwas spitz zu, und sind rings um mit einem ziemlich niedrigen Bord versehen. Eine Hütte am Ende derselben bildet die Kajüte für den Oberaufseher; ohne Mast und Segel werden sie durch ein ziemlich un=

förmliches Steuer regiert, und durch mehr als hundert rüstige Arme dicht hinter einander auf ihren Bänken sitzender und taktmäßig rudernder Schimkys stromabwärts geführt. Den ganzen übrigen Raum nimmt die Ladung von Weitzen oder Rocken ein, so hoch als möglich aufgethürmt liegt sie ganz offen da, ohne den geringsten Schutz gegen Wind, Wetter und Nässe.

In besonders fruchtbaren und wasserreichen Jahren, als vor der ersten Theilung von Polen der Kornhandel noch gleichsam ein Monopol meiner Vaterstadt war, sah man oft den ziemlich breiten Strom mit mühsam aneinander sich fortschiebenden Fahrzeugen über und über bedeckt. Wäre es möglich gewesen, einen auf diesen Anblick ganz unvorbereiteten Fremden plötzlich auf die lange Brücke zu stellen, er hätte glauben müssen, auf eine der damals kaum entdeckten Südsee=Inseln, mitten unter die Kanoes der Wilden gerathen zu sein, so durchaus uneuropäisch sahen die Schimkys und die ganze Flotille noch jetzt aus. Daß dergleichen in einem übrigens civilisirten Lande, so nahe an Deutschland, noch existirt, scheint unglaublich; ein Galeerensklave aus Toulon ist, im Vergleich mit einem Schimky, ein Dandy.

Trotz ihrem wilden Aussehen haben sie doch nichts Unförmliches oder Widerwärtiges, diese starkknochigen, mulattenartig gebräunten hagern Gestalten; ein wohlbeleibter behaglicher Schimky wäre eine Idee außerhalb dem Gebiete der Möglichkeit. Bis auf den nationellen von Regen und Sonne gelb gebleichten Zwickelbart ist der Kopf durchaus kahl geschoren, und mit einem großen selbstfabricirten Strohhut oder einer flachen Pelzmütze bedeckt, Hals, Nacken und Brust sind entblößt. Die übrige Bekleidung besteht in Pantalons und einem mit einem Strick um den Leib gegürteten Kittel, beides vom allergröbsten ungebleichten Leinen. Hölzerne mit starken eisernen Nägeln dicht beschlagene Sohlen, die sie unter den übrigens nackten Fuß binden, müssen oft die Stiefel ersetzen.

Das wirklich gräßliche Getöse, das diese Chaussüre auf den granitenen Pflastersteinen hervorbrachte, wenn eine etwas zahlreiche Gesellschaft von Schimkys die Straße herauf kam, jagte uns Kinder allemal aus dem Beischlag ins Haus, und selbst als ich schon ziemlich erwachsen war, wagte ich mich nur mit bänglichem Herzklopfen in ihre Nähe. Ich fürchtete mich vor den wilden Gestalten, die doch Niemandem etwas zu Leide thaten; nie habe ich vernommen, daß ein Schimky des Diebstahls oder eines ähnlichen Verbrechens beschuldigt worden wäre.

Sie waren Leibeigene, und sind, außerhalb des Preußischen Staates, es wohl größtentheils noch. Ihr Leben wurde kaum so hoch gehalten, wie das eines Hundes oder Pferdes. Der Edelmann, der aus Versehen oder im Zorn einen von ihnen erschlug, zahlte, ohne weitere gerichtliche Prozedur, zehn Thaler Strafe, und damit war die Sache abgethan und vergessen.

Und doch giebt es kein zufriedeneres, ich könnte sagen, kein fröhlicheres Völkchen, als diese Leibeigenen mitten in ihrer tiefen Armuth, sie, die nie vermissen, was sie nie besaßen, ja wohl kaum dem Namen nach kannten. Die Freiheit, mit der sie nichts anzufangen wüßten, wäre gewiß der jetzigen Generation ein höchst unbequemes Geschenk, und vielleicht muß noch mehr als Eine dahinschwinden, ehe sie lernen werden es gehörig zu würdigen.

Wie sie im Winter daheim es halten, weiß ich nicht, den Sommer über ist ihr Leben fast ganz das eines Wilden. Tag und Nacht unter freiem Himmel, liegen sie am Ufer des Stromes, neben den ungeheuern, beinahe haushoch aufgeschütteten Weizenhaufen, die zu bewachen und fleißig umzustechen, um sie, bis sie eingespeichert werden, vor dem Verderben zu bewahren, jetzt ihre Beschäftigung ist.

Ein sehr konsistenter Brei von Erbsen oder Buchweizen, den sie in ihrem, an einer quer über zwei Kreuzhölzern gelegten Stange hängenden kolossalen Kessel sich selbst kochen, ist einen Tag wie den andern ihre Nahrung; hat eine solche Tischgesellschaft ein Paar Talglichter erbeutet, um den magern Brei damit zu würzen, so ist das Mahl köstlich. Da sitzen sie dann zur Mittagszeit, dicht aneinander gedrängt, in wirklich malerischen Gruppen, um ihre dampfenden Kessel; handhaben ihre großen hölzernen Löffel, die auch einen ihrer sehr beliebten Handelsartikel ausmachen, und schöpfen, schlucken und schnattern, ohne Maß und Ziel.

Ein wenig naschhaft, ein wenig lecker sind sie, trotz dem besten Gastronomen, das ist wahr, aber ihre Leckerbissen sind eigner Art. Auf einem Gange durch die Speicher bemerkte ich eines Morgens, in einiger Entfernung einen Schimky vor einem offenen Speicher, in welchem allerhand Lebensmittel zum Verkaufe standen, herumschleichen, und sehnsüchtige Blicke hineinwerfen. Jameson, mein Begleiter und ich, standen einen Augenblick still, um zu sehen, was der wunderliche Gesell eigentlich beabsichtige, da sprang er plötzlich pfeilschnell auf ein in der Thür stehendes Häringsfaß los, nahm aber nicht etwa einen Häring heraus, sondern tauchte nur ein gewaltiges Stück Schwarzbrot, das er bei sich führte, tief in die Häringslaake hinein, und lief davon, ohne sich umzusehen, als hätte er die köstlichste Beute erjagt.

Ein tüchtiger Schluck Kornbranntwein geht freilich noch über Talglicht und Häringslaake, aber wenn dieses Mittelding zwischen Kind und Affe auch etwas benebelt ist, so bleibt es doch gutmüthig; es prügelt sich, verträgt sich wieder und von Mord und Todtschlag ist nie die Rede. Freilich fehlt ihnen die gewöhnliche Veranlassung zu Hader und Zwist, Weiber und Mädchen, deren Begleitung der Edelmann nicht zugiebt.

Zuweilen kommt, in einer durch den Branntweinsgeist etwas eraltirten Stimmung, ein Paar von ihnen auf den Einfall, sich außerordentlich galant und höflich zu bekomplimentiren; im Bestreben, einander das Knie zu umfassen, berühren sie mit der Stirn fast den Boden, küssen einander die Hände, umarmen sich nach der allgemeinen polnischen Sitte, die selbst unter Damen damals noch gebräuchlich war, indem jeder von ihnen den Kopf so weit als möglich über die Schulter seines Freundes hinüber=

beugt, um seinem Nacken einen Kuß anzudrücken. Ernsthaft dem zuzusehen, ist eben so unmöglich, als nicht dabei an ein Paar Urangutangs zu denken.

In der durchsichtigen Dämmerung einer schönen nordischen Sommernacht gewähren, aus der Ferne gesehen, die vielen kleinen Feuer einen wirklich romantischen Anblick, um welche am Ufer der Weichsel gelagert die Schimkys ihre Nächte zubringen. Einzelne wunderlich schnarrende und klimpernde Töne schallen von dort herüber, von denen es schwer zu entscheiden ist, welche Art von Instrument sie hervorbringt. Die Schimkys sind von Hause aus geborne Paganini's, sobald man allein die Schwierigkeit in Anschlag bringen will, welche der große Mann zu überwinden hatte, um auf seiner einzigen Violinsaite solchen Zauber zu üben.

Paganini's Instrument ist indessen doch eine Violine wie sie sein soll, und die Saite derselben ist ebenfalls eine wirklich brauchbare Saite; aber etwas auch nur einer Melodie Aehnliches auf einer jener kleinen gelb mit rothen Blumen bemalten Nürnberger Spielzeug-Violinen hervorzubringen, wie sie auf der langen Brücke um wenige Groschen verkauft werden, das müßte selbst dem großen Meister schwer fallen, und er greift gewiß lieber nach seiner einzigen Saite.

Solch ein Sarmatischer Orpheus läßt aber durch die Mangelhaftigkeit seines Instruments sich nicht im mindesten irren; er fiddelt herzhaft darauf los, früher gehörte oder selbst erfundene Melodien, im echten Polonaisen=Takt; denn daß bei ihm von Notenlesen nicht die Rede sein kann, versteht sich von selbst.

Auch gelingt es ihm gewöhnlich, seine den wilden Thieren nicht ganz unähnlichen Zuhörer in begeisterte Bewegung zu setzen; sie fassen jauchzend einander bei den Händen und führen, paarweise gereiht, die eleganten Schwenkungen ihres Nationaltanzes, der Polonaise, durch, oder ergötzen sich an den wilden lustigen Sprüngen der nicht minder nationellen Mazurka.

Wenn die Sonne recht hell scheint, besonders wenn man, wie jetzt beinah alle Leute, etwas kurzsichtig ist, glaubt man zuweilen eine seltsame breite, ungemein prachtvolle Gestalt auf sich zukommen zu sehen; etwa einen chinesischen Mandarin, in einem ihn über und über bedeckenden Mantel vom reichsten Goldbrokat; in der Nähe verwandelt sich der Mandarin in einen hinten und vorn, vom Kopf bis zu den Füßen mit breitgeflochtenen Rispen der größ=

ten, schönsten, goldig schimmernden Zwiebeln dicht behangenen Schimky, die er zum Verkaufe ausbietet.

Neben diesen Zwiebel-Mandarinen begegnet man auch wandelnden Bergen von Töpferwaaren, und nur das von denselben ausgehende jodelartige Geschrei: Koop-Toopky, Top, Top, koop! verräth den in dieser zerbrechlichen Umgebung hausenden Schimky, dessen über seinem ambulirenden Waarenlager nur eben herausragender Kopf gar leicht für einen Theil desselben gehalten werden kann.

In Polen wird jährlich eine Unzahl Kochtöpfe, Pfannen, Kasserollen, aus einem, jenem Lande eigenthümlichen Thon fabrizirt, ohne welche eine Danziger Köchin gar nicht bestehen zu können glauben würde. Große Quantitäten dieser Waare werden von den Schimky's zum Verkaufe gebracht, die Speculation rentirt sich gut, die Masse der im Laufe des Jahres zerschlagenen Töpfe hält der der neu eingeführten so ziemlich das Gleichgewicht; das Originellste dabei bleibt immer die Art, wie sie auf der Straße feil geboten werden.

An einem mehrere Ellen langen starken Stricke werden so viele Töpfe und Pfannen von allen Dimensionen, als derselbe nur immer fassen kann, gleich Perlen angereiht; mit diesem Strick umwickelt sich

der Schimky von oben bis unten so künstlich, daß
die Töpfe, ohne zu zerbrechen, traubenartig über ein=
ander liegen. Die größten, die sich nicht wohl an=
ders anbringen lassen, trägt er in der Hand. Daß
die Beine nicht so gefesselt werden, daß er nicht be=
quem ausschreiten könnte, brauche ich wohl nicht zu
erwähnen.

Außer mit diesen Töpferwaaren wird auch noch ein
Nebenhandel mit feiner vortrefflicher Krakauer Grütze
von den Schimky's betrieben, ebenso mit jenen schon
erwähnten hölzernen Löffeln, welche sie in langen
Winterabenden selbst schnitzen, und die in unsern
Küchen ebenfalls für unentbehrlich gelten.

Ueberselig, jauchzend vor Freude, tritt solch ein
armer Tropf den langen beschwerlichen Rückweg zu
Fuße an, wenn er im Laufe vieler Monate, im Kampfe
mit unsäglicher Mühe und Noth, so viel erübrigen
konnte, daß es ihm möglich wurde, sich mit einigen
Ellen des gröbsten blauen Tuches zu beladen; kann
er vollends ein Paar mit Eisen beschlagener Stiefeln
hinzufügen, so kennt sein Glück keine Grenzen.

Die eben so malerische als prächtige National=
tracht der reichen Polen wird jetzt selten, oder viel=
leicht gar nicht mehr gesehen; in der Zeit, von wel=
cher ich spreche, begegnete man ihr in allen Straßen.

Den kahl geschorenen Kopf ausgenommen, den aber schon in den achtziger Jahren nur alte Herren noch so trugen, giebt es wohl keine, die eine schöne Gestalt vortheilhafter und zugleich anständiger bezeichnete. Solch ein Starost! die hohe viereckige Mütze von Sammt oder Seide, ein wenig seitwärts gerückt, eine Hand am reichen Gefäß des klirrenden Säbels, mit der andern den zierlichen Schnurrbart streichelnd, den reichen seidnen Leibrock mit einer goldburchwirkten breiten Schärpe vielfach umwunden, und darüber das den Wuchs vortheilhaft bezeichnende Oberkleid mit den über dem Rücken tief herabhängenden Aermeln! trat ein solcher so stolz einher, als ob Gottes Erdboden zu geringe wäre, um seine Stiefeln von gelben Saffian zu küssen!

Und nun als Gegenstück der nur über stumpfsinnige Thierheit eben erhobene halbnackte Wilde, der dem nämlichen Lande entsprossene Leibeigne jenes Sohns des Glücks! Der Kontrast wäre herzzerschneidend, wenn die Armen ihr Elend empfänden; doch dafür bewahrt sie für jetzt noch jede Entbehrung, jedes Unglück milderndе Gewöhnung.

Ein Paar Monate vor der Erntezeit kamen auch die armen polnischen Weiber schaarenweise gezogen, um für Kost und ein Tagelohn von drei Düttgen damaliges Danziger Geld, ungefähr achtzehn sächsische Pfennige, die Kornfelder in der Umgegend auszujäten. Auch die Erscheinung dieser armen Maruschka's, wie sie durchgängig genannt wurden, hatte viel Fremdartiges. Ein weißes Tuch, oft recht graziös um den Kopf gewunden, ein langes blaues, um den Leib fest gegürtetes Gewand vom gröbsten Wollenzeug, war ihre ganze Bekleidung, Schuhe und Strümpfe kannten sie gar nicht.

Hager, von der Sonne verbrannt, dürftig im höchsten Grade wie sie es sind, verleugnet sich doch nicht bei allen unter ihnen die den Polinnen eigenthümliche Anmuth der Formen und der Bewegung. Ich habe zuweilen jugendliche, vom Leben noch nicht zu hart behandelte Gestalten unter ihnen bemerkt, die jedem Künstler zum Modell hätten dienen können, und denen ich, neben dem innigsten Mitleid, meine Bewunderung nicht versagen konnte.

Einer meiner Freundinnen, die in der überschwenglich fruchtbaren Gegend des Danziger Werders wohnte, wurde eines Tages die ganz unerwartete Niederkunft auf freiem Felde einer ihrer Maruschka's gemeldet; das arme blutjunge Weib wurde sogleich unter Dach gebracht und für deren Verpflegung gesorgt, was ihr sehr wunderbar vorzukommen schien. Am andern

Morgen stand sie mit Sonnenaufgang fix und fertig da, das Kind in ein Tuch gebunden auf dem Rücken, und wollte durchaus auf's Feld an ihre Arbeit. Nur unter heißen Thränen und durch die Versicherung, daß sie dennoch ihre drei Düttgen täglich erhalten solle, ließ sie sich bewegen, einige Tage Ruhe sich gefallen zu lassen. Doch hielt sie es nicht lange aus; ehe man es sich versah, war sie draußen und konnte nicht begreifen, was man eigentlich mit ihr gewollt habe.

So sucht die immer gütige Natur selbst diejenigen ihrer Kinder, die sie am stiefmütterlichsten behandelt, für diese anscheinende Härte auf eine oder die andere Weise zu entschädigen!

Neuntes Kapitel.

*Der Zeiten Welle drängt in bunten Fluthen
Dicht um mich her die wandernden Nationen —*
Anonym.

Die schmutzigen polnischen Schacherjuden schiebe ich gern bei Seite, die weder vom Leibzoll, den sie zahlen, noch durch die Bedrückung und Verhöhnung aller Art, die sie von christlichen Gemüthern erdulden mußten, sich abhalten ließen, zahlreich sich einzustellen, und an allen Ecken unter widrigem Geschnatter und Geschrei ihrem elenden Gewerbe nachzugehen.

Aber es gab auch noch andere alt-testamentarische Gestalten außer diesen, deren würdigerer Anblick dazu mit beitrug, dem öffentlichen Leben in den Straßen eine interessante Mannigfaltigkeit der verschiedenartigsten Erscheinungen zu gewähren. Reiche israelitische Kaufleute aus Warschau, Krakau, Posen und andern bedeutenden polnischen Städten in ihrer stattlichen Nationaltracht, die Geschäfte halber in Danzig sich einfanden; hochgewachsene Männer, mit schwarzen blitzenden Augen und echt orientalischen Zügen, himmelweit verschieden von jenem zerlumpten Gesindel. Der wohl gepflegte, tief über die Brust sich ausbreitende, oft schneeweiße Bart, die hohe dunkle Zobelmütze, der malerische Falten bildende schwarze Talar verlieh ihnen eine auffallende Aehnlichkeit mit den gelungensten Propheten- und Apostelgestalten bildender Kunst.

Auch ihre Frauen begleiteten sie zuweilen; die Tracht derselben nahm sich freilich etwas barocker aus und machte einen sehr fremdartigen Eindruck; Röcke von schwerem, großblumigen Seidenbrokat, ein bis an die Kniee reichender, unten mit Zobel besetzter Leibrock von ähnlichem Stoff und eine goldene Haube. Ueber der Stirn trugen sie ein ziemlich breites Bandeau, aus mehreren Reihen echter, großer, aber meistens schiefer, sogenannter monströser Perlen, das auch nicht ein Härchen sichtbar werden ließ. Eine Menge schwerer, altmodischer goldener Ketten und Schmuck, aus allen Arten von Edelsteinen, vollendeten den Putz einer solchen Tochter Zions, der aber den brünetten, schwarzäugigen Gesichtern gar nicht übel stand, so lange sie jung waren.

Uebrigens herrschte in meiner, zur lutherischen

Konfession sich bekennenden Vaterstadt völlige Glaubensfreiheit. Die aus Holland abstammenden, meistens sehr wohlhabenden Mennoniten, welche in feine und grobe sich eintheilten, hatten ihre Bethäuser, unstudirte Bürger ihres Glaubens, meistens Handwerker oder Krämer, verwalteten in denselben das Predigeramt, und erbauten Sonntags ihre Glaubensbrüder durch oft recht herzliche Reden. Auch durften sie ihre Kinder so spät taufen lassen als es ihnen beliebte; ich selbst habe einmal der Taufe einer sechszehnjährigen Freundin von mir beigewohnt.

Die Katholiken hatten ihre Mönchs- und Nonnenklöster so ungestört, als lebten sie mitten in einem katholischen Lande, nur auf Ehrenstellen mußten sie, so wie jeder andre, der nicht zu Luthers Lehre sich bekannte, Verzicht leisten; nicht einmal Nachtwächter konnten sie werden.

Und doch übte der Papst auf unsere lutherische freie Stadt eine althergebrachte, aber dennoch in unserer Zeit unbegreifliche Gewalt. Nicht genug, daß in zu nahem Verwandtschaftsgrade stehende Protestanten, den zu ihrer Verheirathung nöthigen Dispens vom päpstlichen Stuhl zu erhalten suchen mußten; in der Mitte der Stadt lebte unter dem Titel: Offizial, eine Art von Nuntius des Papstes, der eben so gut als der berühmte Hufschmied von Gretna=Green, ohne elterliche Einwilligung und ohne vorhergegangenes öffentliches Aufgebot, über protestantische wie über katholische Liebespaare, in der an seine Wohnung anstoßenden königlichen Kapelle, den kirchlichen Segen aussprach; das von ihm geknüpfte Eheband war fest und hielt fest, und gegen die Gültigkeit desselben galt keine Einwendung.

Meine Mutter erzählte von einer ihrer Jugendgespielinnen, die zu großer Verwunderung ihrer Familie an einem Samstag Abend mit einer neugewaschenen leinenen Schürze erschien; an einem Samstage obendrein spät Abends, es war unerhört! das Mädchen wollte nicht gestehen, was es dazu bewogen; am folgenden Morgen aber klärte alles von selbst sich auf. Die neugewaschne Schürze hatte sie umgethan, um sich mit ihrem Herzliebsten bei dem nur wenige Häuser entfernt wohnenden Offizial in aller Geschwindigkeit trauen zu lassen.

Die moralische Nutzanwendung dieser Geschichte erfolgte in der weitläufigen Auseinandersetzung des wenigen Segens, der auf dieser, späterhin sehr unglücklichen Ehe geruht habe; ich hörte kaum darauf, ich überlegte in meinem zehnjährigen Kopfe, wie es möglich sei, lieber in einer weißleinenen Schürze,

als in einem prächtigen Brautkleide von großblumi=
gem Seidenstoffe, wie das noch immer viel bewun=
derte meiner Mutter war, Hochzeit zu machen.

Uebrigens blieb dieses Vorrecht des Offizials bis
zur endlichen Besitznehmung von Danzig in voller
Kraft, und ich habe noch einige Beweise davon er=
lebt, die in sehr achtbaren Familien viel Herzeleid
anrichteten.

Den Offizial habe ich nie gesehen, wüßte auch
Niemand, der persönlich mit ihm bekannt gewesen
wäre; überhaupt lag in seiner ganzen Existenz etwas
Unheimliches, Scheueinflößendes, das er selbst vielleicht
fühlte und deshalb in stiller Zurückgezogenheit lebte.
Die katholischen Priester zeigten sich indessen in ihrer
Ordenstracht überall. Auch unsere wohlehrwürdigen
Herren ließen ebenfalls außerhalb ihrer Häuser sich
nie anders, als in vollem Ornate erblicken, vor wel=
chem Jedermann schon den Hut von weitem zog; in
der lockenreichen großen Perrücke, dem langen weiten
Priestergewande und mit dem Bäffchen unter dem
Kinn.

Weit malerischer nahmen die baarfüßigen Fran=
ziskaner und Kapuziner in ihren mit einem Strick
umgürteten braunen Kutten und der tief in das Ge=
sicht gezogenen Kapuze sich aus, denen man häufig

begegnete; seltener ließen die weißgekleideten Domi=
nikaner außerhalb ihres Klosters sich sehen, am häu=
figsten aber die barmherzigen Brüder in ihrer ganz
schwarzen Ordenstracht.

Am ersten Feiertage der Hohen Feste stellten re=
gelmäßig drei derselben, demüthig sich verneigend, in
unserm Speisezimmer sich ein, wo wir eben zum
Mittagsessen versammelt waren. Sie brachten auf
einem seltsam geformten silbernen Teller einige Blät=
ter farbiger Oblaten, mit dem darauf eingedrückten
Bilde des Gekreuzigten und einer Dose mit Kräu=
tertaback, den sie in ihrem Kloster bereiteten und zum
Besten der Armen verkauften.

Mein Vater stand vom Tische auf und ging ih=
nen einige Schritte entgegen; wir Kinder erhielten
jedes eine Oblate, er aber nahm eine Prise aus der
Dose und legte Geld auf den Teller; die Priester
verneigten sich abermals und gingen schweigend, wie
sie gekommen waren, zur Thüre hinaus.

Die ganze Verhandlung, bei welcher nie ein
Wort gesprochen wurde, machte immer, wahrscheinlich
eben deshalb, einen eignen feierlichen und zugleich weh=
müthigen Eindruck auf mich, und mir wurde etwas
weinerlich zu Muthe. Ich wußte, daß diese Geistli=
chen unter eignen großen Entbehrungen alle armen

Kranken, weß Glaubens sie auch sein mochten, sogar Juden, in ihrem Kloster aufnahmen und sorgfältig pflegten. Adam, der selbst ein Katholik, und in einer schweren Krankheit von den frommen Vätern geheilt worden war, erzählte jedesmal davon, wenn sie ihren Besuch bei uns abgelegt hatten.

In ihrer nicht prunkenden, aber soliden, ihrem Klima angemessenen Nationaltracht sah man noch während der ersten sieben bis. acht Jahre meines Lebens viele russische Kaufleute alljährlich nach Danzig wiederkehren, und ihre fremdartige Erscheinung war überall willkommen; sie und ihre kleinen, von zottigen Pferden gezogenen, von langbärtigen Iswostschicks regierten Kibitken; besonders aber die Ladung der letztern, die großen Säcke voll silberner Rubel, mit denen alles baar bezahlt wurde, weil damals die Russen mit Wechselzahlungen noch nicht umzugehen verstanden.

Ihre Kleidung, im Gegensatz zu der weit brillanteren der Polen, war sehr einfach, ein dem Oberkörper sich eng anschließender tuchener Rock, mit ziemlich weiten Aermeln von unentschiedener, nicht zu dunkeler Farbe, über den Hüften mit einer breiten Schärpe von feinem persischen Stoff einigemal umwunden. Der untere Theil dieser Kleidung glich einem bis über das Knie gehenden, sehr weiten, oben in dichte Falten gelegten Weiberrock, dazu mäßig kurz geschnittenes starkes Haar, und ein von einem Ohr bis zum andern reichender Kinn und Brust ganz überdeckender Bart, der sehr sauber gehalten, zuweilen sogar künstlich gekräuselt wurde.

Oft versammelte mein Vater eine große Gesellschaft dieser bärtigen Männer an seinem Tisch, lauter gute Freunde, mit denen er seit vielen Jahren bedeutende Geschäfte machte. Die Anordnung eines solchen Gastmahls verursachte meiner Mutter und ihrem geheimen Kabinetsrathe Adam zwar einige Mühe, besonders wenn während der endlosen russischen Fastenzeit alles mit Oel bereitet werden mußte; dafür fand sie aber auch gewöhnlich in irgend einem Winkel ihres Zimmers einen Vorrath echten Karavanen=Thee versteckt, wie ihn selbst der Kaiser von Rußland nicht besser trinkt, und der für Geld nicht zu erlangen war.

Anfangs fürchtete ich mich zwar vor den langen Bärten, aber diese Männer waren freundlich, trotz ihrem grimmigen Ansehen; sie hatten die Kinder gern, das machte mir wieder Muth. Der ärmste, abschreckend=häßlichste unter ihnen war mir der liebste, ein schwarzer zottiger russischer Knecht, Andruschky geheißen, der jährlich mit seinem Herrn unser Haus besuchte und in demselben so bekannt war, als unsere große Zyperkatze, eine Art von civilisirtem Bär. Stundenlang galopirte er höchst gutmüthig auf allen Vieren den Hausflur auf und ab, wenn es uns einfiel, uns auf seinen breiten Rücken zu setzen; auch brachte er uns schöne Geschenke mit, steinharte russische Pfefferkuchen und kleine fremde, fast nie gesehene Nüsse, die vortrefflich gewesen wären, wenn man sie hätte aufmachen können. Das alles freute uns aber doch, wie jedes, woraus Kinder herausempfinden, daß man sie lieb hat und auch abwesend ihrer gedenkt. Meine besondere Gunst aber erwarb Andruschky sich dadurch, daß er mir einmal ein wunderschönes Hermelin mitbrachte, so künstlich ausgestopft, daß jedes zoologische Kabinet ihm gern ein Plätzchen eingeräumt haben würde.

Ich kann es mir nicht versagen, zur Ehre seines Gedächtnisses ein Paar Anekdoten von dem ehrlichen Russen hier aufzubewahren, von denen die erste selbst Yoriks sentimental journey nicht unwürdig wäre.

Andruschky kaufte eines Morgens vor unserer Thür einem Straßenjungen einen großen Käfig mit Vögeln aller Art ab, wie sie zur Frühlingszeit damals häufig feil geboten wurden; es waren ihrer wohl mehr als zwanzig in dem Käfig, der Kauf schien Andruschky's Baarschaft fast zu erschöpfen.

Er zahlte indessen ohne Zaudern, öffnete den Käfig, jauchzte laut auf, als die befreieten Gefangenen sich fürs erste auf den Kastanienbaum vor unserm Beischlag setzten, sich lustig schüttelten und dann über alle Häuser weg in die weite Welt flogen. Den leeren Käfig warf er einstweilen dem Verkäufer an den Kopf, hielt eine kurze aber eindringliche Rede an denselben und ging ganz pathetisch weiter. Unsere neben ihm stehende Kasche übersetzte die Rede seinem verblüfften Zuhörer auf der Stelle, denn Russen und Polen verstehen einander ungefähr wie Portugiesen und Spanier.

Gott der Herr schickt die kleinen Vögel in den Wald, damit sie die Reisenden auf ihren sauern Wegen durch ihren lieblichen Gesang erquicken sollen, hatte Andruschky gesagt; und, setzte er hinzu: treffe ich daher Dich Galgenstrick noch einmal mit einer solchen Ladung, so breche ich Dir nicht nur Deinen Käfig in tausend Stücke, sondern bediene Dich auch dermaßen mit meinem Kantschuh, daß Du noch nach hundert Jahren daran denken sollst.

Ein andermal hielt Andruschky's Kibitke vor unserer Thür; er selbst trug einen Theil seiner Ladung ins Haus, in der Zwischenzeit scheuete sich das muthige Pferd und ging in Pfeilesschnelle durch. Andruschky hörte des Rasseln der Räder, er stürzte hinaus, von Pferd und Wagen war nichts mehr zu hören noch zu sehen. Da stand der Arme und riß verzweifelnd sich die Haare aus dem Kopfe. Das leichte Fahrzeug mußte umstürzen, der Sack herausfallen, zerreißen, die Rubel sich verstreuen, nichts war gewisser, was konnte er anfangen! wohin sich wenden!

Im nämlichen Augenblicke bog das jetzt ganz verwilderte Pferd mit der noch wohl erhaltenen Kibitke um eine Ecke wieder in unsere Straße ein; mit lautem Freudengeschrei stürzte Andruschky dem wüthendschäumenden Thiere entgegen und warf sich mit dem Gesichte platt auf den Boden hin, dicht vor den Hufen, die schon sich hoben, um ihn zu zermalmen.

Erschrocken fuhr das Pferd zusammen, bäumte sich nochmals hoch auf und stand dann, ohne seinen Herrn auch nur anzustreifen. Beide hatten einander wohl gekannt, das war sichtbar.

Zu den fremdartigen Gestalten, welche die bunte Welt, die meine frühe Kindheit umgab, noch bunter machten, muß ich auch die Dienerschaft der vornehmen polnischen Familien zählen, welche damals einen bedeutenden Theil des Jahres in Danzig residirten; in grellen Farben phantastisch aufgeputzte Neger, sogar auch noch ein Paar mißgestalte unförmliche Zwerge in türkischer Kleidung, und als Gegenstück zu diesen in enganschließenden Jacken, über und über gelb gekleidete riesengroße Heyducken.

Sogar bis auf die Schuhe schneeweiß gekleidete Läufer, hochwehende Straußenfedern auf der Mütze, trugen mit ängstlich keuchender Brust im angestrengtesten Laufe ein kleines zierliches Stäbchen vor der unbarmherzig schnell hinter ihnen drein jagenden Equipage ihrer übermüthigen Gebieter her; eine Barbarei jener Zeit, die jetzt Gottlob außer Gebrauch gekommen zu sein scheint, und über deren Anblick Jameson jedesmal in heftigen Zorn gerieth.

Aber auch unter den in Danzig ganz einheimischen Bewohnern der Stadt war damals noch nicht jener Luxus vorherrschend geworden, der jetzt Alle dem Auge gleichstellt. Auf die aus einer früheren Zeit stammende Kleiderordnung wurde zwar nicht mehr nach aller Strenge des Gesetzes gehalten; nur bei feierlichen Gelegenheiten, bei Begräbnissen, Hochzeiten, Taufen wurde sie beim Mittelstande noch in Anregung gebracht. Bei der hochzeitlichen Tafel der reichsten und angesehensten Handwerkermeister erschien unfehlbar im größten Galla=Anzuge, den Degen an der Seite, ein dazu angestellter Rathsdiener, um nach=zuzählen, ob die Anzahl der Gäste die erlaubte über=schreite, und zu sehen, ob die Braut echte Perlen, Juwelen, und andere, gerade an ihrem Ehrentage ihr verbotenen Schmuck trage. Eine für eine freie Republik freilich sehr aristokratisch scheinende Einrich=tung, über die aber, so viel ich weiß, kein Hausvater sich jemals beklagt hat.

Mehr als das Gesetz hielt indessen die Furcht, bei ihres Gleichen lächerlich zu werden, die ehrsamen Bürger nebst ihren Frauen schon von selbst in be=scheidenen Grenzen; es fiel keiner ein, weder die Reifröcke, Poschen, reich garnirten Schleppkleider, noch den thurmhohen überladenen Kopfputz der vorneh=mern Damen sich anzueignen; wozu aber auch die große Unbequemlichkeit der damaligen, unter Ludwig dem funfzehnten bis zum unbegreiflichsten Unsinn ge=steigerten Moden nicht wenig beitragen mochte.

Auch konnte man damals die Dienstmädchen in der knappen, zierlichen Tracht ihres Standes, in der sie weit besser sich ausnahmen als in den mühseligen Versuchen der heutigen Generation, sich in Damen zu travestiren, noch nicht mit ihren Gebieterinnen verwechseln. Die vor kurzem eingetretene große

Revolution im Reiche der Mode, welche die weiten bauschigen Aermel in knappe, enge verwandelte, und die jetzt, funfzig Jahre später, die zarten Gemüther ihrer Enkelinnen so sorgenvoll bewegt, wäre gewiß unbemerkt an Jenen vorübergegangen.

Zehntes Kapitel.

> »O gönnt Jugend und Traum den Sterblichen!
> »Sie gleichen den Blumen zu sehr, welche nur so
> »lange schlafen als sie blühen; sind sie abgeblüht, so
> »stehen sie aufgethan der kalten, nassen, langen Nacht.«
> Jean Paul.

Fast sechs Jahre war ich alt, hatte von Anfang bis Ende Weissens damals Epoche machendes A,b,c= Buch durchstudirt, diesen ersten erfreulichen Verkündiger der unabsehbaren Reihe von Kinderbüchern, die bis auf den heutigen Tag ihm gefolgt sind, und noch folgen werden; ich hatte die schönen bunten Bilderchen in demselben nachgemalt, so gut es gehen wollte, und war folglich der Schule völlig entwachsen, die ich bis dahin besucht hatte.

Doch, was sollte, was konnte nun an die Stelle derselben treten? Jameson vertändelte manche Abendstunde mit mir, aber Wunderkinder waren ihm ein Greuel, und ich war noch so jung! Let the little victims play,*) sprach er freundlich, wenn meine

---

*) Let the little victims play, laßt die kleinen Opfer spielen.

Mutter schalt, weil ich mit meiner damals noch nicht vierjährigen Schwester Lotte es zu arg trieb. Weder meine Mutter noch ich verstanden diese Worte; als ich englisch gelernt hatte, verstand ich sie wohl, aber die eigentliche tiefe, ernste Bedeutung derselben haben erst viel später Leben und Welt mich erkennen gelehrt.

Damit denn doch etwas geschähe, wurde einstweilen ein Sprachmeister für mich angenommen, der beste in der Stadt, denn er war der einzige; ein alter, stumpfer Franzose, der seine Muttersprache halb vergessen und keine andere gelernt hatte. Der Unterricht währte nur einige Monate, mein Vater wurde bald gewahr, daß ich bei dem guten Alten nur retrograde Fortschritte machen könne, und beschränkte sich einstweilen darauf, so viel möglich französisch mit mir zu sprechen, um nur das Wenige, das ich spielend mit aus der Schule gebracht, mich nicht ganz verlernen zu lassen.

Indessen bedurfte ich doch einer ernsteren Beschäftigung, als meine übrigens zärtlich geliebten Puppen mir gewähren konnten, obwohl ich deren Haushalt auf sehr anständigen Fuß eingerichtet hatte, und mit großem Eifer ihm vorstand; und so mußten sich meine Eltern doch endlich entschließen, dem damali=

gen allgemeinen Gebrauch Folge zu leisten, und unerachtet meiner großen Jugend einen von allen Seiten ihnen empfohlenen Kandidaten der Theologie mir zum Lehrer zu geben, der die Verpflichtung übernahm, jeden Morgen eine Stunde mit mir zuzubringen. Die Anordnung des Unterrichts, den er mir ertheilen sollte, blieb dabei ihm völlig überlassen. Als ich ihm vorgestellt wurde, blickte er freilich das kleine sechsjährige Ding verwundert an, das man zur Schülerin ihm aufbürden wollte, doch er hatte sein Wort gegeben; der Versuch wurde gewagt, und es ging besser damit, als wir alle Beide erwarteten.

Kandidat Kuschel, so hieß mein neuer Lehrer, war der Sohn eines nicht bemittelten, aber sehr rechtlichen Handwerkers. Der Vater war gestorben, der zweite Sohn noch zu jung, um dem Gewerbe desselben gehörig vorstehen zu können; die Sorge für die alternde Mutter fiel zum großen Theil dem älteren zu, der seinen mit Unterricht außer dem Hause gewonnenen Erwerb freudig zu ihrer Pflege verwandte.

Des Himmels Segen ruhte darauf; sein einfaches, anspruchloses Betragen, gleich entfernt von kriechender Demuth und hochfahrendem Wesen, erwarb ihm allgemeine Achtung, seine Milde und Herzens=

güte die Liebe seiner Schüler. Sein Lehrertalent wurde von Jedermann als ausgezeichnet anerkannt, und der Tag hätte aus noch einmal so vielen Stunden bestehen mögen, es hätte nur von ihm abgehangen, sie alle zu besetzen; er begnügte sich damit zu leisten, was menschliche Kräfte vermögen.

Es ist sehr schwer, immer und unter allen Umständen von dem schönen menschlichen Glauben zu lassen, der jedem Kinde auf Erden seinen unsichtbaren Schutzengel zugesellt, Dank sei dem meinigen, im Fall er wirklich existirt, daß er in die Hände solcher Männer, wie Jameson und mein neuer Lehrer es waren, die Aufgabe legte, mich auf das mannichfach bewegte Leben vorzubereiten, das mir, wie den meisten meiner Zeitgenossen, ohne daß man es damals ahnen konnte, bevorstand.

Nie vielleicht hat die Natur einen hellen, hochgebildeten Geist, ein weiches und doch starkes Gemüth, einen bescheidenen und doch jeder Unwürdigkeit entgegenstrebenden Sinn in eine unscheinbarere Hütte verbannt, als die Gestalt des Kandidaten Kuschel es war. Die hohe seltsam eckige Stirn, die unförmliche lange Nase, die dicken wulstigen Lippen brachten den Eindruck eines häßlichen, aber doch nicht widerwärtigen Gesichts hervor; denn das Wohlwollen, die unbeschreibliche Milde, die aus den matten grünlich-grauen Augen sprachen, ließen bei seinen übrigen trefflichen Eigenschaften diese Unbill der Natur leicht vergessen.

Uebrigens standen, bei einem ziemlich hohen Wuchs, alle seine Glieder dennoch im wunderlichsten Mißverhältniß zu einander, und nur die große Ruhe und Mäßigung in seinen Bewegungen, die er sich angeeignet hatte, konnten vor einem Anstrich von Lächerlichkeit ihn bewahren. Daß eine seiner Schultern etwas höher war als die andere, fiel weniger auf, weil seine Kleidung dieses verbergen half; denn die damaligen Kandidaten des heiligen Predigtamtes, gewiß sehr ehrbare und achtungswerthe junge Männer, hatten genau das Kostüm der ihrer Frivolität wegen berüchtigten französischen Abbé's.

Schwarz gekleidet vom Kopf bis zu den Füßen, war an ihnen nichts Weißes sichtbar, außer den ihren geistlichen Stand bezeichnenden beiden Läppchen unter dem Kinn; eine thalergroße schwarzsammtene Kalotte, auf dem Scheitel der gepuderten, lockenreichen Perrücke ebenfalls ein Aushängeschild ihrer Frömmigkeit, und den Rücken halb bedeckend ein bis an den Boden reichendes schmales Mäntelchen, das der Träger mit einer Hand in elegante Falten zusammenfaſſen mußte, wenn er auf der Straße ſich zeigte; ſo verlangte es das damals ſehr gefürchtete Oberhaupt der Geiſtlichkeit unſrer Kirche, der hoch=ehrwürdige Doktor Heller.

Die innere Gluth des Glaubens mußte dieſe geiſtliche Herren gegen die in unſerem Klima oft bis auf zwanzig und mehr Grade Reaumur ſteigende Kälte ſchützen, denn von Pelz oder Ueberrock konnte bei ihnen gar nicht die Rede ſein. Wehe und aber=mals wehe dem unglücklichen Kandidaten, der au=ßerhalb ſeiner vier Pfähle in einem andern als dem ihm vorgeſchriebenen Koſtüm ſich ertappen ließ! Die Hoffnung, jemals eine Pfarre zu erhalten, war für ihn verloren, denn Doktor Heller achtete ein ſolches Vergehen der ärgſten Ketzerei gleich. Nicht nur die Kandidaten, auch die ſchon angeſtellten Pre=diger, und ſogar ihre Frauen, durften an Theater, Konzert und ähnliche Vergnügungen gar nicht den=ken; höchſtens wurde unter dem Siegel des Geheim=niſſes, im engſten vertraulichen Kreiſe, einem be=ſcheidenen Partiechen L'hombre durch die Finger geſehen.

Ohne zu philanthropiſchen Spielereien ſich herab zu laſſen, wie ſie damals durch die neuerfundene Baſedowſche Lehrmethode eben anfingen, Mode zu werden, wußte mein Lehrer, bei stetem Wechsel der Gegenstände seines Unterrichts, meine Aufmerksamkeit und Wißbegierde dermaßen zu erregen und zu fesseln, daß ich seiner Ankunft immer mit Freuden entgegensah, und nach Beendigung der Stunde, die er mir täglich gab, mit der Bitte, doch noch ein wenig zu bleiben, ihn weidlich plagte, weil er nur selten sie zu erfüllen vermochte.

Jameson sah, mit welcher Leichtigkeit und welchem Vergnügen ich auffaßte, was man mich lehrte, und hatte große Freude daran. Selten ließ er jetzt einen Tag vergehen, ohne mich mit zu sich zu nehmen; sein ganzer Hausstand wurde dann zu meiner Unterhaltung in Bewegung gesetzt. Sein großer pechschwarzer Kater, Tamerlan, und sein kleines schneeweißes Hündchen, Frei geheißen, machten ihre besten Künste mir vor; Jungfer Konkordia, die alte Haushälterin, fütterte mich mit Bonbons, und schälte mir Apfelsinen; er selbst ergötzte nicht unendlich durch allerlei artige Zauberkünste, die er mit Hülfe einer außerordentlich zierlichen Elektrisirmaschine hervorbrachte, oder erzählte mir Mährchen und allerlei Merkwürdiges von Thieren und Pflanzen und fremden Ländern. Dabei lernte ich nach und nach Englisch, fast ohne es gewahr zu werden; ich lernte es wie meine Muttersprache, für's erste nur plaudern, dann aber auch lesen und schreiben.'

Ein Mädchen und Englisch lernen! Wozu in aller Welt sollte das ihr nützen? Die Frage wurde täglich von Freunden und Verwandten wiederholt, denn die Sache war damals in Danzig etwas Unerhörtes. Ich fing am Ende an, mich meiner Kenntniß der englischen Sprache zu schämen, und schlug deshalb einige Jahre später es standhaft aus, auch Griechisch zu lernen, so sehr ich es innerlich wünschte, und so freundlich auch Jameson deshalb in mich drang.

Der Widerwille gegen den Gedanken für ein gelehrtes Frauenzimmer zu gelten, lag schon damals, wie eben noch jetzt, in meiner jungen Seele, so viel Rühmliches mir auch mein Kandidat von Madame Dacier und Frau Professorin Gottsched sagte, die obendrein meine Landsmännin war.

So verging ein Jahr ungefähr, einige Monate drunter oder drüber? ich weiß es nicht und habe es nie gewußt, denn »dem Glücklichen schlägt keine Stunde!« und es giebt kein glücklicheres Wesen auf Erden, als ein frohes, gesundes, geliebtes Kind, wie ich es war; die ganze Welt lachte mich an, vom ersten Januar bis zum Sylvestertage war es Früh=

ling in mir und um mich her. Alles, was mich um=
gab, blühte in erfreulichem Wohlstande fern von
dem friedlichen Dach, unter welchem ich den ersten
süßen Traum des Lebens träumte, blieben Sorge,
Kummer und Noth!

Elftes Kapitel.

Lange haben wir gestanden unter Schmach und Schimpf und Leid
Mochten kaum uns aufrecht halten in der jammervollen Zeit.
Grichenlieder von W. Müller.

Mein Vater war vom frühen Morgen an auf dem Rathhause, wohin er zu ganz ungewohnter Stunde berufen worden; Herr Moser, statt wie sonst im Comptoir hinter seinem Schreibepult wie angenagelt zu sitzen, lief unruhig im Hause herum, knackte einmal über das andere mit den Fingern, und seufzte in einem fort: Ja, ja!

Im Wohnzimmer saß meine Mutter ganz erschöpft auf dem Kanapee, mit fliegender Brust, glühenden Wangen und Thränen des Zornes im Auge. Ich drückte mich ängstlich in eine Ecke, denn in so heftiger Bewegung hatte ich die liebe, sanfte Frau nie gesehen.

Zu sehr ungewohnter Stunde, denn Morgenbesuche waren damals durchaus nicht gebräuchlich, war ein Freund unsers Hauses gekommen, der Mann einer der liebsten Freundinnen meiner Mutter, und hatte ihr etwas erzählt, das ich nicht verstand, worüber sie aber vor Schrecken todtenbleich wurde und sich kaum aufrecht halten konnte. Herr M*** sprach noch viel, meine Mutter gerieth darüber mit ihm in Streit, sie die nie stritt! es kam mir vor, als habe er etwas über meinen Vater gesagt, das sie nicht zugeben wollte, zuletzt wies sie ihm mit großer Heftigkeit die Thür, und ersuchte ihn, sie künftig mit seinen Besuchen zu verschonen; er ging, und ich blieb starr vor Erstaunen über das nie zuvor Erlebte.

Jetzt kam auch Jameson, und Onkel Lehmann, der Bruder meiner Mutter; auch Kandidat Kuschel, der aber heute mich kaum bemerkte, so viel ich mir Mühe gab, mich ihm bemerkbar zu machen. Alle drei versammelten sich um meine Mutter in angelegentlichst eifrigem Gespräch, mir aber wurde angedeutet, mich zu Kasche zu begeben, und ich mußte gehorchen, so sehr die Neugier mich plagte. Ich hätte gar zu gern erfahren, warum meine Mutter sich darüber so erzürnte, daß Herr M*** behauptet hatte: mein Vater trüge seinen Mantel auf beiden Achseln; wie sollte er denn sonst ihn tragen?

Unterwegs warf ich einen Blick zum Fenster hin-

aus; auch auf der Straße ging es ungewöhnlich
lebhaft her. Schiffer und Matrosen strömten dem
Schiffergilden-Hause zu, in den Beischlägen steckten
Nachbarn und Nachbarinnen, in Schlafrock und Pantoffeln, die Köpfe zusammen, überall, an allen Ecken
standen Leute haufenweise, eiferten, fluchten, weinten,
rangen die Hände, stampften mit den Füßen, klag-
ten überlaut.

Kaum sieben Jahre war ich damals alt, vier-
undsechzig sind seitdem vergangen; doch in früher
Kindheit aufgenommene Eindrücke bleiben unaus-
löschlich bis ins späteste Alter, und jener Morgen,
an welchem ich zuerst etwas einer Sorge Aehnliches
empfand, schwebt in allen seinen Einzelnheiten noch
deutlich vor mir, obgleich ich nicht im Stande war,
all' das Unheil zu fassen, das für eine lange Folge-
reihe von Jahren mit ihm hereingebrochen war. —

Setzt euch ruhig hin, besorgt den Puppen ihr
Frühstück und zieht sie ordentlich an, aber haltet
euch still, daß Niemand euch hört, ermahnte uns
Kasche, indem sie mich und meine Schwester Lotte
in das Eckchen, zwischen Fenster und Schrank führte,
das uns zum Spielen eingeräumt worden, und das
ich zum Wohnzimmer meiner Puppen recht nett auf-
geputzt hatte.

Kasche, liebe Kasche! bat ich, wir wollen mäuschenstille sein, aber sag' mir nur, was vorgegangen ist? ach, sage es mir nur, denn ich fürchte mich so!

Freilich wohl ein Unglück, und ein großes! antwortete Kasche; aber ihr Kinder versteht doch nichts davon. Der Preuß ist über Nacht gekommen, — darum seid hübsch artig, setzte sie hinzu, und ging.

Hätte sie gesagt: der Löwe, das Tigerthier, der Bär, ich hätte eine Idee damit verbinden können; aber der Preuß! ich begriff keineswegs, was sie damit meinte; doch eben das Unverständliche ihrer Worte vermehrte meine Angst.

An jenem Morgen überfiel das Unglück wie ein Vampyr meine dem Verderben geweihte Vaterstadt, und saugte Jahrelang ihr bis zur völligen Entkräftung das Mark des Lebens aus!

Die von den drei verbündeten Mächten im Jahr 1772 in Rußland beschlossene Theilung Polens, welche diesem Königreich wenigstens ein Viertel seines Umfangs raubte, war überraschend schnell zur Ausführung gekommen; und obgleich die freie Stadt Danzig nur bedingungsweise unter polnischem Schutze stand, ward der bei weitem wichtigste Theil ihres Gebietes ihr dennoch mit entrissen. Eine grausame Ironie des Schicksals schloß von dem gewaltsamen

Raube ihrer nächsten Umgebungen sie allein aus. Ihr gleichsam zum Hohne, wurde der freien einst so mächtigen Hansestadt ihre alt hergebrachte, republikanische Verfassung gelassen, während der Quell ihres Wohlstandes, abgeleitet, allmählig versiegte, und ihr auf kurze Zeit nur noch ein Scheinleben bleiben konnte, das mit jedem Tage gänzlicher Auflösung sich nähern mußte.

Der Hafen nebst den ihm angrenzenden Umgebungen war von Preußen besetzt, die sehr überflüssige Festung Weichselmünde aber der Stadt geblieben; kaum eine halbe Stunde von dem äußersten Thor, am Ende der damals neugepflanzten vier Reihen Linden, die jetzt zu einer der schönsten Alleen herangewachsen sind, war der preußische Adler über Nacht aufgerichtet, und wenige Schritte weiter, am Anfange des beinahe aus lauter schönen Landhäusern wohlhabender Bürger bestehenden Oertchens Langefuhr, stand der Greuel aller Greuel, das Zollamt, in welchem, aus einem unbegreiflichen Irrthum des großen Königs, die im ganzen preußischen Lande verhaßte französische Regie ihr Wesen trieb.

Vor einem andern Thor, näher der Stadt, fing die preußische Grenze sogar mitten in der äußersten Vorstadt Schidlitz an. Diese Vorstadt wurde während der letzten Belagerung auf Befehl des preußischen Generals niedergebrannt, und wird wahrscheinlich nie wieder aus der Asche erstehen; ihre geringe Entfernung von der Stadt läßt hieraus sich ermessen.

Auf der andern Seite, nach Elbing und Marienburg zu, längs dem Seestrande und der Weichsel, war der Stadt ihr ungefähr vier bis fünf Meilen weit sich erstreckendes Gebiet geblieben.

Viele Tage lang war es immerfort, als ob ein schweres Gewitter am Himmel stünde; wir Kinder hörten kein freundliches Wort, alle Leute im Hause gingen stumm und niedergeschlagen neben einander her. Wir hätten es machen sollen wie die Nürnberger, von denen Herr Moser erzählt; wir hätten »mit Nichten!« sagen sollen, als der Preuße herein wollte, dachte ich bei mir selbst, hütete mich aber weislich davor, es auszusprechen. Nur auf einzelne Stunden kam der Vater den Tag über vom Rathhause, mit einem so finstern Gesicht, daß ich mich mit meiner Schwester Lotte gleich zu meinen Puppen retirirte, sobald ich nur von ferne ihn sah. Der Zorn der Bürger, denen das Gefühl ihrer Ohnmacht bis zu verzweiflungsvoller Wuth erhöht hatte, wandelte, als der erste Schrecken überstanden war, in verbissenen Ingrimm, in immer tiefer eingreifenden Haß gegen Preußen und Alles was Preußisch war, sich um, der bald in den festen Entschluß überging, zur Vertheidigung des letzten armseligen Scheines ehemaliger Freiheit, der ihnen geblieben war, alles daran zu setzen, Leib und Leben, Hab und Gut.

Bedeutende Wunden, welche das Schicksal uns schlug, lernen wir endlich mit einer Art stumpfsinniger Ergebung ertragen; doch nie verschmerzen wir jene tausend kleineren sich täglich wiederholenden Nadelstiche desselben, die uns gleichsam spottend verfolgen, und kommen nimmermehr dahin, uns geduldig ihnen zu unterwerfen. Die bis zur höchsten Ungebühr, täglich auf das schonungsloseste sich wiederholenden Plackereien, welche das nach französischer Art eingerichtete Accisewesen, besonders in Langefuhr, sich erlaubte, trugen daher fast noch mehr dazu bei, die Erbitterung gegen Preußen aufs höchste zu treiben, als alle anderen Maßregeln, welche die völlige Vernichtung des bürgerlichen Wohlstandes der unglücklichen Stadt allmälig herbeiführen mußten.

Die empörende Behandlung, welcher die Einwohner Danzigs ohne Unterschied der Person ausgesetzt waren, sobald sie die ihnen so eng gesteckte Grenze ihres Gebiets überschritten, muß in unsrer weit humaneren Zeit fabelhaft erscheinen. Jeder Fußgänger wurde vor dem Accisegebäude angehalten, und mußte es als eine große Gefälligkeit erkennen, wenn man, um sich zu überzeugen, daß er nichts Accisebares bei sich führe, mit Durchsuchung seiner Taschen ihn verschonte.

Miethkutschen und Equipagen wurden eben so wenig als Fuhrmanns- und Bauerwagen mit genauester Durchsuchung verschont. Damen und Kinder mußten zuweilen im heftigsten Platzregen aus ihrem Wagen steigen, und, unter dem Hohngelächter ihrer Peiniger, geduldig unter freiem Himmel es abwarten, bis jenen gefiel, die Visitation auch der verborgensten kleinsten Räume im Wagen langsam zu vollenden. Dann begann noch die Durchsuchung der Personen, die damals Mode gewordenen Poschen der Damen, eine Art leichterer Reifröcke, die freilich aus sehr geräumigen Taschen bestanden, denen man ihren Inhalt von außen durchaus nicht ansehen konnte, waren dem französischen Gesindel ein Hauptgegenstand des Argwohns; keine Dame durfte sich weigern, ihre Poschen vor den Augen desselben auszuleeren, wenn sie nicht der beleidigendsten Behandlung sich aussetzen wollte. Mit Dienstmädchen und Frauen aus den geringeren Ständen verfuhr das freche Volk noch weit schonungsloser.

Sogar in ihren Landhäusern, sowohl in Langefuhr selbst, als in den in weiterer Entfernung, nach Oliva zu belegenen, blieben die Danziger Bürger den Mißhandlungen jener fremden Sünder und Zöllner ausgesetzt. Haussuchungen nach Kontrebande, denen Niemand bei schwerer Strafe sich widersetzen durfte, fielen täglich vor, und Kaffeeriecher, von ihrem ehrenvollen Amte so benannt, spürten in Höfen, Häusern und Küchen dem Geruch des frischgebrannten Kaffee nach, der innerhalb der preußischen Grenze nicht anders als schon gebrannt verkauft werden durfte.

Durch alles dieses steigerte die allgemeine Erbitterung sowohl gegen die französische Regie, als gegen den großen König, der dieses Unerträglichste mit dem Rechte des Stärkeren über uns verhängte, sich auf's Höchste. Bald nach der Occupation mußte ich leider selbst Zeuge davon werden, bis zu welchen schauderhaften Ausbrüchen unzähmbarer Wuth und Grausamkeit ein im Grunde gutmüthiges Volk getrieben werden kann, und die furchtbare Erinnerung daran hat mich noch lange nachher wachend und im Traume verfolgt.

Frecher Uebermuth, denn ein anderer Beweggrund zu einem so nutzlosen Wagstück wäre kaum denkbar, verleitete die französischen Zöllner, sich von Zeit zu Zeit in die Stadt zu schleichen, und neue Königl. Preußische Verordnungen heimlicher Weise am Rathhaus anzuheften, die, sobald man ihrer gewahr wurde, der schon über den bloßen Anblick des preußischen Adlers entrüstete Pöbel sogleich herunterriß.

Durch öfteres Gelingen wahrscheinlich zu dreist geworden, ließen unglücklicher Weise zwei dieser Elenden über der Ausführung eines solchen Unternehmens sich betreffen, und waren im Nu vom wüthenden Pöbel umringt. Brüllend wie die vom Sturm gepeitschten Meereswogen strömte von allen Seiten das Volk herbei; mit Pflastersteinen und Stöcken bewaffnet, erhoben sich tausend drohende Fäuste, unter wilden Flüchen und Schmähungen erscholl aus tausend Kehlen das Todesurtheil der Verhaßten. Nur schleunige Flucht konnte sie retten. Aus vielen Wunden blutend gelang es endlich dem Leichtfüßigsten unter den Beiden, sich in die Hauptwache zu werfen, wo seine Verfolger von ihm abließen. Wie ein gehetzter von einer Koppel Hunde gejagter Hirsch wurde indessen sein Begleiter durch die halbe Stadt, durch Gassen und Gäßchen im angestrengtesten Lauf unter einem Hagel von Steinwürfen erbarmungslos fortgetrieben; nur die mit jedem Schritt sich meh=

rende Anzahl seiner Verfolger, die endlich in den engen Straßen eine dicht zusammengedrängte Masse bildeten, verhinderte sie ihn zu ergreifen.

Brüllend, heulend vor Todesangst und Schmerz, mit Blut bedeckt, die Ueberreste seiner Kleider in Fetzen um ihn herumflatternd, sah ich das Jammerbild, ganz nahe hinter ihm drein der tobende Haufen, an unserm Hause vorüberjagen; er stürzte vor Entkräftung, raffte sich aber schnell genug wieder auf, und erst in der nächsten Straße ereilte ihn endlich das Schicksal, dem er vergeblich zu entfliehen strebte.

Ich kann und mag das Schreckensbild nicht weiter ausmalen; ungerächt wie unbeklagt verendete der Unselige im eigentlichsten Sinn des Worts unter den Fäusten und dem Hohngelächter der zur wildesten Rache empörten tief beleidigten Volksmenge; sie wollte und mußte ihr Opfer haben, und jeder Versuch, es ihr zu entreißen, wäre jetzt eben so vergeblich, als wahrscheinlich in seinen Folgen verderblich gewesen.

Die freundlichen Gartenhäuser in Langefuhr, Strieß, Oliwa, standen eine Zeitlang verödet da; ihre Eigenthümer wollten anfänglich den gewohnten Gartenfreuden lieber entsagen, als so schmählichen

Bedrückungen sich aussetzen. Doch die Stadtthore wurden, nach damaligem Festungsgebrauch schon mit Untergang der Sonne geschlossen, die sehr hohen Wälle, die hinter diesen sich erhebenden noch weit höheren Hügel, welche man, in einer übrigens flachen Gegend, wohl verleitet werden kann, Berge zu nennen, verhindern den freien Durchzug der Luft; Danzig liegt gewissermaßen in einem nach der Seeseite zu sich eröffnenden halben Kessel, so tief, daß man vom Meere aus die Stadt selbst gar nicht gewahr wird, und die hohen Thürme derselben sich gerade zu aus den Wellen zu erheben scheinen.

An recht heißen Sommertagen herrscht daher in den engen von himmelhohen Häusern umgebenen Straßen eine höchst drückende Schwüle, in die freiwillig sich einsperren zu lassen fast unmöglich ist, wenn man bedenkt, daß ganz in der Nähe, in einer der schönsten Gegenden, ein oft von Großvater und Vater ererbtes geliebtes Eigenthum, ungesehen und ungenossen verblüht. Meine nach frischem Abendhauch lechzenden Landsleute fingen daher an, auf Auskunftsmittel zu sinnen, und wer gehörig sucht, der findet, wenn auch nicht immer das Rechte, doch wenigstens ein Surrogat dafür.

Hat doch Doktor Faust sogar mit dem Bösen

ein Pactum geschlossen, und wurde demungeachtet nach seinem Ableben von Engeln in die ewige Seligkeit getragen, wie Göthe uns berichtet; daher darf man den Danziger Gartenbesitzern es wohl verzeihen, wenn sie sich herabließen, mit der nicht weniger als der Teufel selbst ihnen verhaßten französischen Regie in Unterhandlung zu treten, welche die Folge hatte, daß Jeder um eine nicht unbedeutende jährlich zu zahlende Summe für die Zeit seiner Villegiatura sich Zollfreiheit erkaufen konnte, wodurch ein großer Stein des Anstoßes gehoben ward.

Wem es nur irgend möglich war, der zog jetzt hinaus ins lang entbehrte Freie, und auch meine Mutter wollte, wie sie gewöhnlich that, in der wärmsten Sommerzeit mit uns Kindern ein kleines artiges Gartenhaus in der Vorstadt Schidlitz beziehen, denn auf eine weitere Entfernung von der Stadt hatte mein Vater sich nie einlassen wollen. Jubelnd zogen wir mit ihr hinaus, doch ach! wie verändert fanden wir Alles!

Dicht neben dem mit Bäumen besetzten Grasplatz vor dem Hause, dem eigentlichen Tummelplatz unsrer Freuden, streckte der schwarz= und weißgestreifte Schlagbaum, den Niemand gern sah, sich quer über den Weg; denn unser Haus war das

letzte auf Danziger Grunde geblieben; schräg gegen=
über war die Hauptwache errichtet, dicht daneben
die verhaßte Accise. Auf dem nur durch eine nie=
drige Hecke von dem unsrigen getrennten Grasplatze
sahen wir dicht neben uns unter Schimpfen, Flu=
chen und Prügeln, vom Morgen bis zum Abend
Rekruten exerciren, und vor der Hauptwache die
Fuchtel blutjunger Officiere über dem Rücken alter
Soldaten blitzen und niederfallen. Jene Zeit ist vor=
über und kommt nie wieder, doch damals war das
Prügelsystem an der Tagesordnung, so wollte es
der Gottlob jetzt gebannte Geist des ehemaligen
preußischen Militärs.

Das überlaute »Abgelöst!« der Wachen rief stünd=
lich herbe Erinnerungen auf, und Abends sahen wir
mit innigem Mitleid den Mißhandlungen zu, welche
die armen Kassuben, die auf ihren mit Ochsen be=
spannten kleinen Wägelchen Holz und Lebensmittel
dem Danziger Markte zuführen wollten, von den
französischen Zöllnern zu erdulden hatten.

Was ist das für ein seltsames ängstliches Ge=
trommel? fragte meine Mutter eines Morgens.

Hochgeehrte Frau, antwortete der Gärtner, denn
damals gab es bei uns noch keine Madams; hoch=
geehrte Frau, das ist der Spießruthenmarsch, auf

dem Felde hinter unserm Garten; Gott erbarme sich des armen Menschen, er läuft dreimal auf Leben und Tod. Nächsten Freitag kommt sein Kamerad an die Reihe, dem wird's nicht besser ergehen, sie haben desertiren wollen.

Am Abend des nämlichen Tages waren wir schon wieder in der Heiligengeist=Gasse unter dem Schutz der unser Dach hütenden Schildkröte, und verlangten nie wieder nach unserm Gartenhäuschen.

Zwölftes Kapitel.

Auch Vergangenes zeigt euch Bakis; denn selbst das Vergangne
Ruht, verblendete Welt, oft als ein Räthsel vor Dir.
Wer das Vergangene kennte, der wüßte das Kunftige. Beides
Schließt an Heute sich rein, an ein Vollendetes an.
Göthe.

Allmälig gerieth das Leben in Danzig wieder in den alten Gang, aus welchem das allgemeine Unglück es eine Zeitlang verstört hatte. Die große Wohlhabenheit, zu der die Einwohner durch Fleiß, Sparsamkeit und ihre den Handel so sehr begünstigende Lage im Verlauf von Jahrhunderten gelangt waren, ließ im Innern ihrer Häuser die Folgen desselben nicht gleich fühlbar werden, und wie ein an unheilbarer Auszehrung Leidender anfangs in glücklicher Unbewußtheit dem Grabe zusinkt, so gingen auch sie, ohne eine Ahnung davon zu haben, dem jammervollen Loose des langsamen Verarmens entgegen. Klagen über schlechte Zeiten wurden zwar von allen Seiten geführt, und machten den Hauptgegenstand aller geselligen Unterhaltung aus, doch für's Erste fiel die Einwirkung derselben nicht sonderlich auf.

Wie Alles, wovon mein Kindskopf zu keinem deutlichen Begriff gelangen konnte, beängstigten auch diese Klagen mich oft bis zum Weinen; denn was schlechte Zeiten eigentlich wären, wußte ich in der That nicht, und war nicht übel geneigt, sie wie Pocken und Masern für eine Art Krankheit zu halten.

Können wir aber nicht wohin reisen, wo keine schlechten Zeiten sind? fragte ich furchtsam leise aus meinem Puppeneckchen hervor, wenn Herr Moser sein Lieblingsviertelstündchen vor Tische benutzen wollte, um durch seine trübseligen Jeremiaden meine Mutter bis zum weichherzigsten Einstimmen in seine Klagen zu rühren, erhielt aber entweder gar keine Antwort oder wurde kurzweg zum Schweigen verwiesen.

Mein Vater nahm es weniger tragisch; denn Klagen war durchaus nicht seine Sache, aber er war innerlich ergrimmt, und seine tiefe Erbitterung über die himmelschreiende Ungerechtigkeit, welche die Stadt von ihrem übermächtigen Nachbar zu erleiden gezwungen war, sprach in jedem seiner Worte, in all' seinem Thun und Lassen ganz unverhohlen sich aus. Jameson stimmte völlig ihm bei, mein Onkel aber

trieb es noch weiter; wie alle angehende Hagestolzen,
zu denen er damals noch sich zählen konnte, pflegte
er gern viel über Kindererziehung zu sprechen, obgleich
Niemand bereiter war, als eben er, seine Nichten,
besonders mich, die älteste von ihnen zu verziehen.

Hamilkar ließ seinen Sohn Hannibal von frühe=
ster Jugend an unversöhnlichen Haß den Römern
am Altare schwören — jeder Danziger Bürger muß
als Pflicht es anerkennen, diesem großen Beispiele
zu folgen, und seine Kinder ohne Unterschied des Ge=
schlechts das gleiche Gelübde gegen Preußen ablegen
lassen, rief er in seinem Eifer. Ich hoffte, mein
Vater würde sogleich zu der vom Onkel vorgeschla=
genen Feierlichkeit Anstalt treffen; ein Gelübde! gar
zu gern hätte ich erfahren, was das heiße.

Ich suchte indessen wenigstens von Hamilkar und
seinem Sohn etwas Näheres zu erfahren, als ich
sah, daß nicht so schnell, als ich es wünschte, zur Ab=
legung des Gelübdes geschritten werden würde, und
fand meinen Lehrer nicht nur sehr bereit, meine Wiß=
begierde recht umständlich zu befriedigen, sondern auch
sonst noch viel schöne, herzerhebende Geschichten von
alten Griechen und Römern mir zu erzählen, an
denen ich die größte Freude hatte. Kandidat Kuschel
war in seinem Innern nicht minder republikanisch

gesinnt, dem preußischen Wesen nicht minder abhold, als mein Vater oder mein Onkel, aber er behielt in seinen Aeußerungen darüber die bescheidene Zurückhaltung bei, welche seine persönliche Lebensstellung ihm von Jugend an aufgedrungen hatte.

Absichtlich oder nicht, wählte er aber ein kräftigeres Mittel als jenes Gelübde gewesen wäre, das meinem kindischen Sinn so wohl gefiel, um in früher Jugend für Freiheit und Recht, für alles Große und Edle mich zu begeistern, indem er durch Beispiele aus der alten Geschichte über den Druck und die Jämmerlichkeit der Gegenwart mich zu erheben trachtete.

Unerwartet kam aber auch diese in seinem Bestreben ihm zu Hülfe; ich hatte eben mein neuntes Jahr erreicht, als Anno siebzehn hundert fünf und siebenzig der erste Aufstand der Amerikaner gegen die stolzen Gebieter der Meere in Philadelphia ausbrach. Glühend vor Begeisterung brachte mein Lehrer mir die erste Nachricht davon, und theilte in der Folge alles mir mit, was er von den denkwürdigen Ereignissen dieses gerechtesten aller Kriege im Laufe der Jahre erfuhr. Penn, Washington, La Fayette, der unglückliche Major Andrée, alle bedeutenden Namen jener Zeit waren mir so geläufig, als die meiner nächsten Umgebungen.

Wie liebte ich sie Alle! wie triumphirte ich über jede Niederlage der Britten! wie freuete ich mich, daß Frankreich den Unterdrückten zu Hülfe kam, und wie verabscheuete ich den Landgrafen von Hessen, der seine Landeskinder wie Leibeigene an England verkaufte, und nicht nur für jeden im Kriege Gebliebenen, sondern auch noch nach einem von ihm ersonnenen Tarif für die einzelnen Gliedmaßen derselben, für die Arme und Beine, die sie, ohne zugleich das Leben einzubüßen, etwa in der Schlacht verlören, sich besondere Entschädigungsgelder ausbedingte.

Ueber dem Interesse, das die tapfern Amerikaner mir einflößten, vergaß ich indessen doch meine alten Römer und Griechen nicht. Die letztern waren mir zwar weniger lieb und die Spartaner sogar völlig widerwärtig, weil sie die Kinder nicht bei ihren Eltern lassen wollten, sie peitschten, ohne daß sie etwas verbrochen hatten, und obendrein den Diebstahl für lobenswerth erklärten. Auch ärgerte ich mich sehr über den dummen spartanischen Jungen, der einen Fuchs gestohlen hatte und sich in aller Gelassenheit von ihm todt beißen ließ. Welche Albernheit, einen Fuchs zu stehlen! und wem kann er ihn wohl gestohlen haben? Hunde hält man sich wohl zur Jagd und zum Vergnügen, aber Füchse?

Die Römer, die prächtigen Römer! das waren meine Leute! In einem alten Schranke meines Vaters fand ich eine ziemlich holperige Uebersetzung von Rollins römischer Geschichte, und unterlag, trotz meiner sehr moralischen Gesinnungen, der Versuchung, dem Beispiele des spartanischen Knaben zu folgen und sie mir heimlich zuzueignen. Sonntags Nachmittags und in jeder andern freien Stunde, wo ich sicher war, daß man mich nicht stören würde, verbarg ich mich damit in abgelegene Winkel, oft auf dem Boden oben unter dem Dache. Vier dicke Octavbände! mit welchem Eifer, mit welchem unbeschreiblichen Interesse habe ich sie gelesen, und wenn ich damit fertig war, wieder gelesen, und wenn ich mir ein besonderes Vergnügen machen wollte, meine Lieblingsstellen darin aufgesucht.

Mucius Scävola, Brutus, Virginius, das waren meine Helden, und die ehrwürdigen Senatoren mit ihren langen, schneeweißen Bärten, wie sie in ihren elfenbeinernen Sesseln sich auf dem Markte neben einander hinsetzten, und schweigend von dem eindringenden wilden Feinde sich erschlagen ließen! Auch Cicero gefiel mir ungemein, wenn er den gottlosen

Catilina öffentlich heruntermacht; die berühmte Rede die er an diesen richtete, habe ich mir selbst so oft vorperorirt, bis ich sie größtentheils auswendig wußte. Vor allen Andern aber ehrte und bewunderte ich den Dictator Cincinatus! Stundenlang malte ich in Gedanken es mir aus, wie er in Rom als Sieger triumphirend einzog, und dann still bescheiden zu seinem Pfluge und seinen Teltower Rübchen zurückkehrte, die auch ich sehr gern aß; denn daß der große Mann mit einer schlechteren Sorte als dieser, seit der Erscheinung des berühmten Briefwechsels späterhin classisch gewordenen, vorlieb genommen haben sollte, war mir nicht denkbar.

Niemand, auch nicht mein Kandidat, erfuhr etwas von den römischen Studien, die ich ganz in der Stille neben den Lehrstunden, die er mir gab, betrieb; warum ich so heimlich damit that, weiß ich selbst nicht; wahrscheinlich weil ich in meiner Begeisterung mich nicht irre machen lassen wollte. Uebrigens lernte ich mit großem Eifer Alles, Geographie, alte und neue Geschichte, Mythologie und noch Vieles, Vieles mehr, wovon ich jetzt wenig oder gar nichts mehr weiß; denn ich war in meinem zwölften Jahre weit gelehrter als ich jetzt in meinem ein und siebenzigsten es bin.

I.   8

Auch mit der schönen Literatur unsers deutschen Vaterlandes, die freilich damals erst im Erblühen war, wollte Kandidat Kuschel mich allmälig bekannt machen, und gab mir Kleist's Frühling zu lesen. Als einen seinen trefflichen vertrauensvollen Charakter, aber auch seine Unbekanntschaft mit der Welt bezeichnenden Zug muß ich hier anführen, daß er die Stellen im Gedicht mit Bleistift bezeichnete, die ich überschlagen sollte, weil ich noch zu jung sei, um sie zu verstehen. Es fiel dem guten Manne gar nicht ein, daß ich, als eine echte Tochter unserer Urmutter Eva, doch nicht anders können würde, als gerade diese angestrichnen Stellen zu allererst zu lesen.

Und so geschah es denn auch: »Honny soit qui mal y pense;« ich hatte wenig davon. Ich las und las wieder, und konnte gar nicht begreifen, was der gute Kandidat mit seinem Verbot eigentlich gemeint habe. Der Frühling draußen kam mir überdem tausendmal schöner vor, als der in dem Buche.

Es war mit mir wohl noch nicht an der Zeit, in das Wunderreich der Poesie einzudringen, und nicht dem durch die Prosa des wirklichen Lebens doch etwas niedergehaltenen Kuschel, sondern meinem glücklichern Freunde Jameson war es vorbehalten, mir ein Gebiet zu erschließen, in welchem er einheimisch war.

Dreizehntes Kapitel.

*Wer zählt das Heer der lichten Sterne?
Wer mißt der Sonne schnellen Lauf?
Wer dringt in ungemeßne Ferne,
Und deckt des Himmels Ordnung auf?*
K. F. Drollinger.

Mit verdoppelter Liebe und verdoppeltem Eifer nahm Jameson seines kleinen Lieblinges sich jetzt an. Auf welche Weise er meinen Unterricht betrieb, was er mich lehrte, wie ich von ihm lernte, ist nicht recht wohl zu beschreiben; ich möchte unabsichtlich es nennen, denn er lehrte und ich lernte, ohne daß wir alle Beide uns dessen deutlich bewußt waren.

An schönen Sommerabenden, wenn die Kinder zu Bette geschickt waren, mein Vater unter dem Kastanienbaum, der unsern Beischlag beschattete, sein Abendpfeifchen rauchte, meine Mutter still freundlich neben ihm saß, dann zeigte Jameson, der nie versäumte, sich ebenfalls einzufinden, mir die Sterne, soweit der beschränkte Horizont sie zu übersehen uns erlaubte. Wie hing ich so innig an seinen Worten, wenn er von dem geheimnißreichen Walten jener Myriaden hoch über uns kreisender Welten sprach! Er lehrte mich die Namen der bekanntesten Sterne; am folgenden Morgen suchte ich die Sternbilder, denen sie angehören, auf seinem Himmelsglobus auf, Abends fand ich am nächtlichen Himmel sie wieder. Auch die Längen und Breiten der Lagen der verschiedenen Länder mußte ich berechnen, ich wußte auf ein Haar ihm zu sagen, wie viel um drei Nachmittags bei uns, in Paris oder Archangel die Uhr sei. Von jedem Schmetterlinge, jedem Käfer, der vorübersummte, wußte er mir etwas zu erzählen. So lernte ich immerfort; vergessen habe ich das Meiste, aber ich gewöhnte mich dabei doch auf das zu merken, was um mich her vorging, und nicht gedankenlos in die Welt hineinzustarren.

Mit meinen astronomischen Kenntnissen hat es aber ein besonders klägliches Ende genommen; von den Sternbildern kenne ich nur noch den großen Bären und den Jacobsstab; aber das stille Entzücken, mit welchem ich damals in der Betrachtung des gestirnten Himmels mich verlieren konnte, ist mir unverkümmert geblieben, und wird, sollte ich auch ein noch weit höheres Alter erreichen, so lange ich lebe, mich nicht verlassen.

Der englischen Sprache war ich inzwischen ganz unvermerkt fast eben so mächtig geworden, als der mir angebornen deutschen, ich las und verstand und sprach sie mit großer Fertigkeit. Vom Spectator, den tales of the genii und den Briefen der Lady Montague ging Jameson nun mit mir zu den Poeten über, und eine Welt voll warmen entzückenden Lebens öffnete sich mir.

Zuerst lasen wir den Homer, freilich nur in Pope's Uebersetzung, die eher eine lahme Travestie genannt werden sollte; doch Unsterbliches läßt sich nicht tödten. Von Youngs Nachtgedanken, Miltons verlornem Paradiese lasen wir nur Einzelnes, doch nun kam Shakspeare.

Römer, Griechen, Shakspeare, Homer, welchen Wirrwarr mußte das alles in einem so sehr jungen Mädchenkopfe anrichten! Gewiß war ich, obgleich Kuschel und Jameson alles dagegen thaten, in eminenter Gefahr, ein unerträglich überspanntes und verschrobenes Persönchen zu werden, so eine Art von gebildetem jungen Frauenzimmer. Doch eine neue Erscheinung bewahrte glücklicher Weise mich davor; eine Erscheinung, der ich, meine damaligen Zeitgenossen, unsere Kinder, und sogar noch theilweise unsere Enkel, unendlich viel verdanken.

Weißens Kinderfreund, der erst vor Kurzem ans Licht getreten war, dieses vortreffliche, in seiner Art noch immer unübertroffene Werk war es, das, wenn meine poetische Exaltation gar zu überschwenglich zu werden drohete, mich immer wieder in das Element zurückführte, in welches ich eigentlich noch gehörte, in die stille, freundliche Kinderwelt, die eben damals von dem schweren Joche der trübsinnigsten Pedanterie und unverständiger Härte langsam befreiet wurde, unter welchem sie bis dahin geseufzt hatte.

Ich lebte ganz mit Karl und Lottchen, mit Fritz und Louischen; sie waren mir meine liebsten Spielgesellen; an allen kleinen Ereignissen, die ihnen begegneten, und an deren Wahrheit ich steif und fest glaubte, nahm ich den wärmsten Antheil. Nur Eines that mir leid, daß kein Herr Spirit sich ausfindig machen lassen wollte, denn Jameson paßte als Engländer gar nicht dazu; aber den Magister Philoteknos, bis auf die Perrücke sogar, mit welcher Chodowiecky ihn abbildete, hatte ich dafür in meinem Kandidaten Kuschel, wie er leibte und lebte, der mir, nachdem ich diese Entdeckung gemacht, noch weit lieber wurde, als er mir früher gewesen; was ich denn auch nicht unterließ, ihm auf alle Weise an den Tag zu legen.

Vierzehntes Kapitel.

Praeses.
De non jamais te servire
De remediis aucunis
Quam de ceux seulment doctae facultatis?
Maladus deust il crevare,
Et mori de suo male?
     Bachelierus.
Juro.
        Molière.

Im Laufe der siebenziger Jahre des vorigen Jahrhunderts fing es in ganz Deutschland an mächtig zu tagen, wie Jedermann weiß. Göthe's jugendlicher Genius entfaltete die gewaltigen Schwingen, Klopstock hatte seiner dem erhabensten Gegenstande geweiheten Lyra schon die ersten Töne entlockt. Ohne von Seiten der gekrönten Beherrscher der Völker sich besonderer Aufmunterung oder Begünstigung zu erfreuen, wurden im Reiche der Wissenschaft, der Kunst, der Poesie die Geister wach. Nur in meiner Vaterstadt, und wenigstens dreißig Meilen in die Runde, blieb, mit wenigen Ausnahmen, noch Alles wie es früher gewesen.

War es ihre von dem damaligen Theile der kultivirteren Welt sie absondernde Lage, im fernen Norden, was jeder Erfindung neuerer Zeit sie so abhold machte, und Kunst und Poesie als nutzlose Spielereien betrachten ließ? War er der hauptsächlich nur baaren Gewinn berücksichtigende Kaufmannsgeist der Mehrzahl ihrer Bürger? Oder vielleicht der seit den letzten ihr so gewaltsam aufgedrungenen traurigen Neuerungen noch starrer gewordene reichstädtische Sinn der alten freien Hanseestadt? wahrscheinlich bewog sie ein Zusammenwirken von diesem Allen, sich fester als jemals an dem Althergebrachten zu halten, und jedem Versuche, verjährte Vorurtheile zu bekämpfen, die unerbittlichste Strenge entgegen zu setzen.

Die heilsamste Erfindung des achtzehnten Jahrhunderts, die wohlthätige Erhalterin des Lebens zahlloser Kinder, die Inokulation der Blattern, war besonders ein Gegenstand des allgemeinen Widerwillens, gegen den alle Stimmen sich erhoben. Vergebens ging das Lob derselben vermittelst der Zeitungen wie ein Lauffeuer durch halb Europa. Auf viele, viele Meilen weit rings um Danzig her dachte Niemand auch nur auf das Entfernteste daran, ein solches gottversuchendes, vorwitziges und frevelhaftes Wagestück zu unternehmen, wofür es von eifrigen Zeloten überlaut, sogar mitunter öffentlich von der Kanzel herab erklärt ward.

Nur genaueste Bekanntschaft mit dem finstern Geiste jener noch immer dunkeln Zeit kann den Muth meines Vaters gehörig würdigen lassen, mit dem er, sobald er von der Wahrheit der im südlichen Europa schon seit mehreren Jahren gemachten günstigen Erfahrungen sich überzeugt hatte, in seinem Innern beschloß, allem auf ihn einstürmenden Widerspruch Trotz zu bieten, und die erste Gelegenheit, die sich ihm zeigen würde, zu benutzen, um seinen zagenden Mitbürgern zum Beispiel die drei ältesten seiner geliebten Töchter der neuen Kur zu unterwerfen, und im Bewußtsein seiner redlichen Absicht den Erfolg mit ergebenem Gemüth Gott anheim zu stellen.

Gewiß hatte er dabei manchen harten Kampf mit seinem eignen Herzen zu bestehen, und es kostete ihm nicht wenig Ueberwindung, unsere ihm ganz vertrauende, aber doch sehr besorgte Mutter zu bewegen, einer so mörderischen Krankheit als die Menschenblattern es damals waren, uns hinzugeben.

Die dabei obwaltende Gefahr blieb ihm keineswegs verborgen, manches abschreckende Beispiel vom unglücklichsten Ausgange einzelner Fälle ward neben dem der Inokulation ertheilten gerechten Lobe, eben=

falls durch die Zeitung bekannt, doch der gesunde Verstand meines Vaters ließ dadurch sich nicht irre führen; das Uebergewicht des Wohlthätigen eines Verfahrens, durch welches viel tausend junge Leben unverkrüppelt erhalten wurden, sprach gar zu deutlich sich aus.

Ich kann nicht unterlassen, daran zu erinnern, daß immer nur von der Inokulation der wirklichen Menschenblattern die Rede sein konnte. Die allgemeine Verbreitung von Doctor Jenners wundergleicher Entdeckung der jede Idee von Gefahr beseitigenden Schutzblattern war erst mehr als dreißig Jahre später unserm erfindungsreichen neunzehnten Jahrhundert vorbehalten.

Indessen waren unsere Danziger Aerzte in jener fernen Zeit noch so seltsam geartet, daß mein Vater die Möglichkeit, seinen zu unserm und seiner Mitbürger Heil gefaßten Entschluß mit ihrer Hülfe zu bewerkstelligen, gar nicht absehen konnte. Für's erste waren sie Alle, sammt und sonders, uralt, in vorgefaßten Meinungen ergrauet. Ob sie jemals jung gewesen, wo sie gelebt, was sie gethan, so lange sie es waren, weiß ich nicht, kann aber mit Wahrheit versichern, daß ich während der ersten zehn bis vierzehn Jahre meines Lebens keinen jungen Arzt jemals gesehen, von keinem etwas vernommen, ja nicht einmal einen nennen gehört habe.

Excellenz wurden diese ehrwürdigen Herren betitelt, und dieses nicht etwa nur in ihren Häusern, von ihren eignen Bedienten, sondern überhaupt im geselligen Leben mit der Welt; nur sehr vertraute Bekannte durften zuweilen es wagen, ein respectuöses Herr Doctor sich zu erlauben.

Ihr Haupt bedeckte eine schneeweiß gepuderte lockenreiche, dreizipfliche Allongenperrücke, einer dieser Zipfel hing über den Rücken hinab, die beiden andern wiegten sich auf den Schultern, ein goldbesetzter, scharlachrother Rock, sehr breite Spitzenmanschetten und Jabot, weiße oder schwarzseidne Strümpfe, Knie- und Schuhschnallen von blitzenden Steinen oder vergoldetem Silber und ein kleines plattes Dreieck von schwarzer Seide unter dem Arm, chapeau-bas genannt, vollendeten die prachtvolle Toilette einer solchen über Tod und Leben Gewalt übenden Excellenz. Dazu denke man sich noch ein ziemlich starkes spanisches Rohr mit einer goldenen oder aus Elfenbein künstlich geschnitzten Meerfrau als Krückenknopf darauf, um in schweren bedenklichen Fällen Kinn und Nase zu stützen, und gewiß giebt Jedermann mir die Unmöglichkeit zu, in Gegenwart einer solchen Figur an eine Neuerung nur auf das allerentfernteste zu denken.

Unverhofft und unerwartet erschien indessen zur Hülfe in dieser Noth ein Arzt aus der Fremde, ein nicht ganz junger, aber doch weit jüngerer Mann, als jene, seine ehrwürdigen Kollegen, modern gekleidet, im einfach dunkelfarbigen Rock, sogar mit eignem frisirten Haar und einem Zopf, damals noch eine seltene Erscheinung.

Doctor Wolf, so hieß er, war ein vielgereister, sehr erfahrner und gelehrter Arzt, ein erklärter Feind jedes Schlendrians und aller konvenzionellen Umständlichkeit; wie sehr willkommen, besonders in jenem Zeitpunkt er meinem Vater sein mußte, ist leicht zu erachten. Die Verbreitung der Blatterinokulation war der Hauptzweck seiner Reise. Er kam aus England mit Empfehlungen an Doctor Jameson, der ihn sogleich in unserm Hause einführte, und gehörte übrigens zu den damals eben Mode werdenden Aerzten, von denen ich noch viele Jahre später das letzte Exemplar in der Person des zu seiner Zeit sehr berühmten Wundarztes von Theden in Berlin kennen gelernt habe, die mit der ausgesprochensten Verachtung aller gesellschaftlichen Anstandsregeln, einer an rücksichtslose Grobheit gränzenden Einfachheit des

Betragens sich befleißigten, und gerade dadurch, vermuthlich wegen des Kontrastes mit dem Altgewohnten, das allgemeine Zutrauen sich erwarben, besonders aber bei den vornehmsten Damen, und selbst bei regierenden Fürsten in Ehre und Ansehen standen.

»Nun, ihr Rangen? Könnt Ihr brav fressen?« war das erste Wort, das wir von dem neuen Doctor vernahmen, als wir, ich und meine Schwestern, ihm vorgestellt wurden. »Das sollt ihr aber schön bleiben lassen, hungern müßt ihr, hungern, daß euch die Seele pfeift,« setzte er auf meine bejahende Antwort lachend hinzu und hielt leider Wort.

Wassersuppe, Thee ohne Milch, Weißbrot, Zwieback und Johannisbeergeleé, war die damals für unumgänglich nothwendig gehaltene vorbereitende Diät, der wir uns viele Tage lang unterwerfen mußten, bis endlich der zur Ausführung des großen Wagestücks vorher bestimmte herankam. Die halbe Stadt war auf den Ausgang desselben gespannt, und viele fromme Seelen nahmen ein großer Aergerniß daran.

Mit welcher ermüdenden Umständlichkeit ging damals noch alles vor sich, was in unsern jetzigen Tagen mit spielender Leichtigkeit, fast unmerklich, und doch nicht minder sicher und vollkommen, vollbracht wird! wie schwer machte man sich damals noch das Leben, in allen und jeden seiner Obliegenheiten! die zärtlichste Mutter wird jetzt gegen ihre vertrautesten Freunde höchstens beiläufig erwähnen, daß sie am Morgen ihren Kindern die Schutzblattern einimpfen ließ; bei uns wurde an jenem großen Tage das ganze Haus in Allarm gesetzt.

Unsere Eltern, wir drei unglückseligen Hauptpersonen, Doctor Wolf, Herr Nirius, unser Wundarzt, Kasche und unser Jungfermädchen Florentine, das Alles wurde an einem recht unfreundlichen Apriltage in Kutschen gepackt und im abgelegensten Winkel der Stadt, mitten in einem sehr schmutzigen Hühnerhofe vor einem alten, ärmlich aussehenden Hause abgeladen, dessen Schwelle wir uns nicht nähern durften, aus Furcht, von den im vierten Stock liegenden Blatterkindern innerlich angesteckt zu werden, was Doctor Wolf für lebensgefährlich erklärte.

Da saßen wir nun unter freiem Himmel, wir armen kleinen Mädchen, zitternd vor Angst und Kälte, umschnattert von Gänsen und Enten, umschnüffelt von neugierigen Ferkeln. Jeder von uns brachte Doctor Wolf mit einer in Blattereiter getauchten goldnen Nadel acht kleine Wunden bei, zwei an jeder Hand, zwischen Zeigefinger und Daumen, und zwei auf jedem Knie; daß wir dabei eine ziemliche Weile vor allen Leuten mit bloßen Knieen dasitzen mußten, um das Gift eintrocknen zu lassen, war in dieser herben Stunde nicht das geringste meiner Leiden, indem ich diesen Theil der Operation höchst unanständig fand.

Ueberhaupt wurde sie mit einer umständlichen Weitschweifigkeit ausgeführt, von der man heut zu Tage sich kaum einen Begriff zu machen fähig ist. Zu jeder der acht kleinen Wunden, die wir erhielten, mußte neuer Eiter von den Blatterkranken geholt werden, folglich mußte Herr Nirius vier und zwanzig mal, bis zum vierten Stocke unter dem Dache des baufälligen Hauses hinauf und wieder herabsteigen. In der Hausthüre nahm Florentine ihm die Nadel ab, um jeder durch ihn möglichen Gefahr der so gefürchteten innern Ansteckung vorzubeugen. Florentine überreichte sie unserer einige Schritte weiter hin stehenden Kasche, von dieser erhielt sie, abermals in einiger Entferuung, unsere Mutter, die sie dann endlich dem Doctor Wolf übergab.

Halb tod waren wir, oder glaubten doch es zu sein, als wir von dieser peinlich quälenden Expedition zu Hause ankamen; gern wären wir allesammt gleich zu Bette gegangen, doch daran war nicht zu denken; wir mußten spielen und lustig sein auf hohen Befehl. Und so ging es von nun an alle Tage, spielen und spazieren laufen vom Morgen bis zum Abend, obgleich wir bei der mit großer Konsequenz fortgesetzten magern Diät endlich ganz von Kräften kamen. Doctor Wolf sah sich zuletzt genöthigt, uns etwas Bouillon reichen zu lassen, um nur die Blattern zum Ausbruch zu bringen, und von dem Augenblick an ging es meinen Schwestern vortrefflich: das gefürchtete Uebel schlich leicht und schonend an ihnen vorüber, ohne die geringste Spur zu hinterlassen.

Anders, gar anders war es mit mir; über und über mit Blattern bedeckt fühlte ich mich sehr leidend, und die unablässige, sogar etwas ängstliche Sorgfalt, welche Doctor Wolf mir widmete, verrieth, daß er meinen Zustand für nichts weniger als ganz gefahrlos ansah.

Abgerechnet davon, daß er wirklich ein gutmüthiger, menschenfreundlicher Mann war, mußte unter diesen Umständen an meiner Erhaltung ihm ohnehin alles gelegen sein; auch wich er einige Tage lang fast nicht aus unserm Hause, und keine junge Prinzessin kann von dem Hochfürstlichen oder gar Königlichen Leibarzte ihrer Eltern mit größerer Aufmerksamkeit behandelt werden, als ich von ihm es wurde.

Eine Blatter, die auf einem meiner Augen sich bilden wollte, und mich vielleicht blind gemacht hätte, verursachte ihm besonders große Sorge, doch gelang es seinem unablässigen Bemühen, sie im Entstehen zu zerstören. Zum Umsinken kraftlos, vermochte ich kaum mich auf den Füßen zu erhalten, und doch mußte ich den Tag über außer dem Bette bleiben; glühend im heftigsten Fieber sank ich ermattet auf dem Fußboden zusammen, meiner Mutter und Kasche wollte darüber das Herz brechen, doch Doctor Wolf riß mich empor, nahm mich auf den Arm und lief, bei Hitze und Kälte, bei Regen und Sonnenschein, die lange Brücke mit mir auf und ab. Fast bewußt= los hing ich still wie ein Lamm ihm über der Schul= ter, während unter lautem Bedauern die uns begeg= nenden Leute uns nachsahen.

Doch auch diese bösen Tage gingen vorüber; die Kur war glücklich vollbracht. Doctor Wolf ließ eine kurze Beschreibung des Verlaufs derselben drucken; das Büchelchen ging von Hand zu Hand, alle unsere Bekannten besuchten meine Eltern; die, welche nicht zu denselben gehörten, gingen wenigstens an unserm Hause vorüber, um mich und meine Schwestern frisch und gesund im Beischlage herumspringen zu sehen. Das Vorurtheil gegen die Inokulation hatte einen

Stoß erlitten, der endlich als tödtlich sich bewies, und Doctor Wolfs Glück war auf ewige Zeiten begründet.

Er ließ in Danzig sich förmlich nieder, wurde der Modearzt aller reichen und vornehmen Leute, behielt, theils aus Gewohnheit, theils aus Gescheutheit, seine wunderliche, rauhe Sitte bei, und lebte viele Jahre lang in meiner Vaterstadt in Ehre und Ansehen. In Folge einer im seinem Testamente von ihm getroffenen Anordnung wurde er, unter von ihm vorgeschriebenen Vorbereitungen, auf dem Bischofs-Berge, der höchsten Anhöhe in der Nähe der Stadt, in ein Grab gelegt, das er selbst unter seinen Augen hatte graben lassen; dicht neben der Sternwarte, wo er gewöhnlich die sternhellen Nächte in Beobachtungen zuzubringen pflegte, und deren Entstehung, nebst mancher andern wissenschaftlichen Einrichtung, die Stadt großentheils seiner Anregung verdankte.

Nach Verlauf von hundert Jahren sollte das Grab an seinem Begräbnißtage wieder geöffnet und untersucht werden, so hatte er in seinem Testamente es bestimmt; doch kaum die Hälfte dieser Zeit ist verflossen und die Stätte desselben ist nimmer zu finden. Die zweimalige Belagerung meiner unglücklichen Vaterstadt hat dort alles vernichtet; von der

Sternwarte und den übrigen damaligen Gebäuden auf dem Bischofsberge ruht kein Stein mehr auf dem andern, wie Spreu vor dem Winde ist alles verweht.

So steht es um menschliche Pläne, um menschliche Anordnungen der Zukunft und um menschliche Voraussicht.

Funfzehntes Kapitel.

Feingerade!
Hübsch Füßchen aus- und einwärts, hübsch die Wade!
Den Rücken schlank! fein Hals und Kopf empor!
Zurück die Schultern! Bauch ein! Brust hervor!
Bürger.

Eine Reise von funfzig bis hundert Meilen, die man jetzt kaum des Erwähnens werth achtet, galt vor sechzig bis siebenzig Jahren, bei dem damaligen Zustande der Wege und überhaupt aller Reiseanstalten, schon für ein bedenkliches Unternehmen. Sollte es vollends noch weiter gehen, in entfernte fremde Länder, dann überschritt die Trostlosigkeit der Zurückbleibenden alle Grenzen; ich erinnere mich noch aus meiner frühesten Kinderzeit ganz deutlich, wie Großmutter, Mutter und Tanten in Thränen zerflossen, als mein Onkel eine Reise nach Kaluga antrat, vor welcher er auf Leben und Sterben sein Haus förmlich bestellen mußte; denn Alle waren fest überzeugt, daß er aus jener weitentlegenen Wildniß nie wieder heimkehren werde.

Längſt ſchon trug mein Vater ſich mit dem Gedanken an eine nicht minder weite, wenn gleich weniger gefährlich ausſehende Reiſe. Seine Ruſſiſchen Handelsfreunde konnten bei der gegenwärtigen Lage der Dinge Danzig nicht mehr beſuchen; der zwiſchen ihm und ihnen ſo lang beſtandene Verkehr war durch die von preußiſcher Seite getroffenen Zolleinrichtungen völlig geſtört, eine andre Bahn mußte ihm eröffnet werden, und dieſe bot am bequemſten die Leipziger Meſſe. Nach Leipzig wollte fortan mein Vater ſeine Waaren direkt von Frankreich aus verſenden und mit den ruſſiſchen Kaufleuten dort zuſammentreffen. Doch eine Reiſe nach Lyon war zu dieſer neuen Einrichtung durchaus erforderlich, und wie lange eine ſolche ihn von den Seinen entfernt halten könne, ließ ſich vorher nicht beſtimmen.

Haus und Kinder waren gut verſorgt, die Furcht vor den Blattern beſeitigt. Unſre Mutter, ſo lieb ſie ihn hatte, war doch viel zu verſtändig, um ſich nicht ohne Widerwillen in Alles zu fügen, was er zum Beſten der Seinen für gut und nützlich hielt. Fröhlichen Muthes, ohne ferneren Verzug, würde er die Reiſe gleich angetreten haben, nur die Sorge um mich und meine Erziehung hielt ihn noch zurück. Ich hatte das neunte Jahr erreicht, ich bedurfte anhaltender Beschäftigung und hatte noch vieles zu lernen, so trefflichen Händen ich auch anvertraut war, was weder meine Mutter, noch Jameson nach Kuschel mich lehren konnten.

»Ich liebte nur Ismenen, oder: ich schlief, da träumte mir charmantes Kind von Dir,« zum Klavier singen, ein Paar Polonaisen oder einen Masureck recht taktfest aborgeln, eine Menuet regelmäßig tanzen und höchstens ein Paar französische Redensarten ängstlich herausstottern können, war alles, was damals zur Vollendung der Erziehung einer Tochter erforderlich schien. Dem Tanzmeister war ich schon längst überantwortet, und wunderlicher Weise schon um neun Uhr des Morgens; die Musikstunden waren auf mein Bitten nach wenigen Monaten aufgegeben worden, weil mein alter verdrießlicher Lehrer mich immer versicherte, ich habe einen hölzernen Kopf, während alle andern mich lobten. Mein Vater sann lange darüber nach, was nun ferner mit mir anzufangen sei, und fand keinen ihm genügenden Ausweg.

Pensionsanstalten gab es damals bei uns nicht, und konnte keine geben; ja ich glaube sogar, daß man kaum einen eigentlichen Begriff von dem Wesen einer solchen Treibhausanstalt hatte. Von seinem

Kinde sich trennen, um es in einem fremden Hause von Fremden erziehen zu lassen, war damals den Müttern noch ein Undenkbares; verwaisete Kinder wurden bei ihren Vormündern oder in befreundeten Familien untergebracht, und wuchsen dort ebenfalls in ruhig stiller Häuslichkeit auf. An Zeit, sich mit ihren Kindern zu beschäftigen, konnte es überdem den Müttern nicht fehlen, denn der ganze Tag gehörte dem Familienleben an, Morgenbesuche und Morgenspaziergänge kannte man gar nicht, und die geselligen Pflichten und Freuden nahmen nur die spätern Abendstunden in Anspruch.

Gegen den Vorschlag, eine Gouvernante anzunehmen, hatte meine sonst immer zum Nachgeben geneigte Mutter sich gleich auf eine Weise erklärt, die deutlich bezeigte, wie wenig sie Willens sei, sowohl in der Liebe als in der Leitung ihrer Kinder mit einer Fremden zu theilen: Lernen mögen sie von Andern, denn ich weiß zu wenig ihnen zu lehren, doch erziehen soll Niemand sie als ich, hatte sie meinem Vater erwiedert, was er später, wenn wir irgend eine Unart uns zu Schulden kommen ließen, ihr zuweilen vorhielt.

Und wäre sie auch andrer Meinung gewesen, eine Gouvernante finden, wie mein Vater sie wollte, wäre immer ein schwer zu erfüllender Wunsch geblieben. Die Fabriken in Genf, in Lausanne, in Vevay, welche halb Europa mit ganzen Kutschenladungen dieses Artikels jetzt versorgen, die ein Vetturino regelmäßig zweimal im Jahre nach Deutschland führt und von dort wieder abholt, waren damals noch nicht organisirt.

Die französischen Mamsells jener Zeit, so nämlich wurden ein für allemal die Gouvernanten genannt, die französischen Mamsells waren sämmtlich geborene Berlinerinnen, aus der französischen Kolonie, was man aus ihrem Dialekt sowohl in deutscher als in französischer Sprache sogleich errathen konnte, und hatten Frankreichs Boden nie betreten.

Das allgemeine Vorurtheil war schon des Ortes ihrer Geburt wegen gegen sie gestimmt, und auch ihnen konnte der Aufenthalt in der alten formellen Kaufmannsstadt so wenig zusagen, daß nur völlige Hoffnungslosigkeit, ein angenehmeres Unterkommen zu finden, sie zu bewegen fähig war, sich zu demselben zu bequemen. Auch war ihre Anzahl in Danzig sehr beschränkt; in Familien, mit welchen meine Eltern Umgang hatten, erinnere ich mich deren nur zwei gesehen zu haben, und der Widerwille meiner Mutter gegen diese Art von Erzieherinnen wurde gerade

durch diese Beiden auf das Vollkommenste gerecht=
fertigt.

Doch der Zufall, welcher vor einigen Monaten
zur gelegensten Zeit den Doctor Wolf aus Eng=
land herüberführte, begünstigte auch diesesmal die
Wünsche meines Vaters für das Wohl seiner Kin=
der; plötzlich und unverhofft führte er die Erfüllung
derselben ihm zu, und zwar aus einer Stadt, aus
welcher man es nimmer erwartet hätte, aus Stock=
holm.

Eine schöne schwedische Prinzessin, die jetzt wahr=
scheinlich schon längst in der Königsgruft ihrer Ahn=
herren den langen Schlaf schläft, hatte gerade in je=
ner Zeit ihre letzten Kinderschuhe ausgetreten. Ihre
Erziehung wurde für vollendet erklärt, und das mit
derselben beauftragt gewesene Personal zerstreute sich
in alle vier Winde. Alle wünschten den schwer er=
worbenen Lohn vieljähriger Dienste im Vaterlande
zu genießen, nur eine französische Untergouvernante,
welche viele Jahre lang in der nächsten Umgebung
der Prinzessin gelebt hatte, ließ von dem sehr be=
scheidnen Zuge ihres Herzens nach der ihr ganz un=
bekannten Stadt Danzig sich führen, um in einer
Entfernung von einigen zwanzig Meilen der Nähe
ihres seit vielen Jahren ihr verlobt gewesenen Freun=

des, eines Herrn Hofraths, sich zu erfreuen, den jetzt noch Geschäfte in Königsberg festhielten und noch lange festzuhalten droheten.

Sie brachte bedeutende Empfehlungen an einen in Danzig etablirten schwedischen Kaufmann, einen alten Bekannten meines Vaters, mit, welche in Hinsicht auf ihr Betragen, wie auf ihre Kenntnisse auch nicht dem kleinsten Zweifel Raum geben ließen.

Schön war sie nicht, jung auch nicht, vielmehr ein wenig das Gegentheil von beiden, ziemlich lang, hager, etwas spitzig an allen Gliedmaßen, etwas unklar in der Gesichtsfarbe, und obendrein mit einem ziemlichen Ansatz zu dem, was man höflich einen kleinen Verdruß zu nennen pflegt, den sie aber in vollem Anzuge recht geschickt zu maskiren verstand. Uebrigens durchaus nicht zurückstoßend, sondern höflich zuvorkommend, und auf ihre Art sogar liebenswürdig, wenn man an ihre steife Haltung und nach damaliger Weise abgezirkelten Hofmanieren sich einigermaßen gewöhnt hatte.

Leider war auch sie eine in Berlin geborene französische Mamsell, doch lange Entfernung vom Vaterlande, und die während dem Lauf einer bedeutenden Reihe von Jahren in Stockholm sie umwehende französirende Hofluft hatten jede Spur dieses Ma=

kels vertilgt. Sie sprach deutsch ohne allen Berliner
Accent, ihre französische Aussprache aber galt für
unübertrefflich; der wahre accent d'Orleans, in höch=
ster Vollkommenheit, versicherte mein Vater. Auch
fehlte es ihr nicht an für jene Zeit nicht ganz ge=
wöhnlicher Geistesbildung, sie war mit der damali=
gen französischen schönen Literatur wohlbekannt, und
wußte mit Auswahl sie zu würdigen. Der Feder
vollkommen mächtig, schrieb sie nicht nur recht gut
französisch, sondern noch überdem eine sehr schöne
französische Damenhand, worauf mein Vater großen
Werth legte.

In einer Hofrobe von schwerem zitrongelben Sei=
denstoff mit großen rothen Blumen prachtvoll ange=
than, machte sie meiner Mutter »ihre Aufwartung,«
wie sie es nannte, und wurde von der guten ein=
fachen Frau, der bei ihrem Anblick ein schwerer Stein
vom Herzen fiel, auf das freundlichste aufgenom=
men, denn daß die viel gepriesene Französin ihr nicht
zur Hausgenossin aufgedrungen werden könne, wie
sie noch immer heimlich gefürchtet hatte, davon über=
zeugte sie der erste Blick auf die vornehme, kostbar
geputzte Dame vom feinsten Ton, die höchst graziös
sich vor ihr tief verneigte.

Eine meinen Eltern genau befreundete Familie

hatte sich entschlossen, auch ihre älteste Tochter, die mit mir im nämlichen Alter stand, mit mir zugleich der Mamsell Ackermann anzuvertrauen. Das Uebereinkommen über die Bedingungen, unter welchen dies geschehen sollte, war zur völligen Zufriedenheit aller dabei Betheiligten leicht getroffen, und mein Vater trat völlig über mich beruhigt seine so lang verschobene Reise an, in der festen Ueberzeugung, für meine Beschäftigung hinlänglich gesorgt zu haben.

Auch war dieses fast bis zum Uebermaße geschehen; Jameson, Kuschel, der Tanzmeister und eine gute alte Frau, die im feine Wäschenähen und Stopfen mich zu unterrichten kam, nahmen bis Mittag meine Morgenstunden in Anspruch, um zwei Uhr Nachmittags wurde ich zur Mamsell Ackermann gebracht, bei der wir bis sieben Uhr verweilten, und bei meiner Zuhausekunft fand ich oft noch meinen freundlichen Jameson auf mich wartend, bei dem ich denn noch das letzte Abendstündchen vor dem Nachtessen recht vergnügt zubrachte.

Kaum hatte meine neue Lehrerin sich einige Monate mit mir beschäftigt, als ich schon anfing, zu aller Welt Erstaunen, so fertig französisch zu plaudern, als hätte ich zeitlebens nichts anderes gethan;

bei meiner frühen, mit Hülfe meines Vaters fortgesetzten, wenngleich sehr unvollkommenen Bekanntschaft mit dieser Sprache war dieses aber nichts Außerordentliches, doch das bedachte Niemand. Mamsell Ackermann wurde durch mich kleinen Papagaien bald so bekannt und berühmt, daß sie in Kurzem unter den heranwachsenden Töchtern der bedeutendsten Danziger Familien die Wahl hatte. In weit weniger als Jahresfrist war die Zahl ihrer Zöglinge vollständig, deren nie mehr als zwölf anzunehmen sie meinem Vater versprochen, was sie auch immer redlich gehalten. Auch hatte sie, in der That, mit uns vollauf zu thun.

Ich bin überzeugt, daß sie früher nie einer Erziehungsanstalt vorgestanden, wahrscheinlich keine gesehen hatte, die vielleicht ausgenommen, in welcher sie in ihrer Jugend selbst Unterricht erhalten. Die Einrichtung der ihrigen war so abweichend von allen, die ich seitdem gekannt, und dabei so zweckmäßig für die Absicht, der Erziehung heranwachsender Mädchen aus den feiner gebildeten Ständen die letzte Vollendung zu geben, daß es mir unmöglich wird, sie ganz mit Stillschweigen zu übergehen, obgleich ich heimlich befürchten muß, das Andenken der guten Ackermann einigem leisen Spott auszusetzen, haben wir sie doch leider auch nicht immer damit verschont, da sie noch unter den Lebenden wandelte!

Erziehungsinstitute kannte man bei uns damals unter diesem Namen noch nicht; ein Ort, wo Kinder zum Unterricht hingeschickt wurden, hieß schlechtweg eine Schule, aber die Ergouvernante einer schwedischen Prinzessin schauderte vor dem plebejen Worte ängstlich zurück. Eine Schule! Quelle horreur! quelle platitude! Eine Societé des jeunes dames war es, die sie fünfmal in der Woche Nachmittags bei sich empfing. Sie war die gutmüthigste Seele, aber dem Unglücklichen, der sich erkühnt hätte, ihren Namen mit jenem erniedrigenden Ausdruck in Verbindung zu bringen, hätte sie weder im Leben noch im Tode verziehen.

Wahr ist's, ihr Zimmer sah gar nicht wie eine Schulstube, sondern wie das einer eleganten, vornehmen Dame aus; hübsche, zum Theil Mahagony-Meubles, Pfeiler-Spiegel, mit marmornen Konsolen davor, Wandleuchter von Porzellain, in Gestalt großer Blumensträuße an den Wänden, Blumenvasen, Amorinen von Bisquit, welche die mit kleinen Diamanten besetzte Taschenuhr ihrer Gebieterin hielten: das Alles war ungemein zierlich. Vieles mochte sie als Andenken früherer Zeiten aus Stockholm über die

See mitgebracht haben; es hatte ein fremdartiges Ansehen, und gefiel mir deswegen nur um so besser.

Natürlicher Weise mußte auch unser Betragen nach diesen Umgebungen gemodelt werden; auch nicht der kleinste Verstoß gegen konvenzionellen Anstand und gesellige Sitte wurde, ohne auf der Stelle gerügt zu werden, uns durchgelassen. Ungeschicktes Auftreten, ein schwerfälliger Gang, Thürenwerfen, überhaupt unnöthiges Geräusch, zogen lange Strafpredigten nach sich, die eine sehr harte Strafe uns dünkten, weil sie die gräßlichste Langeweile uns erregten. Auch der damals beim Eintritt ins Zimmer noch übliche Knicks an der Thür durfte nicht unterlassen werden; wer ihn vergaß, mußte ihn auf der Stelle nachholen, wer in der Eile ihn nachlässig hinschleuderte, mußte ihn nochmals so lange einüben, bis es gelang, ihn graziöser auszuführen.

Leicht obenhin betrachtet, sieht das Alles zwar ungemein lächerlich aus, wird aber weniger so erscheinen, wenn man einige sechzig Jahre sich zurück zu versetzen im Stande ist; zwar heißt es: andre Zeiten, andre Sitten, doch nur die Form ändert sich, der Grund aber bleibt. Frühe Gewöhnung an das, was Anstand und gesellschaftliche Konvenienz von uns verlangen, so daß wir uns durch sie weder gefesselt noch verlegen fühlen, weder aus linkischer Blödigkeit verstummen, noch in jene zu warme Zutraulichkeit verfallen, die anfangs als köstliche Naivetät bewundert, dann als zu täppische Dreistigkeit verspottet wird, ist jetzt wie damals beim Eintritt in die frisch erblühende Rosenzeit des Frühlingslebens ein großer Gewinn. Auch in späterer Zeit kommt der ernsteren Hausfrau eine gewandte Sicherheit des Betragens im häuslichen wie im geselligen Verhältniß wohl zu Statten, und hilft ihr über ihrem eignen, wie über dem Leben der Ihrigen einen Hauch von Ruhe und Anmuth zu verbreiten, der sich empfinden, doch nicht analysiren läßt.

Mamsell Ackermann war, wenigstens für die damalige Zeit, auf das rechte Mittel verfallen, ihren Zöglingen jene Lebensleichtigkeit, die später zu erwerben oft unendlich schwer wird, durch Gewöhnung zur zweiten Natur zu machen. Sie legte vielleicht einen zu großen Werth auf diesen Vorzug, sie wandte zu viel daran, ihn uns anzueignen; doch wenn ich die jungen eben flügge gewordenen Vögelchen, so unsicher, so ängstlich, oder auch so blind verwegen, dem Gewahrsam entflattern sehe, in dessen Schutz sie bis dahin sich sicher fühlten, so will es mir zuweilen bedünken, als ob man in unsern Tagen in den entgegengesetzten Fehler verfiele.

Daß diese strenge Beobachtung aller Anstandsregeln uns anfangs sehr langweilig, verdrießlich, mitunter lächerlich erschien, ist nicht zu leugnen; dennoch mochten wir nicht förmlich uns dagegen auflehnen. Von unserm stillen Mißmuth, von unserm störrigen Widerwillen die kleinste Notiz zu nehmen, hielt aber Mamsell Ackermann nicht für nöthig.

Und so blieb es wie es gewesen. Wir gewöhnten uns mit der Zeit daran, wir blickten zuletzt mit kindischer Selbstzufriedenheit auf die neuen Ankömmlinge herab, die noch nicht gelernt hatten, wie man in guter Gesellschaft zu gehen, zu stehen, zu sitzen und zu knixen habe, und waren stolz darauf, ihnen den ersten Unterricht darin zu ertheilen.

An Zank und Streit war unter uns gar nicht zu denken; wir nannten einander ma chère amie, und waren sanft und lieb wie die Englein im Himmel, denn wir mußten immer französisch sprechen. Kein deutsches Wort durfte über unsre Zunge gleiten, außer im Fall der höchsten Noth. Wer in aller Welt aber kann in einer fremden Sprache, deren er nicht ganz mächtig ist, zanken und streiten?

Schriftlich oder mündlich aus dem Französischen

ins Deutsche, oder auch umgekehrt, übersetzen, Leseübungen auswendig lernen, Hersagen des Gelernten nahm die ersten Stunden in Anspruch; bis die Reihe an sie kam, ihre Lektion herzusagen, beschäftigte jede von uns sich still vor sich mit der ihr zugetheilten Aufgabe, und dieser Wechsel unsrer Arbeiten erhielt uns in stets reger Aufmerksamkeit. Aufgaben zu Hause auszuarbeiten wurden uns nie zugetheilt. Uebung im Schönschreiben, und wenn noch etwas Zeit dazu übrig war, etwas Geographie, brachten gegen fünf Uhr die Theestunde herbei, und wie durch einen Zauberspruch waren wir nun aus Schülerinnen in eine wirkliche Societé des jeunes dames umgewandelt.

Der Theetisch wurde servirt, wie es eine solche Gesellschaft erfordert. Mamsell Ackermann präsidirte dabei auf dem Sopha und ließ unter ihrer Leitung die Aeltesten von uns wechselsweise die Rolle der Wirthin übernehmen; die Uebrigen ordneten sich um den Tisch, oder standen und gingen im Zimmer umher, lachten und plauderten nach Belieben, Alles was sich ziemte war erlaubt, als wäre es wirklich eine zur geselligen Unterhaltung geladene Damengesellschaft, nur Deutsch reden war und blieb hoch verpönt.

Doch dieses Intermezzo währte nicht lange. Der Theeapparat wurde beseitigt, die Filetkästchen hervorgesucht. Da saßen wir nun, wie es für junge Damen sich gebührt, und fabricirten für unsre Papa's gewöhnlich sehr unbrauchbare Geldbeutel und Manschetten, von jenem feinen Netzwerk, das damals, wie jetzt Tapisseriesticken, die Modearbeit war.

Während der Zeit lasen die besten Leserinnen unter uns, unter Aufsicht unsrer Lehrerin, das Magazin des enfants mit lauter, deutlicher Stimme uns vor. Möge der guten seligen Madame le Prince de Beaumont noch heute in der Ewigkeit ein absonderlich guter Tag dafür werden, daß sie auf den vortrefflichen Gedanken verfiel, ihr an sich lobenswerthes, aber doch ein wenig langweilig zu werden drohendes Buch, durch Einflechtung der köstlichen Mährchen zu beleben; durch sie ging eine bis dahin mir unbekannt gebliebene Welt, die weite reiche Feenwelt in blendender Glorie mir auf, so daß ich sogar Gefahr lief, meine Römer und Griechen darüber zu vergessen. Alles, alles schien mir anders und bedeutsamer als sonst, jedes alte Bettelweib erhielt von mir einen Groschen, wenn ich einen besaß, oder was ich sonst Gutes ihr zuwenden konnte; dann dachte ich in meinem phantastischen

Wahn, wer kann wissen, ob in den schmutzigen Lumpen nicht vielleicht eine Fee steckt? und wenn die nun abfallen, und sie steht da, strahlend von Schönheit, von Gold und Diamanten. Ah!

Wenn ich dann aber mir selbst wieder vernünftig zureden, mir bedeuten wollte, daß dergleichen Wunder nicht mehr geschehen, daß diese schönen Geschichten, alle mir zum Vergnügen ersonnen, und kein Fünkchen Wahrheit dabei wäre, wie betrübte mich das! weinen hätte ich mögen, daß mir sogar keine Hoffnung bleiben sollte, nur einmal, nur ein Einzigesmal eine Fee, wäre es auch nur von weitem, zu sehen.

Ich war nun aber in dieser Zeit einmal bestimmt, der Mährchenwelt zu verfallen, denn ein Ungefähr, ich weiß selbst nicht mehr welches, spielte die unvergleichlichen Contes de ma mère L'oie mir in die Hände. Das unscheinbarste Büchlein von der Welt, ein Duodez auf grauem Löschpapier, die holprichste deutsche Uebersetzung kolonnenartig neben dem französischen Originale, so schlecht als möglich abgedruckt, und jedem Mährchen ein ganz kleiner Kupferstich, eine Hauptscene aus demselben darstellend, beigegeben.

Welch ein Fund war das! Kein eifriger Philologe kann über die seltenste und prachtvollste Ausgabe eines alten Klassikers größere Freude empfinden, als ich über diesen Schatz. Das waren ganz andere Mährchen, als die im Magazin des enfants, und wie erzählt! Von Blaubart, der auf einem der Kupferchen abgebildet ist, wie er seine arme Frau, die er bei ihren Locken gepackt hält, mit einem Säbel, zweimal so lang als er selbst, enthaupten will, wandte ich mit Grausen mich ab, aber die kluge Prinzessin Finette, mit ihrem gläsernen Spinnrad, und die allerliebste Cendrillon, mit dem gläsernen Schuh, und klein Däumchen mit seinen sieben nichtsnutzigen Brüdern, und Prinz Rikett mit dem Zopf, wie entzückten sie mich! Vor Allen aber der gestiefelte Kater, ihm zu Ehren hieß das ganze Buch das Katzenbuch, bis ich sogar den eigentlichen Titel desselben darüber vergaß. Chat botté war mein allen vorgezogener Held, durch den in einem verborgenen Winkelchen meines Herzens sogar Mucius Scävola und Cincinnatus in Schatten gestellt wurden.

Sechszehntes Kapitel.

> Mit Adlersflugeln angethan
> Fliegt Phantasie den Strom voran,
> Zurück in kühle Dämmerung
> Schifft einsam die Erinnerung!
> Sophie Mereau.

Wo lebt der im Wechsel der Zeiten, im Gedränge der Welt, in Freude und Leid, in Arbeit und Ehrenstellen ergrauete Geschäftsmann oder Gelehrte, der die Erinnerung seiner Universitätsjahre aufgeben möchte? Der nicht, wenn ein Ungefähr es ihm vor Augen führt, das im Laufe der Jahre sehr unscheinbar gewordene kleine Büchelchen wehmüthig anblickte, das die Geister meist längst vergessener, verschollener, verstorbener Jugendfreunde, für den Moment ihm wieder erweckt, deren Namen seinem Gedächtnisse längst entfielen?

Nur ein Solcher könnte vielleicht den ersten Stein auf mich werfen wollen, weil ich mich hinreißen ließ, über Zustände zu weitläufig mich zu verbreiten, die ernsthaften vernünftigen Leuten von einem gewissen

Alter gar zu alltäglich und unbedeutend erscheinen müssen, um sie mehr als höchstens ganz beiläufig mit einigen wenigen Worten zu erwähnen. Aber es giebt keinen Solchen; im höheren Alter, in welchem die Freuden der Gegenwart ohnehin immer dünner uns aufkeimen, richtet Jeder an der Erinnerung seiner rosigen Frühlingszeit gern sich auf, vergißt den Schnee, der seine Scheitel deckt, und möchte um keinen Preis sie entbehren.

Mögen daher meine edlen Zeitgenossen gegen zu bittern Tadel mich in Schutz nehmen; denn was ihnen ihre akademische Zeit war, ist mir, obgleich es fast lächerlich klingt, jene Societé des jeunes dames gewesen. Freilich fehlten mir damals wenigstens noch zehn Jahre an dem Alter, in welchem Eltern ihre Söhne die Universität beziehen lassen, aber mein Geschlecht läuft immer dem männlichen um zehn Jahre voraus. Ob das als ein Vorzug desselben uns angerechnet werden darf, mag ich nicht entscheiden; mit funfzehn Jahren scheint es so, mit vierzig wird man gewöhnlich anderer Meinung.

Jene Societé wird und muß in der Erinnerung mir immer werth bleiben, weil sie einen neuen, reichhaltigen Freudequell mir eröffnete; durch sie gerieth ich sowohl aus dem eng beschränkten Kreis des Fa=

milienlebens, als aus meiner zu weit ausgedehnten
Ideenwelt, in den fröhlichsten geselligen Verkehr mit
Mädchen meines Alters, und kam doch immer wieder
aus unserm frischen jugendlichen Treiben zu allem,
was von frühester Kindheit an mir lieb gewesen,
mit unverkümmertem Genuß zurück.

Noch war seit der Ankunft unserer Lehrerin,
denn das war sie doch eingentlich, kein volles Jahr
verflossen, als ich an einem Nervenfieber erkrankte,
schwer und gefährlich, wie man später mir sagte; ich
aber erinnere mich nicht dabei viel gelitten zu haben.
In dumpfem, halbbewußtem Hinbrüten lag ich viele
Tage lang; mein Vater war noch nicht aus Frank=
reich zurückgekehrt, meine Mutter hatte nicht gewagt,
den Doctor Wolf rufen zu lassen, und so war ich
unserer alten scharlachrothen Haus=Excellenz, dem
Doctor de la Motte, übergeben, der meine Krankheit,
die er dem von der Inokulation zurückgebliebenem
Gifte zuschrieb, für so gefährlich hielt, daß er den
Beistand seines noch ältern Herrn Kollegen, des
Doctor Reinecke verlangte.

»Lassen Sie das Töchterchen ruhig im Herrn ent=
schlafen, Hochgeehrte Frau;« erinnere ich mich deut=
lich gehört, und halb wie im Traume gesehen zu
haben, daß die beiden scharlachrothen Männer meine

arme, ganz zusammengesunkene Mutter zur Thüre hinaus führten, dann ward es plötzlich Nacht und ich schlief ein, unter wirren ängstlichen Träumen.

Als ich erwachte, schimmerte die hochstehende Sonne durch die grünen Fenstergardinen; beide scharlachrothe Excellenzen saßen zu beiden Seiten meines Bettes, die Nasen bedenklich auf ihre spanischen Röhre gestützt, und sahen sehr verdrießlich aus. Meine Mutter aber knieete mir zur Seite, Kasche weinte schluchzend helle Freudenthränen. Vier und zwanzig Stunden waren verflossen, seit ich meine Mutter hinausführen gesehen, und ich hatte die Zeit benutzt, mich zu Aller Erstaunen gesund zu schlafen; ich war wie durch ein Wunder gerettet.

Nun aber fing meine eigentliche Qual erst an, die bei meinem sehr langsam fortschreitenden Genesen immer peinlicher mich drückte. Völlig entkräftet lag ich da, nur einzelne Stunden konnte ich, von vielen Kissen unterstützt, in meinem Bette aufrecht sitzen; später habe ich Wochen damit verbracht, wieder gehen zu lernen; die Gegenwart mehrerer, besonders fremder Personen, war mir unerträglich, im Ganzen war jeder Besuch mir verhaßt, ich verstand kein Wort von dem, was gesprochen wurde, denn ich war aus Nervenschwäche fast völlig taub. Bei alledem litt ich unbeschreiblich an der quälendsten Langenweile; doch nichts von allem, was Mutter, Freunde, Verwandte zu meiner Unterhaltung ersannen und herbei brachten, konnte auch nur Minuten lang mir gefallen. Ich fühlte mit Schmerz, wie lästig ich Andern sein müßte und war mir selbst die ungeheuerste Last.

Vielleicht war es jene Nervenschwäche, unter welcher meine körperlichen Kräfte erlagen, die meine Seelenkraft unbegreiflicher Weise erhöhte: ich weiß nur, daß ich mich innerlich nie lebhafter aufgeregt gefühlt, nie nach geistiger Unterhaltung und Beschäftigung mich inniger gesehnt habe als damals; aber ich schwieg, ob aus Eigensinn, oder weil ich mich dessen schämte? Ich weiß es nicht, ich war eben ein krankes, todtmüdes Kind.

Meinem guten, treuen Magister Philoteknos war es endlich beschieden, den Talisman zu entdecken, der aus diesem widerwärtigen, einer bösartigen Verzauberung ähnlichen Zustande mich zu befreien, Kraft besaß. Schwer beladen mit vier dicken, glänzend eingebundenen Quartanten erschien Kandidat Kuschel vor meinem Schmerzensbette, und sobald ich das erste beste Blatt in einem derselben hastig aufgeschlagen, fühlte ich von meiner Qual mich erlöst.

Die große Prachtausgabe der damals eben er-

schienenen physiognomischen Fragmente war seltsamer
Weise in die Bibliothek der Sanct Johanniskirche
gerathen, wo sie ziemlich unbeachtet ihren Platz füllte.
Der Bibliothekar derselben war ein Freund des Kan=
didaten Kuschel und hatte von diesem sich bewegen
lassen, das sehr kostbare Werk meinen kindischen Hän=
den anzuvertrauen; Kuschel kannte mich wohl, und
meine Ehrfurcht vor fremdem Eigenthum, besonders
dieser Art.

Mit rastlosem Eifer warf ich mich sogleich in
das Studium von Lavaters wie seltsame Prophezei=
ungen klingenden Orakelsprüchen; sie beschäftigten mich
unaufhörlich, ich las, verstand Einiges, mißverstand
Vieles, blieb über dem Meisten ganz in Dunkel, glaubte
Manches zu errathen; die Stunden flogen an mir
vorüber, ich war ruhig, heiter, sehr zufrieden sogar,
wenn man mich nur gewähren ließ, ohne sich viel
um mich zu bekümmern. Die Furie Langeweile, die
so lange mich gepeinigt hatte, war endlich gebannt.

Doch der bei weitem interessanteste Theil dieses
wunderbaren Werkes, dessen wie aus lauter Räthseln
zusammengesetzter Inhalt mir verwirrend durch den
Kopf schwirrte, waren und blieben mir die Kupfer,
um derentwillen es mir auch eigentlich anvertraut
worden war, denn daß ein kaum zehnjähriges Kind

an den Text zu denselben sich wagen würde, schien
kaum denkbar. Höchst mühselig hatte ich einst ver=
sucht, die Kupfer aus Raffs Naturgeschichte nachzu=
zeichnen; diese, einige in einzelnen Büchern zerstreu=
ten Bildchen, und Chodowiecki's allerliebste kleine
Meisterstücke im Gothaer Kalender, den mir Jameson
jedesmal zum neuen Jahre schenkte, waren fast Alles,
was ich jemals an Kunstwerken gesehen. Die Wände
mit Kupferstichen zu beleben, war ein damals unter
uns sehr seltener Luxus, der sogar für altmodisch
galt. Papier=Tapeten, die man durch das Einschla=
gen der Bildernägel nicht verderben mochte, began=
nen eben an die Stelle der weißen, oft mit vergolde=
ter Stukaturarbeit geschmückten Wände zu treten; so
stand es damals bei uns um den Kunstgeschmack.

Jetzt aber stürmte aus Lavaters Fragmenten eine
Welt, zwar immer geahneter, aber nie gesehener Er=
scheinungen auf mich ein; diese Köpfe! diese Gestal=
ten! schöne und häßliche, besonders aber die Portraite!
Mit den mir wohl bekannten Namen von Königen,
Helden und Gelehrten bezeichnet, die ich wenigstens
oft gehört hatte, und daneben die breite mir meistens
ganz unverständliche Auseinandersetzung des Verfehl=
ten und Lobenswürdigen in der Ausführung dieser
Kunstwerke, die ich nicht genug bewundern zu können

meinte. Wochen vergingen, ehe ich dazu gelangte, mit dem Allen mich zu befreunden; dann aber entzündete der Funke, den Chodowiecki's Besuch in der Schule vor einigen Jahren in meine kindische Seele geworfen, sich zu brennender Sehnsucht, und ließ mir Tag und Nacht keine Ruhe.

Zeichnen lernen, malen lernen, war mein höchster, einziger Wunsch, der aber leider unerfüllt bleiben mußte, so gern meine Eltern ihn mir gewährt hätten; denn in der ganzen großen Stadt war kein Lehrer, wie ich ihn bedurft hätte, aufzufinden.

Siebenzehntes Kapitel.

Aber da regt sich das wirkliche Leben,
Rauh und feindlich faßt es mich an,
Tödtet des Traumes beglückendes Leben,
Reißet mich mächtig aus kindischem Wahn!
Schulz.

Meine Taubheit verschwand, ich lernte wieder gehen, wurde wieder kräftiger und stärker, und war endlich nach einigen Monaten völlig genesen. Auch mein Vater war wieder heimgekehrt, meine Lehrstunden begannen von Neuem; angelegentlicher und eifriger als je zuvor beschäftigten Jameson und Kuschel sich mit mir, um die verlorne Zeit mich einbringen zu lassen. Ich ging wieder, wie gewöhnlich, zu meiner Mamsell Ackermann, und im Aeußern war alles anscheinend wie es zuvor gewesen, doch in mir selbst war es nicht mehr so.

Mein ganzes Sinnen und Trachten ging fortwährend auf Zeichnen und Malen, meine schwachen Versuche, mir allein zu helfen, mißlangen, und doch gestaltete sich meinem Auge alles zum Bilde. An jeder fleckigen Mauer, in den am blauen Himmel hinwogenden Wolken wie in den Drapperien der Fenster und jedem achtlos hingeworfenen zerknitterten Tuch, sah ich Gesichter, Köpfe, Gestalten, und brannte vor Begier, sie zu zeichnen, und wollte vor Unmuth darüber, daß mir dieses nicht gerathen könne, vergehen.

Schattenrisse wenigstens wollte ich aufnehmen. Dies ärmliche Surrogat eines Portraits, das damals eben anfing zur herrschenden Mode zu werden, hatte ich aus Lavaters Fragmenten kennen gelernt. Mein Onkel ließ von seiner Vorliebe für neue Erfindungen sich leicht bewegen, mir dabei Hülfe zu leisten; Jeder, dessen wir Beide nur habhaft werden konnten, mußte sich hinsetzen, um seinen auf einen an der Wand angehefteten Bogen Papier fallenden Schatten von mir nachkritzeln zu lassen, während mein Onkel ihm den Kopf festhielt. Auch Jameson gesellte sich zu uns; er verschaffte mir ein Reißbrett, ließ chinesische Tusche und einen schönen metallenen Storchschnabel aus England für mich kommen, lauter bis dahin mir ganz unbekannte Gegenstände. Nun ging es mit großem Eifer an ein Zeichnen, Verkleinern und Schwärzen ohne Ende; viel gutes Papier, viel treffliche Tusche wurden verdorben; eine Zeitlang befriedigte mich das neue Spiel, bald aber empfand ich das Unzulängliche desselben und strebte etwas Anderes aufzufinden.

In meinem Lavater hatte ich das Portrait einer gelehrten und zu ihrer Zeit sehr berühmten Jungfer Anna Schurmannin gefunden, von welcher zugleich erwähnt ward, daß sie ungemein zierliche und feine Bilderchen aus freier Hand in Papier ausgeschnitten, von denen noch heut zu Tage einige in Kunstkabinetten, ich weiß nicht mehr, ob in Nürnberg oder in Augsburg, zu ihrem Andenken aufbewahrt werden.

Das Talent für diese unbedeutende Kunst war auch mir angeboren. Sobald man es nur hatte wagen mögen, meinen Händen ein so gefährliches Instrument, wie eine Scheere ist, anzuvertrauen, hatte ich auf meine kindische Art sie geübt. Jetzt griff ich wieder darnach, um dem Beispiele der Jungfer Schurmannin zu folgen. Freunde und Bekannte überhäuften meine sehr unbedeutenden Kunststückchen mit Lob, das sie wahrlich nicht verdienten. Mich selbst befriedigten sie gar nicht, bis ich auf den Gedanken kam, Profile von Bekannten, wie ich bis jetzt an der Wand sie gezeichnet, im kleinsten Maßstabe aus freier Hand auszuschneiden. Dies gelang über alles Erwarten; in kurzer Zeit hatte ich deren eine unglaubliche Anzahl zusammengebracht, die meinen Eltern und unsern Freunden viel Unterhaltung gewährten. Alle waren von unverkennbarer, wenngleich oft etwas karrikirter Aehnlichkeit. Das einzige Merkwürdige dabei war wohl, daß ich nie das Profil gegenwärtiger, oder vollends gar mir dazu sitzender Personen, sondern nur solcher, die eben nicht zugegen waren, darstellen konnte.

Mit diesen Künsteleien beschwichtigte ich mich eine Zeitlang, bis Jameson, um mir eine recht große Freude zu machen, einen schönen in Farben abgedruckten Kupferstich mir brachte. Eine heilige Cäcilia, meinem Gefühl nach, der Inbegriff alles Graziösen, nach einem Gemälde von Angelika Kaufmann.

Angelika Kaufmann! wer war Angelika Kaufmann?

Sie ist eine noch in Italien lebende, allbewunderte, hochverehrte Malerin, erhielt ich zur Antwort. Eine Malerin, also kann es auch Malerinnen geben? ich hatte noch nie von einer gehört. Und von neuem überfiel mich die innere ängstliche Unruhe, bei dem bloßen Gedanken; immer flüsterte eine leise Stimme mir zu: was Andere können, warum solltest Du es nicht auch?

Für's erste versuchte ich auf alle Weise, das Wunderbild zu kopiren, quälte oft unter heißen Thränen unsäglich mich damit ab; es mißlang mir durchaus.

Da erwachte, mitten in meinem Jammer, ein tröstender Gedanke in meiner Seele, ich bedachte, daß kein Meister vom Himmel fällt, und folglich selbst Angelika ohne allen Unterricht keiner geworden wäre. Lernen will ich; was Andere können, kann mir nicht unmöglich bleiben, und eine Malerin, eine zweite Angelika will ich werden; dieser Entschluß stand mit jedem Tage fester in meinem Gemüth; auch den Weg, die Ausführung desselben möglich zu machen, glaubte ich nach vielem Nachsinnen darüber endlich gefunden zu haben.

Die Zeit nahete heran, in welcher mein Vater verabredeter Maßen mit seinen russischen Handelsfreunden in Leipzig zusammentreffen wollte, als ich mir endlich ein Herz faßte, und zu einer mir sehr gelegen scheinenden Stunde meinen Eltern meinen Wunsch entdeckte. Inniger, herzlicher als ich je etwas erbeten, zitternd, glühend, kaum fähig, meine Worte verständlich herauszubringen, beschwor ich meinen Vater, mich mit sich zu nehmen, mich von Leipzig nach Berlin zu bringen, und mich dort bei Chodowiecki, dem größten Maler, der meiner Meinung nach in der Welt, oder doch wenigstens in Deutsch=

land existirte, förmlich in die Lehre zu geben. Ich hatte von Malerschulen gehört, ich hielt sie für etwas unsern Zünften und Gilden Aehnliches, wie sie in noch früheren Zeiten es wirklich gewesen sind, und meinte in meinem kindischen Wahn, nur auf diese Weise eine wirkliche Malerin werden zu können.

Die Art, wie diese meine Bitte aufgenommen wurde, war die erste recht bittre Erfahrung meines Lebens. Mein bei aller ihm eignen Heftigkeit dennoch gegen Unerfahrenheit und Unverstand seiner Kinder sonst so nachsichtiger Vater, — ich erkannte ihn nicht wieder!

Und noch jetzt, nach mehr als sechzig Jahren, verweile ich ungern bei der Erinnerung, wie unbarmherzig er meinen kindisch-abgeschmackten Einfall, wie er ihn nannte, verlachte.

Spottender Hohn ist viel zu scharf, viel zu schneidend für ein armes, weiches, argloses Kind; er verletzt, er erbittert, statt zu belehren und zu bessern. Niemand vermag die Tiefe und Dauer der Narben zu ermessen, die er in dem jungen Herzen zurückläßt; das sollten Eltern wohl bedenken.

Meine liebe Mutter suchte zwar nach ihrer gewohnten milden Weise mich zu trösten, indem sie zugleich sich bemühete, das, was auch sie eine kindi=

sche Albernheit nannte, mir aus dem Kopf zu bringen, aber sie konnte sich nicht überwinden, den seltsamen Einfall ihrer Jeanette den nächsten Verwandten zu verschweigen.

Welch ein Ungewitter brach abermals über mich Arme los! Alle waren empört, daß ein zu ihrer Familie gehörendes Kind auf den erniedrigenden Gedanken hatte verfallen können, gewissermaßen ein Handwerk treiben zu wollen. Sogar mein Onkel Lehmann, auf den ich doch fest gebaut hatte, nahm sich meiner nicht an, sondern schüttelte nur schweigend den Kopf.

Jameson litt mit mir, als ich mit meinen Klagen zu ihm flüchtete; auch er war weit entfernt, auf meine Idee einzugehen, aber suchte doch wenigstens mich von der Unausführbarkeit derselben zu überzeugen. Er bewies mir, daß Chodowiecki eigentlich kein Maler, sondern ein Kupferstecher und zugleich der bewundernswürdigste Genrezeichner im Kleinen sei, der wenigstens in dieser Zeit seines Gleichen nicht habe, und in der kommenden ihn schwerlich finden werde. Er machte den zwischen diesen beiden Kunstzweigen bestehenden Unterschied mir deutlich, und zugleich begreiflich, daß der berühmte, bis zum Uebermaß mit Arbeit überladene Meister, sich unmöglich darauf einlassen würde noch könne, ein zehnjähriges, sogar in den ersten Anfangsgründen der Kunst noch völlig unerfahrenes Mädchen als Schülerin aufzunehmen.

Und so war ich denn von allen Seiten auf immer und ewig abgewiesen und mußte in mein Schicksal mich ergeben.

Doch der tief in meinem ganzen Wesen eingewurzelte Trieb, das, was sichtlich mich umgab oder auch nur bildlich mir vorschwebte, zu fassen, zu halten und schaffend nachzubilden, ließ sich nicht ausrotten; dreißig Jahre später führte er mich an den Schreibtisch, um mit der Feder auszuführen, was der Geist der Zeit, in der ich geboren ward, mit dem Griffel und dem Pinsel zu können mir verweigert hatte.

Daß Jameson, dem ich immer und in Allem unbedingt glaubte, mein Unternehmen als hoch über die Verhältnisse und meine schwachen Kräfte hinausreichend mir darstellte, statt, wie meine Eltern und Verwandten gethan, schon den bloßen Gedanken als mich und meine Familie erniedrigend zu betrachten, trug viel zur Milderung meines Kummers bei; es versöhnte mich mit mir selbst und mit ihnen. Sie wissen es nicht anders, Jameson versteht das besser: dachte ich, hütete mich aber wirklich, es auszusprechen.

Auch ihre Entscheidung, wäre ich vierzig Jahre später, oder auch zweihundert Jahre früher geboren, würde vielleicht anders ausgefallen sein — ob besser? — Pope zwar sagt:

> And spite of pride, in erring reasons spite,
> One truth is clear, what ever is, is right.

Achtzehntes Kapitel.

— Und jungfräulicher Ernst deckt das verschämte Gesicht.
Täuschte dich Jemand? und weinest du, weil der Gespielin=
nen eine
Nicht, wie du geglaubt, redlich und tugendhaft war?
Klopstock.

Der Dominik, so wurde damals und wird auch noch heut zu Tage der einzige Jahrmarkt der Stadt Danzig genannt. Jetzt hat er als solcher an Be= deutung viel verloren, doch in meiner Jugend hätte er mit Recht als eine große Messe bezeichnet zu werden verdient. Die lange Reihe der Buden auf dem Domi= niksplan, und die noch reicher ausgestatteten Maga= zine in der Stadt, boten vom Größten bis zum Ge= ringsten alles dar, was Luxus, Mode und die all= gemeinen Bedürfnisse des häuslichen Lebens verlan= gen können. Käufer und Verkäufer, aus der Nähe wie aus weiter Ferne, zogen in großer Anzahl her= bei. Am fünften August, dem mit dem Namen des heiligen Dominik bezeichneten Tage, wurde mit dem Schlage zwölf Uhr den fremden Kaufleuten durch Glo=

ckengeläute die Erlaubniß, ihre Magazine zu eröffnen, feierlich ertheilt, und dadurch zugleich das Signal zu einer Art von Volksfest gegeben, das von dem Augenblick an vier Wochen lang anhielt.

Musik und Tanz, sonntäglich gepuzte Leute, fröhliche Kinder, ungezogene Straßenbuben und mitunter auch Taschen- und Ladendiebe, traf man Sonntags und in der Woche überall; aber auch andere, bei uns seltnere Genüsse boten sich dar.

Die Schuchische Schauspielergesellschaft, eine altberühmte, von einer der größeren Städte zur andern in unsrer Gegend herumziehende Truppe, zählte damals und auch noch mehrere Jahre später Mitglieder, welche selbst in unsern jetzigen viel fordernden Tagen bei den besten stehenden Theatern eine ehrenvolle Aufnahme finden würden, und von denen mehrere späterhin eine Berühmtheit sich erwarben, die in den Annalen dieser Kunst ihren Namen nicht untergehen läßt; wie zum Beispiel der Schauspieler Koch, den ich noch den Hamlet spielen sehen, und der noch vor wenigen Jahren in Väterrollen ganz Wien entzückte.

Diese Gesellschaft bezog alljährlich zur Dominikszeit die baufällige bretterne Bude, welche eher einer Scheune als einem Theater glich; auch Seiltänzer, wilde Thiere, Kunstreiter und was sonst noch zu dem unentbehrlichen Gefolge aller Jahrmärkte gehört, blieben nicht aus und fanden ihre Rechnung dabei. Für mich und meines Gleichen war dies Alles eine Quelle der Freude, des Entzückens, wie ich später in den größten glänzendsten Städten sie nicht wieder gefunden habe. Wie schön ist die Jugendzeit und der Rosenglanz, der Alles, was mit ihr in Berührung kommt, umschwebt! Die wenigen Male, daß meine Mutter mich alljährlich mit sich ins Theater nahm, konnte ich vor freudigem Herzklopfen, weder die Nacht vorher, noch die Nacht darauf, ruhig schlafen.

Es war zur Dominikszeit; ich hatte im Laufe des vergangenen Monates mein dreizehntes Jahr vollendet, und fing an, mich als ein ziemlich erwachsenes Mädchen zu betrachten, obgleich ich noch nicht allen Umgang mit meinen Puppen abgebrochen hatte: meiner Schwester Lotte zu Gefallen, wie ich mir selbst und Andern weismachen wollte.

Verständige Hausfrauen dachten in diesen geschäftigen Tagen nicht bloß daran, durch die neuesten Erzeugnisse der Mode ihre eigene Garderobe zu ergänzen und zu vergrößern, sondern suchten sich auch auf das nächste Jahr mit einem Vorrath jener mannichfaltigen und unentbehrlichen Gegenstände zu versehen, die man während des Jahrmarktes am besten und am wohlfeilsten einkauft und von denen im Laufe von zwölf Monaten auch im geregeltsten Haushalt unendlich viel theils wirklich verbraucht wird, theils auf andere Weise zu Grunde geht.

An einem recht heißen sonnigen Vormittage stand demalso auch meine Mutter auf unserm kühlen Hausflur, mit einem böhmischen Glashändler über die Rekrutirung ihrer Tischgläser in eifrigster Verhandlung. Glühend, athemlos, eilend wie ein dem Netz entflatternder Vogel flog ich die Treppe hinunter, ihr in die Arme.

Mutter, keuchte ich ängstlich, der Kandidat will mich heirathen, und klammerte mich fester an sie an; vor Schrecken ließ sie die Gläser, die sie eben in der Hand hielt, fallen. Doch faßte sie sich bald, der Glasmann wurde einstweilen verabschiedet, und zu einer gelegeneren Stunde wieder bestellt, das Töchterchen aber vorläufig in Verhör genommen. Viel kam nicht dabei heraus; was ich ihr Alles vorgeklagt mitunter auch vorgeweint haben mag, weiß ich nicht mehr, aber es bewog sie doch, den Kandidaten in dem Zimmer aufzusuchen, wo ich ihn gelassen, als ich mitten in der Lehrstunde ihm davonlief. Ich aber schlich ganz verschüchtert in die Kinderstube, die noch immer meine eigentliche Heimath, mein Asyl in allen Nöthen war.

Nicht ich, wie meine Mutter im ersten Schrecken wohl gefürchtet haben mochte, sondern mein guter Philoteknos war es, der, um es höflich auszudrücken, ein wenig die Tramontane verloren. Die herzliche Liebe, die ich ganz unverhohlen bei jeder Gelegenheit ihm bewies, die unverstellte Freude, mit der ich Alles vollbrachte, was er mir auftrug; dazu noch meine kindische Art, mich so weit als möglich aus dem Fenster hinauszubeugen, um ihm nachzusehen, wenn er ging, und wo möglich noch einen Gruß ihm nachzuwinken, alles dies zusammengenommen hatte bei seinem Mangel an Weltkenntniß und Lebenserfahrung der gute Kuschel ganz mißverstanden. Es hatte ihn verleitet, zu vergessen, daß ich mit meinen dreizehn Jahren doch noch nichts weiter sei, als ein gutgeartetes, dankbares Kind.

Schon seit einigen Monaten hatte jener feine Takt, der bei Mädchen weit früher erwacht, als man gewöhnlich es glaubt, in dem Betragen meines Lehrers, in seiner Art mich anzusehen, mitunter auch in seinen Aeußerungen, manches Frembartige, mir zwar ganz Unverständliche mich bemerken lassen, das aber ein dumpfes Mißfallen in mir erregte, welches ich nicht zu bemeistern im Stande war, so viel Mühe ich mir deßhalb auch geben mochte.

Von jenem Morgen, der mich in die Flucht jagte, weiß ich nur, daß der Kandidat mich umfassen und an sich ziehen wollen, er, der noch nie auch nur meine Hand berührte! Dazu hatte er gerufen: Sie werden doch noch meine liebe kleine Frau! Doch das war genug und über genug, um wie mit Sturmes=flügeln die zwei hohen Treppen hinab in den Schutz meiner Mutter mich zu treiben. Vom Schreck ganz verwildert, war mir, als eile drohende Gefahr dicht hinter mir drein, als werde die Heirath gleich vor sich gehen, als müsse ich eine Frau Pastorin werden, ich Weltkind, das schon seit dem Einläuten des Dominiks sich Tag und Nacht darauf freute, nächstens zum Erstenmal mit in die Komödie genom=men zu werden.

Obendrein fühlte ich, als habe mein Lehrer ein ungeheures Verbrechen begangen, meine frühere Liebe zu ihm war verschwunden, mir grauete vor dem Ge=danken, ihn wieder sehen zu müssen, und doch weinte ich vor Kummer darüber, ihn auf diese Weise verloren zu haben.

Meine Mutter wußte indessen als eine sehr ver=ständige Frau und ohne alles Aufsehen uns Beide, den Kandidaten sowohl als mich, wieder zur Vernunft zu bringen. Kuscheln sein Unrecht und seine kaum zu entschuldigende Uebereilung begreiflich zu machen, war ihr vermuthlich nicht sehr schwer geworden; denn nachdem sie etwa anderthalb Stunden mit ihm zugebracht hatte, hörte ich ihn fortgehen, und sah bald darauf wie sie ein Paar Bilderchen, die ich ausgeschnitten, meine Silhouette, eine kleine Bandschleife, die mir einst, ich wußte nicht wie, abhanden gekommen, und noch ein paar ähnliche Kleinigkeiten sorgfältig aufbewahrte, welche von Seiten des Herrn Kandidaten ihr zugeschickt wurden, und deren er, ohne daß ich es gewahr geworden, habhaft zu werden gewußt.

Mit mir hatte sie schon einen etwas schwereren Stand; mein durch den Umgang mit der Welt noch nicht abgestumpftes Gefühl für Recht und Unrecht ließ sich nicht so beschwichtigen. Die Jugend ist immer ein weit strengerer Richter als das Alter; je höher ich meinen Lehrer gestellt, je inniger ich ihn bewundert und verehrt hatte, desto tiefer war er jetzt in meinen Augen gesunken. Der ängstliche Widerwille, den ich gegen ihn empfand, war nicht zu besiegen, und nur das Versprechen meiner Mutter, mich nie mit ihm allein zu lassen, konnte mich einigermaßen mit dem Gedanken versöhnen, ihn wieder zu sehen.

Ob mein Vater von dieser tragikomischen Verirrung des guten Kuschel jemals etwas erfahren hat, weiß ich nicht, in meinem Beisein wurde ihrer nie erwähnt, was unstreitig das Vernünftigste war. Auch in seinem übrigen Verhältniß zu unserm Hause, so wie im Betragen meiner Eltern gegen ihn, wurde auch nicht die kleinste Abänderung bemerkbar, was zu seiner Beruhigung viel beizutragen schien.

Das im Grunde alberne Ereigniß war also abgethan, fiel der Vergessenheit anheim, für mich aber hatte es doch die ernste Folge, daß ich gegen den herrschenden Gebrauch wenigstens zwei Jahre früher, als sonst üblich war, zur Konfirmation gelangte. Durch den ausgezeichneten Unterricht, den das Glück mir zugewendet hatte, war mein Erlerntes meinen Jahren gewissermaßen vorangeeilt. In vieler Hinsicht blieb ich aber doch noch an Alter wie an Verstand ein recht kindisches Kind, während ich unzeitig früh in die Reihe der Erwachsenen geschoben wurde.

Meinen Eltern blieb indessen keine andere Wahl, um mich auf milde Weise von meinem Lehrer zu trennen, deſſen frühere Verdienſte um meine Erziehung die größte Schonung zur Pflicht machte.

Von nun an erhielt ich von ihm, um auf die Konfirmation mich vorzubereiten, ausſchließlich Religionsunterricht, bei welchem meine Mutter immer gegenwärtig blieb. Den Unterricht, den der Kandidat mir zuletzt in Gemeinſchaft mit meiner Schweſter Lotte gegeben, theilte meine dritte Schweſter Anette anſtatt meiner mit ihr.

So war Alles auf das Beſte geordnet. Der Winter verging, Pfingſten nahte heran, und endlich kam der bängliche Tag, an welchem ich ganz allein zu dem an der uralten weitentlegenen Graumünchenkirche angeſtellten Prediger Weidemann mich begeben mußte, dem vieljährigen Beichtvater meiner Eltern.

Kandidat Kuſchel erwartete mich im Zimmer des Wohlehrwürdigen; nach einem in Gegenwart deſſelben ehrenvoll beſtandenen Examen, das dem alten Herrn faſt zu gründlich und zu weitläufig zu werden ſchien, wurde ich als wohlunterrichtete lutheriſche Chriſtin eingeſegnet, und fuhr mit ſehr erleichtertem Herzen wieder nach Hauſe.

Nie und nirgend, als damals in jenen alten freien Städten, in denen die vollkommenſte Gleichheit unter den Bürgern beſtehen ſollte, hat wohl ein an's Lächerliche grenzender Aristokratismus tiefere Wurzeln geschlagen; bei jeder öffentlichen, besonders kirchlichen Feier; bei Trauungen, Taufen, sogar vor Gottes Altar, beim Abendmahl, trat er schreiend hervor, und gab oft Veranlassung zu höchst ärgerlichen Auftritten, besonders unter den Frauen.

Um keinen Preis hätte ich damals an der öffentlichen Konfirmation der Kinder Theil nehmen dürfen, denn diese wurde nur für den niedern Bürgerstand schicklich gefunden; auch durfte der Prediger nicht in mein väterliches Haus eingeladen werden, um in Gegenwart meiner Familie und theilnehmender Freunde die feierliche Handlung zu vollziehen, wie es doch wohl anständiger gewesen wäre; dieses war in der reformirten Gemeine der Gebrauch, und die, in der lutherischen Stadt, in Allem bevorzugten Lutheraner, suchten an ihren eigenen alten Gebräuchen unabänderlich festzuhalten. So wollte es der noch immer dunkle Geist der damaligen Zeit, die keine Ahnung von dem wohlthätigen Lichte hatte, das nach mehreren Jahren hereinbrechend die Gemüther jetzt erhellt und beruhigt.

Auch noch manches andre Ueberbleibsel aus früheren Tagen war in den kirchlichen wie in den übrigen Einrichtungen der alten Handelsstadt gleich=

sam versteinert geblieben. Zu den ersten rechne ich
die Privatbeichte, die der katholischen ungemein ähn=
lich sah. Niemand, der sich nicht Tages vorher ihr
unterworfen hatte, durfte zum heiligen Abendmahl
zugelassen werden. Der Ertrag derselben, besonders
bei sehr beliebten Predigern, machte einen bedeuten=
den Theil der Einnahme der Geistlichen aus, denn
ohne dabei an das Kirchspiel, in welchem ma[n]
säßig war, besonders gebunden zu [sein, hatte]
Jeder die freilich ganz vernünftige Frey[heit, den]
Beichtvater nach eignem Gefallen sich zu w[ählen.]
Wenn aber diese Einrichtung unsrer Vorfahren da[hin]
hinzielte, die unter den wohlehrwürdigen Herr[en]
herrschen sollende brüderliche Liebe und Einigkeit zu
befördern, so glaube ich kaum, daß sie ihren Zweck
erreichte.

Tief bewegt im kindlich frommen Herzen folgte
ich meinen Eltern am Morgen vor dem ersten Pfingst=
feste in die Graumünchenkirche, die eben nach da=
maligem Gebrauch mit Blumen und jungen Maien
zum morgenden Feiertage aufgeschmückt wurde; der
frische Frühlingsduft, das mit diesem kontrastirende
feierliche Dunkel in dem ehrwürdig alten Gebäude,
dessen frühere klösterliche Einrichtung fast ganz un=
zerstört beibehalten war, erhöhten mein Gefühl zu

glühender Andacht. So kam ich, an der Hand meiner ebenfalls sehr gerührten Mutter, durch die nie zuvor von mir betretene Kirche an das Beichtzimmer unsres Seelsorgers, gewöhnlich die Tröstkammer genannt. Eine große Anzahl Leute aus den geringeren Ständen, Dienstboten, Handwerker, Arme, warteten vor der Thür derselben; manchen sah man es an, er habe schon weit länger, als ihre Verhältnisse gestatteten, auf den glücklichen Augenblick geharrt, in welchem so viele von ihnen als nur Raum war eingelassen werden würden, um sämmtlich zu zu beichten, ermahnt und absolvirt zu werden, auch die unerläßlichen Beichtgroschen darzubringen.

Bei unsrer Ankunft sahen sie sich abermals, Gott weiß zum wie vielsten Mal an diesem Morgen, in dieser Hoffnung getäuscht; sie wurden zurückgewiesen, denn die Thür öffnete sich nur uns Dreien.

Da thronte vor uns im vollen priesterlichen Ornat unser Seelsorger in einem weichen bequemen Großvaterstuhl. Niederknieend auf den vor ihm angebrachten Betschemeln sagten wir unsre Beichte her; mein Vater hatte die seinige in einige kurze bündige Worte gefaßt, meine Mutter einen Vers aus einem geistlichen Liede sich erwählt, und ich einen sehr kurzen

aus Gellerts Oden. In wenigen Minuten war das
Alles vollbracht; dann setzten wir uns seiner Wohl=
ehrwürden gegenüber, hörten eine Ermahnungsrede
an, und wurden von unsern Sünden absolvirt. Nach
einem Gespräch über Wind und Wetter, über die
neuesten Politika und hauptsächlich über das werthe
gegenseitige Befinden, das mein Vater, welcher der
draußen Harrenden gedenken mochte, möglichst ab=
kürzte, begaben wir uns wieder auf den Rück=
weg.

Die fromme Stimmung, in der ich die Tröstkam=
mer betreten, war, als ich sie verließ, zu meinem
eignen Leidwesen größtentheils verschwunden, denn
jung wie ich war, drängte dennoch das Unzulängliche
und Zwecklose dieser feierlich sein sollenden Hand=
lung sich mir auf. Bei meiner festen Ueberzeu=
gung, daß vor Gott alle Menschen gleich sind, wa=
ren schon bei meiner Ankunft die draußen War=
tenden, deren Anzahl sich indessen noch bedeutend
vermehrt hatte, sehr störend mir aufgefallen. Ge=
langweilt von der mein Gemüth durchaus nicht
ansprechenden Ermahnungsrede konnte ich es später=
hin nicht unterlassen, mit neubegierigen Kinderaugen
umherzuschauen, und hatte manches entdeckt, das ich
nimmermehr erwartet hätte, an diesem Orte zu fin=

den. Eine Flasche Wein, ein Glas daneben, und noch manches andre schlecht verborgene hier sehr unpassende häusliche Geräth; ich Kindskopf bedachte nicht, daß der alte Mann viele Stunden lang in diesem Zimmerchen verweilen mußte, ohne es verlassen zu können.

Am empörendsten aber erschienen mir die Dukaten, welche mein Vater heimlich, jedoch nicht unbemerkt, auf den neben dem Herrn Prediger stehenden Tisch schob, und der Seitenblick, mit dem dieser gewahr wurde, daß ihre gewöhnliche Zahl durch mein Dazukommnen um einen vermehrt worden war, nebst dem frommen salbungsvollen Lächeln, mit dem er, ebenfalls verstohlen, meinen Eltern den Dank dafür zunickte.

Doch schon an der Kirchenthür vergaß ich Alles, was meine Andacht gestört hatte!

Indem Adam den Wagenschlag öffnete, benachrichtigte er uns, daß wir einen weiten Umweg nehmen müßten, um nach Hause zu gelangen. Seine Stimme klang sonderbar verändert, wir sahen ihn an, er schien erhitzt und war doch todtenbleich, sein zerzaustes Haar, wie seine Kleider, mit Staub und Schmutz bedeckt.

Die jungen Herrschaften sind wohl, Alles bei uns ist in guter Ordnung, doch in der Nachbarschaft hat ein schweres Unglück sich ereignet, setzte der treue Diener hinzu, als er im Gesicht meiner Mutter die in ihr aufsteigende Angst gewahr wurde.

Neunzehntes Kapitel.

Tag des Entsetzens!
Rings umschlossen von deiner Zerstörungen
 Trümmer, verliert sich
Meines Daseins Gefühl, in der chaotischen
 Nacht.
    Fernow.

Dichtes Gedränge Wehklagender füllte die Straße, als wir unserm Hause uns näherten. Langsam bahnte unser Wagen sich durch die Menge den Weg, gern wären wir ausgestiegen, doch von Grausen, Schreck und unaussprechlichem Mitleid überwältigt, vermochten weder meine Mutter noch ich uns auf den Füßen zu halten.

Es währte lange, ehe wir schaudernd das furchtbare Grab wahrscheinlich noch Lebender erblickten, freundlicher uns Allen wohlbekannter Nachbarn, die in diesem Augenblick tief unter Schutt versunken, in Nacht gehüllt, halb zerschmettert, hülfloser Verzweiflung hingegeben, den furchtbarsten Todeskampf kämpften.

Drei Häuser, die seitwärts dem Schiffergildehause gegenüber die andere Ecke des zwischen Beiden sich hinziehenden Quergäschens bildeten, waren plötzlich eingestürzt, wenige Augenblicke nachdem wir auf unserem Wege zur Kirche an ihnen vorüberfuhren; vielleicht war sogar die dadurch verursachte Erschütterung in dem engen Raum für einen Wagen Raum bietenden Gäschen der letzte Stoß gewesen, der die sehr baufälligen Gebäude niederwarf. Alle drei waren bewohnt, Keiner der Einwohner hatte Zeit gehabt, der über seinem Haupte einbrechenden Gefahr zu entfliehen, sie lagen Alle dort unten, und über sie hoch aufgethürmt der Graus der Zerstörung.

Wir waren vielleicht kaum hundert Schritte von der Unglücksstelle entfernt gewesen, als Adam, hinten auf dem Wagen stehend, ein dumpf krachendes, lang nachhallendes Getöse vernahm, das er für einen Donnerschlag hielt; zugleich verfinsterte ein rauchartiger Qualm die Luft, verzog sich aber schnell wieder, indem wir weiter fuhren. Wir im Wagen hatten theils vor dem Rasseln der Räder auf dem schlechten Steinpflaster, theils in ernste Gedanken versunken, nichts von dem Allen bemerkt.

Die Sonne schien hell, kein Wölkchen trübte den blauen Himmel, woher denn der plötzliche Donner?

dachte Adam, und eilte von seltsamer Angst befallen nach Hause, statt wie er gesollt, uns vor der Kirche zu erwarten. Dichte Staubwolken qualmten beim Eintritt in das unserm Hause so nahe liegende Gäschen ihm entgegen, wurden immer dichter, gingen in fast gänzliche Finsterniß über, benahmen ihm Luft und Athem je weiter er vorwärts gelangte. Schutt, Steine, Gebälke, Trümmer aller Art, thürmten sich endlich vor ihm auf, und über dem allen herüber tönte herzzerreißendes Jammergeschrei.

Als wir vor unserm Hause anlangten, drängten Nachbarn und Bekannte sich um uns her, um uns ihre Freude über unsere Rettung aus augenscheinlicher Lebensgefahr auszudrücken, Mehrere unter den Ersten, die uns hatten in den Wagen steigen und gleich darauf das Entsetzliche hereinbrechen gesehen, hatten uns im ersten Schrecken für verloren geachtet; auch läßt es sich nicht leugnen, wären wir nur ein wenig später ausgefahren, so lagen vermuthlich auch wir jetzt dort unter den lebendig Begrabenen.

Keiner von uns hatte noch diesen erschütternden Gedanken aufgefaßt, auch jetzt konnten wir an uns selbst noch nicht denken, nur an Hülfe, nur an vielleicht noch mögliche Rettung der Verunglückten. Mein Vater, Jameson und viele andere Männer, gingen

die dazu nöthigen Anstalten zu treffen oder zu be=
schleunigen. Dem armen Adam standen nur seine
beiden rüstigen Arme und sein guter Wille zu Gebot; er
that, was er gleich, da er das Unglück gesehen, ge=
than und nur uns abzuholen unterbrochen hatte, er
warf seinen Rock ab, ohne sich jetzt weiter um uns
zu bekümmern, und fing an, die Umstehenden durch
thätiges Beispiel und Ermahnungen zum Wegräumen
des Schuttes anzuregen.

Sein menschliches Bemühen gelang; die nicht
ganz gefahrlose schwere Arbeit wurde kräftiger und
zweckmäßiger betrieben, nach ein paar Stunden zog
man zwei Schwerverletzte aus den Trümmern her=
vor, andere, theils todt, theils sterbend, wurden im
Verlauf des Tages bis zum Einbruch der Nacht auf=
gefunden. Mit grauendem Morgen begann die schauer=
liche Arbeit von neuem, und ehe noch das Kirchen=
geläute zur Feier des hohen Festes einlud, war auch
die letzte Leiche der Verunglückten ans Tageslicht
gebracht.

Die Zahl derselben war nicht unbedeutend, die
meisten hatten dort unten, in dunkler Grabesnacht
den Tod gefunden, andere starben bald nach ihrer
Befreiung, und nur sehr wenige Gerettete blieben am
Leben.

Tragikomischer Weise befand sich unter diesen der sehr schuldige Urheber des ganzen Unglücks, der Eigenthümer der eingestürzten Häuser, dessen schmutziger Geiz, unerachtet aller an ihn ergangener Warnungen und Ermahnungen, ihn stets abgehalten hatte, auf die Erhaltung des baulichen Zustandes seines Eigenthums etwas zu verwenden.

Der eigensinnigste Zufall hatte gewollt, daß sein Stuhl, nebst dem kleinen vor demselben befindlichen Tische, gerade auf den einzigen Theil des Gemäuers gestellt worden war, der unversehrt stehen blieb, als Alles rings umher zusammenbrach. Ganz isolirt, hoch in der Luft, in Schlafrock und Nachtmütze, saß vor aller Welt Augen die bebende, fast entgeisterte Jammergestalt des widrigen Greises, wie am Pranger, von Keinem der rings um um ihn her noch immer nachstürzenden Ziegel und Balken getroffen. Tief unter ihm tobte mit wildem Hohn ein wüthender Haufen, bereit, sobald er herunter käme, auf seine Weise über ihn Gericht zu halten.

Erst später, als der ganze Raum mit Wachen umstellt, und die müßig dastehenden Zuschauer entfernt worden waren, durfte man es wagen, den vor Angst halb todten Alten von seinem erhabenen Platz hinunter in Sicherheit zu bringen.

Die Franzosen pflegen spottend zu behaupten, daß wir Deutsche, wenn irgend jemand etwa ein Bein gebrochen hat, ihn immer noch glücklich preisen, weil er nicht zugleich den Hals brach, was doch leicht hätte geschehen können. Sie nennen das le bonheur allemand, und leugnen läßt es sich nicht, diese Bemerkung, die obenhin betrachtet nichts weiter als ein artiger witziger Einfall zu sein scheint, ist auf eine tief im Charakter unsers Volkes liegende, sehr schätzenswerthe Eigenheit begründet, die uns treibt, auch dem schwersten Mißgeschick irgend eine leidliche, einigermaßen Trost gewährende Seite abzugewinnen.

Der Furcht vor dem ‚bonheur allemand' kühnlich entgegentretend, wage ich also die Bemerkung, daß die fürchterlichen Folgen jenes unglücklichen Einsturzes der Häuser an jedem andern Wochentage noch weit höher, ja bis zum undenkbar Unerträglichen sich gesteigert haben würden, denn in einem derselben wurde eine Schule gehalten, gleich der, welche auch ich einst bei Frau Chodowiecki besuchte. Zwanzig bis dreißig kleine fröhliche Kinder, aus vielleicht eben so viel Familien, waren, Sonnabends und Sonntags ausgenommen, von früh acht Uhr an dort versammelt.

Gottes Engel haben über die unschuldigen Kinder

Wache gehalten! hörte man von allen Seiten, auch ich konnte damals, und kann bis zur gegenwärtigen Stunde dieses frommen tröstenden Glaubens mich nicht erwehren; ich habe zu viele demselben entsprechende Beispiele erlebt, die mich darin bestätigen, mag die widerspenstige Vernunft auch dagegen einwenden was sie will und kann.

Aber jener bleiche schuldbewußte Sünder dort oben auf dem wankenden Gemäuer? Welche Macht nahm ihn in Schutz und wachte über ihm, damit die rings um ihn her niederregnenden Steine und Balken ihm nicht die Haut verletzten, während um seines niedrigen Geizes willen so viele Unschuldige ihr Leben unter Höllenqualen aushauchen mußten? Wer beantwortet mir diese Frage?

Richtet nicht, so werdet Ihr auch nicht gerichtet!

Zwanzigstes Kapitel.

> So we grew together,
> Like to a double cherry, seeming parted,
> But yet a union in partition.
> Two lovely berries moulded on onestem:
> *Shakspeare.*

So war ich denn plötzlich wie durch einen Zauberspruch aus einem kleinen, wenig beachteten Mädchen eine erwachsene Mamsell geworden, die allmälig die Entdeckung machte, daß sie auch Jemand sei. Die Veränderung war groß, und ich mußte mich erst daran gewöhnen, ehe sie mir gefallen konnte.

Meine sämmtlichen Stunden des Unterrichts waren aufgehoben, auch die Societé des jeunes dames besuchte ich nur zuweilen, ein zur Theestunde geladener Gast. Mein Onkel hatte mir zwar endlich einen Zeichenlehrer aufgefunden, doch dieser trug wenig zu meiner Zufriedenheit bei; denn wir lebten in ewigem Zwiespalt mit einander. Silhouetten fabriciren und winzige Landschäftchen nach kleinen Kupferstichen, die er mir mitbrachte, malen, war Alles, was ich von ihm lernen konnte, und Beides widerte mich an. Der einzige Vortheil, den seine Bekanntschaft mir gewährte, war, daß er mir Preislers, in Nürnberg herausgekommene, Anleitung zum Zeichnen lieh, nach der ich aus eigenem Antriebe Augen, Ohren und Nasen, so gut es ohne Hülfe gehen wollte, kopirte.

Auch hatte ich, von meinen Freundinnen dazu beredet, mir wieder musikalischen Unterricht erbeten, brachte es aber mit unsäglicher Mühe, viel Zeit- und viel Geldverschwendung in dieser Kunst nie so weit, daß die eigene Uebung derselben mir wirklichen Genuß gewährt hätte. Jameson war und blieb mein einziger Trost; sein Eifer für mich erkaltete nicht; bei ihm, mit ihm und mit Shakspeare brachte ich jetzt meine genußreichsten Freistunden zu, und ich hatte der Freistunden nur zu viele!

Meine Emancipation aus der Kinderstube fiel gerade in die schöne freudige Frühlingszeit; Bälle, Konzerte, Theater und was sonst noch zu den eigentlichen Wintervergnügungen gerechnet wird, hatten aufgehört. Nur einige verspätete Abendgesellschaften kamen zuweilen noch vor, deren Lichtpunkte ein wenigstens zwei Stunden währendes warmes Souper bildete, bei welchem die lange Tafel unter der Last der dicht an einander gereiheten Schüsseln und

Affietten zusammen zu brechen drohete. In Danzig, wie damals noch überall, überließ man gerade beim Abendessen sich am liebsten den Freuden der Geselligkeiten; Diners, wie sie jetzt an der Tagesordnung sind, kannte man gar nicht.

Bei einer solchen Abendgesellschaft wurde denn auch ich zum Erstenmale in meinem Leben von einer mit meinen Eltern sehr befreundeten Familie als eine Konfirmirte, und folglich erwachsene Person von kaum vierzehn Jahren eingeladen. Wie freuete ich mich auf mein Debüt in der großen Welt! und ach! wie kränkend für meine Eitelkeit fiel es aus!

Jedermann weiß oder könnte wissen, daß der vielfältig und vielseitig bekannte Lord Chesterfield einen noch jetzt in England für classisch geltenden, ziemlich starken Band sehr geistreicher Briefe herausgab, in welchen er sich bemüht, seinen Sohn in alle Pflichten und Gesetze der höchsten geselligen Eleganz einzuweihen, deren Kenntniß und strenge Uebung ihm über Alles ging. Seine Absicht war, den jungen Mann zu einem vollkommenen Beau auszubilden, ein Wort, das in jener, hundert Jahr hinter uns liegenden Zeit, mit dem jetzigen Dandy, Exclusive, oder wie die Mode solch ein Wunder noch ferner zu taufen belieben wird, völlig gleichbedeutend war.

Doch die Saat, welche der edle Lord aussäete, fiel leider auf einen zu ihrem Gedeihen sich wenig eignenden Boden; zu seinem unaussprechlichen Entsetzen und höchsten Jammer mußte er nicht nur erleben, sondern sogar mit ansehen, daß sein Sohn, der honorable Mr. Stanhope in der ersten Gesellschaft, in welcher er sich zeigte, vor den Augen der schönsten und vornehmsten Ladies der drei Königreiche, nachdem er ein Glas Gelée wie gewöhnlich mit dem Löffelchen geleert, den darin zurückgebliebenen kleinen Rest ohne Scheu mit der Zunge ausleckte, um auch die süße Neige nicht zu verlieren!

Lord Chesterfield blieb natürlicher Weise darüber untröstlich sein Lebelang, und, ewig bedauernswerthe Mamsell Ackermann! das wäre ohne Zweifel auch Dein hartes unverdientes Loos gewesen, hätte Dein guter Genius es nicht von Dir abgewendet, betrübter Augenzeuge des Mißgeschicks Deiner ersten Schülerin zu werden. Sie, Dein Liebling, Dein Stolz, Deine Freude, die Du schmeichelnd zuweilen die Zierde Deiner Société des jeunes dames zu nennen pflegtest, hättest Du es mit ansehen müssen, wie sie mit der Thür nicht eben ins Haus, aber was noch weit schlimmer war, mitten in eine große Gesellschaft festlich gepußter Herren und Damen platt auf die Nase hineinfiel! O Du Aermste! was wäre aus Dir geworden? Eine Ohnmacht wäre das Geringste gewesen, um Dich einigermaßen aus diesem Elend zu retten!

Mit glücklich konservirter Frisur war ich nach meinen Eltern aus dem Wagen gestiegen, Alles war in erwünschter Ordnung, nicht ein Stäubchen Puder hatte an dem hohen Haarthurm sich verschoben, dessen breite Fläche ein Labyrinth von Federn, Blumen und Perlen krönte; stolz wogte das neue seidene Kleid über den ansehnlich großen Reifrock. Auf goldgestickten Schuhen, mit wenigstens zwei Zoll hohen dünnen Absätzen, trippelte ich an der Hand der ältesten Tochter des Hauses, die mir entgegengekommen war, zwei hohe Treppen bis zum Saale hinauf. So schön geputzt bei so bänglich pochendem Herzen war ich in meinem Leben noch nicht gewesen; die Flügelthüren flogen auf, und wir — ach!

Hatten unsere langen Schleppen sich in einander verwickelt? unsere Reifröcke mit einander karambolirt? ein Strohhalm, ein Rosenblatt auf der Schwelle unsere Füße ins Gleiten gebracht? Wir alle Beide, Clementine und ich, uns fest bei der Hand haltend, im gleichen Augenblick, denn mein Fall riß sie mir nach,

— was soll ich weiter sagen? daignez m'épargner le reste, seufze ich mit Grètrys touriére.

Clementine war kein Mitglied unserer Societé des jeunes dames, doch konnte auch Niemand der in dieser zu erlernenden Künste leichter entbehren als sie. Ein Hauch von Anmuth und unaussprechlicher Lieblichkeit umschwebte die graziöse Gestalt, wie der ihrem Innern entströmende Duft die eben sich öffnende Rose umschwebt, und neigte Augen und Herzen mit Wohlgefallen ihr zu. Clementine war ein oder ein paar Jahre älter als ich, wir hatten früher einander wenig oder gar nicht gekannt, und das tragi-komische Unglück, das bei meinem, im wörtlichsten Verstande, ersten Austritt aus der Kinderwelt im Hause ihrer Eltern mich traf und in welches mein Ungeschick sie mit verwickelte, würde wahrscheinlich jede Andere gegen mich erbittert haben. Sie hingegen suchte, um mich zu trösten und zu beruhigen, alles Ersinnliche auf, und blieb den ganzen Abend gütig und freundlich und mild, wie ich sie später immer gekannt.

Und so knüpfte ein Zufall, der uns auf immer von einander hätte entfernen können, jenes zarte Band innig vertrauter Mädchenfreundschaft zwischen uns, deſſen wir beim Eintritt in die Welt zur Vollendung unſers Jugendglücks ſo ſehr bedürfen.

Beim ferneren Fortſchreiten im Leben geſtaltete unſer Verhältniß zu einander, wie unſer Karakter, ſich immer ernſter und feſter; von unſerm erſten Aufblühen an, bis unſere Locken ergraueten, war und blieb Clementine von Kampen die geliebteſte, vertrauteſte, ich darf ſagen, die einzige Freundin aus meiner Jugendzeit. Nie hatte ich eine zweite neben ihr, und habe auch nach keiner zweiten jemals ausgeſchaut.

Als wir Beide verheirathet waren, nahmen unſere Lebenspfade eine ganz von einander abgehende Richtung; doch bei jedem Wiederzuſammentreffen, welches ein freundliches Geſchick uns zuweilen gewährte, war es, als hätten wir erſt geſtern uns getrennt, obgleich wir nur ſelten Briefe wechſelten.

Im Jahre achtzehnhundertneunzehn, bei meinem letzten Beſuche in meiner Vaterſtadt, fand ich zwar an unheilbarer Bruſtkrankheit ſie leidend, doch ruhig ergeben. Acht Tage nachdem ich, ohne unſere ſo nahe Trennung für dieſes Leben zu ahnen,

zum letztenmale sie gesehen, schwankte langsam auf dem Wege von Oliwa nach Danzig der Trauer=
wagen an meiner Wohnung vorüber, der ihre ent=
seelte Hülle von ihrem schönen Landsitz in ihre Fa=
miliengruft zur ewigen Ruhe führte.

Einundzwanzigstes Kapitel.

*Ihr habt uns tapfer stets gedient, Herr Obrist,
Und billig ist's, daß Ihr im Frieden ruht, —
Wir senden Euch drum zu der Hansestadt,
Um Eures Fürsten Rechte zu vertreten,
Daß beiden Theilen Ehre draus erwachse.*
Altes Trauerspiel.

Unerachtet ihrer geringen, immer mehr abnehmenden Bedeutsamkeit in der politischen wie in der merkantilischen Welt waren meiner Vaterstadt mit dem Namen und dem Schatten dessen, was sie als freie Hansestadt gewesen, auch alle äußern Ehren geblieben, deren sie in den Tagen ihres jetzt verblichenen Glanzes sich erfreuet hatte. Behalten doch auch Officiere, nachdem sie aus den Reihen der Krieger getreten, noch mit ihrem Range und ihren Uniformen das Anrecht auf alle militairischen Ehrenbezeugungen bei, die Wachen treten nach wie vor ins Gewehr, sobald man sie erblickt, und auch noch nach ihrem Tode erschallt kriegerischer Donner über ihrem friedlichen Grabe, ehe es sich schließt.

So waren denn auch die Abgeordneten auswärtiger Mächte, die früher dort residirten, in Danzig geblieben, keiner derselben war von seinem Hofe zurückberufen worden; obgleich es schwer zu sagen war, worin die Geschäfte eigentlich bestanden, welche ihre Gegenwart nothwendig machten, so schienen die größtentheils dort alt gewordenen Herren sich doch sehr wohl dabei zu befinden, führten, zum Theil mit Frau und Kindern, ein ganz gemächliches Leben und wurden auch von den Einwohnern gern gesehen.

Immer noch, wie seit wenigstens zehn Jahren, zog Herr de Pons auf hohen rothen Absätzen an den Schuhen Visiten machend einher, als käme er frisch von Versailles, vom Lever seines Königs. Die im Weichbilde der Stadt geborne jüngste Tochter des wackern Gascogners war sogar die Pathe derselben, und heißt, wenn sie noch am Leben sein sollte, noch heute Mademoiselle Dansik.

Der englische Konsul, Sir Trevor Correy, trug durch seine brillante Equipage zum Glanze der Stadt, durch seinen pechschwarzen Negerknaben Pharao zur Erheiterung der Straßenjugend das Seinige redlich bei. Einen Residenten, der länger und standhafter auf seinem Posten geblieben, hat die Welt nie gesehen, denn er steht noch jetzt, funfzig Jahre nach seinem

Ableben, unbegraben in der großen Pfarrkirche zu Danzig, weil der noble Baronet lebend die deutsche Erde verschmähete, und der Aberglaube der Schiffer diesen nicht erlaubt, ihn nach England überzuführen.

Der dänische, wie der schwedische Konsul und der holländische Resident blieben in ihren Würden und Ehren, der russische Gesandte aber überstrahlte sie Alle zusammen an Rang wie an Glanz.

Unerachtet ihrer Mitwirkung zu der, mit der ersten Theilung von Polen beginnenden, Vernichtung dieses dem Untergange geweiheten Königreichs, behielt die Kaiserin Katharina doch das Ansehen bei, als ob sie, früherer Zeiten sich erinnernd, sowohl dieses Land als den unglücklichen König, den sie selbst auf den wankenden Thron gesetzt, ihrer besondern Werthachtung würdige, indem sie Beide gewissermaßen bevormundete.

Auch Danzig, das wenigstens scheinbar noch unter polnischem Schutze stand, so ohnmächtig derselbe auch zur Zeit der Noth sich gezeigt, erhielt noch zuweilen Beweise, daß die mächtige Selbstherrscherin aller Reussen der hart gekränkten Stadt in Gnaden eingedenk sei.

So ward denn auch der dort im Laufe mehrerer Jahre ganz einheimisch gewordene russische Chargé d'affaires einst plötzlich nach Mohilow versetzt; und ein weit vornehmerer Herr, eine Excellenz, kam als Minister=Resident an dessen Stelle. General P*** war von Geburt ein Deutscher, ein Oesterreicher wie ich glaube; er langte um die Zeit, als ich anfing, für ein erwachsenes Mädchen zu gelten, mit Familie und ziemlich großem Gefolge in Danzig an, und bezog das weitläufige Gebäude, das die russische Krone zu diesem Zwecke in Danzig besaß. Jedes mit Vorhof und Kutscheneinfahrt versehene größere Haus wurde damals in unsern Gegenden ein Palais genannt, und so hieß denn auch dieses, nichts weniger als palastartige Gebäude frischweg das russische Palais.

An Seiner Excellenz selbst ließ sich indessen wenig entdecken, das zu diesem seinem, alles Uebervortreffliche bezeichnen sollendem Prädikat ihn hätte berechtigen können. Alt, vertrocknet, vergelbt, verdrießlich, obendrein hoffärtig bis zur Lächerlichkeit, behangen mit Orden und Sternen, sogar im täglichen häuslichen Leben, war er eine so durchaus widerwärtige Figur, daß man unwillkürlich auf den Gedanken gerathen mußte, seine Kaiserin habe ihn nur deshalb so fern von ihrem Hofe fort befördert, um der Gefahr zu entgehen, ihn vielleicht einmal im Jahr

an den Stufen ihres Thrones zufällig von ferne er=
blicken zu müssen.

In lieblichster Jugendblüthe, voll Geist, voll sorg=
fältig gepflegten Talents, stand eine ätherische Nym=
phengestalt dem wenigstens um dreißig Jahre ältern
Manne zur Seite. Frau von P*** war die früh
elternlos gewordene Tochter eines jener in Peters=
burg etablirten englischen Bankiers, die dort selten
verfehlen, in kurzer Zeit ein bedeutendes Vermögen
zu erwerben, und übrigens auch in der Fremde, so=
wohl bei der Sprache als bei den Gebräuchen ihres
Landes standhaft beharren. Sogar in der kolossalen
Kaiserstadt konnte eine bezaubernde Erscheinung wie
die ihrige nicht unbewundert vorübergehen. Eine
Schaar anbetender Verehrer sammelte sich um sie her,
an Stand und Reichthum über sie erhaben, so tief
sie auch in anderer Hinsicht unter ihr stehen mochten.
Glanz, Rang und Titel üben eine gar zu verführe=
rische Gewalt über ein junges verwöhntes, argloses
Mädchenherz, sie verlockten die Unerfahrene, ein Ehe=
band zu knüpfen, wie deren noch heute so viele ge=
knüpft werden; ein Mißgriff, für den sie lebensläng=
lich auf's härteste büßen mußte, was denn auch
heut zu Tage selten auszubleiben pflegt.

Ein wunderschönes Kind war der einzige Trost,

die einzige Freude, welche das hart beraubte Leben ihr bot. Armer kleiner Sachy! so nannte seine Mutter ihn, nach dem in Rußland gebräuchlichen Diminutiv seines Namens Alexander; noch seh' ich ihn, wie er, wenn sein Vater unerwartet in das Zimmer trat, auf Händchen und Füßchen, mit Anstrengung aller seiner Kräfte unter den nächsten Tisch oder hinter die nächste Fensterdrapperie eilends sich verkroch, um sich zu verbergen.

Der Vater haßte den noch nicht zweijährigen Sohn, und der Kleine wußte es, und wurde bleich und zitterte in stummer Angst, wenn er ihn erblickte. Alle Diener im Hause wußten ebenfalls darum und nahmen erbarmend des hülflosen Knaben sich an, den sie ihrem Gebieter aus dem Wege zu bringen suchten, ehe dieser seiner ansichtig werden konnte. Ich stand dabei und staunte, und begriff nichts und nahm anfangs für ein lustiges Spiel, was so bitterer Ernst war.

Durch Miß Cramp, die Schwester der Frau von P***, war ich in diesem Hause gewissermaßen einheimisch geworden, in welchem Alles himmelweit von dem abwich, woran ich von Jugend auf gewohnt gewesen war.

Sally Cramp war ein schönes, fröhliches, liebens=

würdiges Mädchen von meinem Alter; sie fühlte sich sehr vereinsamt in der düstern, fremden Stadt, deren Sprache sie nicht verstand, und sehnte sich nach einer Gespielin, mit der sie in ihrer eigenen Muttersprache sich verständigen könne; Jameson, der wohl wußte, was uns Beiden gut sei, führte uns einander zu.

Seiner Fürsprache und Sally's schmeichelnden Bitten gelang es, von meinen Eltern die Erlaubniß auszuwirken, zuweilen einen Tag bei ihr zubringen zu dürfen, und bald verging keine Woche, in der ich nicht mehr als einmal von dieser Erlaubniß Gebrauch machte. Ich hätte täglich kommen müssen, wäre es nach Sally's Willen gegangen; wir waren so glücklich, so fröhlich, so einig mit einander. Wir hatten einander so lieb! O Zeit der erblühenden Jugend! goldene Zeit!

In der Mitte dieser Familie, zu der auch ein alter Franzose, Gilard, und Miß Corderoy, Sally's Hofmeisterin, als sehr bedeutende Mitglieder derselben zu zählen sind, ging es mir ungemein wohl; was ich alles ihren vereinten Bemühungen um mich verdanke, weiß ich kaum in Worte zu fassen. Mit Göthe möchte ich sagen, sie setzten meiner Bildung für die Welt und dem geselligen Leben das noch

fehlende Tippelchen auf dem J auf, zu welchem in
jener unbeholfenen Zeit zu gelangen, schwer war.

Auch außer meiner Spielgefährtin Sally hatten
Alle mich gern, und gaben in Scherz und Ernst sich
viel mit mir ab; die alte verdrießliche Excellenz ausge=
nommen, von der ich nicht einmal gewiß bin, ob sie
mein Dasein jedesmal bemerkte. Sie zeigte sich sel=
ten anders als bei Tafel, und sprach nur, um ihre
Unzufriedenheit mit dieser oder jener Schüssel auszu=
drücken, oder auch der Dienerschaft streng abgemessene
Befehle im Lapidarstyl zu ertheilen.

Frau von P*** war eine sehr talentvolle, eifrige
und fleißige Dilettantin im Gebiete der bildenden
Kunst; eine Erscheinung, die mir bis jetzt bei meinem
Geschlecht noch nicht vorgekommen war. Sie zeich=
nete meisterhaft, malte Aquarell, modellirte auf Glas
oder Schieferplatten allerliebste Figürchen in Wachs.
Meine Kunstliebe, ich sollte wohl eigentlicher Kunst=
sehnsucht sagen, erwachte in ihrer Nähe von neuem
mächtiger als je. Endlich war mir nun gewährt,
wonach ich Jahre lang vergeblich gestrebt hatte.
Frau von P*** lehrte den Zeichenstift mich führen,
gab mir Studien nach der Antike, die ich zu Hause
kopirte und dann zur Durchsicht ihr überbrachte, bei
der sie immer sehr strenge mit mir verfuhr.

Ich erinnere mich eines Kopfes der Tochter der Niobe, den ich fünfmal zeichnete, ehe ich nur einigermaßen ihr genügen konnte, und verdanke es ihr noch jetzt in meinem Herzen.

Alle diese Schwierigkeiten, weit entfernt mich abzuschrecken, machten in Uebung der Kunst mich nur noch eifriger; meine Verehrung und Bewunderung berühmter Künstler wurde aber durch sie bis zum unglaublichsten Enthusiasmus gesteigert. Eines Tages sah ich an der Mittagstafel meiner verehrten Beschützerin einen ganz einfach gekleideten, hagern, kleinen Mann ihr zur Seite sitzen. Sally flüsterte seinen Namen mir zu; es war der damals sehr berühmte Pastellmaler Darbes, der auf dem Wege von Petersburg nach Berlin, seine Freundin, auch wohl ehemalige Schülerin besuchte. Vor lauter Ehrfurcht wagte ich nun kaum mich zu regen, ich hatte gehört oder gelesen, daß Frau von der Recke in einer ihrer Schriften ihn den Seelenmaler nannte, und wunderte mich nur, daß ein so großer Mann wie andere gewöhnliche Leute sich benahm, noch mehr aber darüber, daß die übrige Gesellschaft mit ihm umging, mit ihm lachte und scherzte, als ob er ihres Gleichen, und es weiter gar nichts Besonderes mit ihm wäre.

Wachend wie ein schützender Genius über uns Beide, über Sally und mich; stand auf der anderen Seite Miß Corderoy neben uns, stets darauf bedacht, unsere Aufmerksamkeit von dem trostlosen Unfrieden abzulenken, der im Innern die Ruhe dieses Hauses untergrub. Erheiternde Beschäftigung, die keinen andern Gedanken so leicht aufkommen läßt, schien hierzu das Zweckdienlichste zu sein; unter Sally's Beistand fing Miß Corderoy an, mich in Verfertigung jener kleinen namenlosen Zierlichkeiten zu unterrichten, in welchen junge, frisch aus der Pension kommende Engländerinnen Meisterinnen sind, und die bei uns damals als nie gesehene Wunder angestaunt wurden; allerliebste Sächelchen aus Seide, Pappe, Eierschaalen, besonders aber aus Papier gebildet, gingen in großer Mannigfaltigkeit zu unserm Jubel aus unsern schaffenden Händen hervor. Nebenher ließ Miß Corderoy mit der zartesten Schonung manche Vernachlässigung meiner Haltung mich bemerken, und ermahnte mich, jene Aufmerksamkeit auf die Pflege und Erhaltung meines Aeußern zu verwenden, wie sie damals nur in der größern vornehmen Welt gebräuchlich war, und an die man in unserer eng bürgerlichen reichsstädtischen Lebensweise wenig dachte. Mir selbst unbewußt, streifte ich jenes etwas gar zu steife, förmliche Wesen allmälig ab, das ich aus Mamsell Ackermanns Societé des jeunes dames mitgebracht hatte, und lernte, wie man leichter und freimüthiger sich in der Gesellschaft bewegen könne, ohne deshalb gegen den Anstand zu sündigen.

Gilard, dieses Musterbild aller trefflichen und liebenswürdigen geselligen Eigenschaften, durch welche im vorigen Jahrhundert die über das vierzigste Jahr hinaus gekommenen Franzosen bis zur sprichwörtlichen Redensart eine Berühmtheit sich erworben, welche nur noch durch Tradition bis auf die jetzt lebende Generation hinabreicht; Gilard nahm einen noch bedeutenderen Platz als Miß Corderoy in diesem Hause ein, ohne jedoch unter irgend einem andern Titel als dem eines Hausgenossen dazu berufen zu scheinen.

Der kleine Sachy war noch viel zu jung, um schon jetzt eines Hofmeisters, wie Gilard mit der Zeit ihm gewiß werden konnte, zu bedürfen, und mit den Geschäften Seiner Excellenz stand der übrigens sehr gewandte und unterrichtete Franzose durchaus nicht in Zusammenhang. Die beiden Legations-Sekretaire wußten ohnehin nicht, was sie mit dem ganzen langen lieben Tag anfangen sollten; abge=

sondert von den übrigen Hausgenossen bewohnten sie einen Flügel des Palais, und ich bin ihrer nur selten ansichtig worden.

Unbeschränkt in seinem Thun und Lassen, führte Gilard ein anscheinend geschäftsloses Leben, war aber weit davon entfernt, die erniedrigende Rolle eines gefälligen Hausfreundes übernehmen zu wollen, wie man wohl in reichen und vornehmen Häusern sie häufig genug antrifft. Das Gefühl selbstbewußter, wenngleich anspruchloser Unabhängigkeit, die Niemand anzutasten wagte, bezeichnete sein ganzes Benehmen, sogar der General begegnete ihn mit rücksichtsvoller Achtung, beinahe als wäre der unbetitelte Mann seines Gleichen.

Und doch war Gilard Hausfreund; aber im edelsten Sinne des oft mißbrauchten Worts. Rathend, warnend, beschwichtigend, versöhnend, war es sein eifrigstes Streben, schien es die wichtigste Aufgabe seines Lebens zu sein, in diesem unseligen Hause alles zum Besten zu lenken, und über dem armen Rest von Ruhe und Frieden, welcher sowohl im Innern ihres Gemüths als in ihren äußern Verhältnissen der Herrin desselben noch blieb, mit Argusaugen zu wachen. Alt genug, um ganz bequem

für ihren Vater gelten zu können, ohne alle An=
sprüche auf persönliche Eleganz mit einem von tiefen
Blatternarben furchtbar entstelltem Gesicht durfte
er dieses ungescheut; denn ohne sich lächerlich zu
machen, konnten selbst der giftigste Neid, die gehäs=
sigste Klatschsucht seinem Verhältniß zu der schönen,
jungen, eleganten Frau, keine unziemende Auslegung
geben.

Mitten durch alle diesen Wirrwarr gingen
Sally und ich fröhlichen Sinnes und unangefochte=
nen Muthes unsern leichten harmlosen Gang, ohne
weder zur Rechten noch zur Linken viel um uns zu
schauen; doch blieb das zwiefache Elend einer un=
glücklichen Ehe in den vornehmen Ständen von mir
nicht lange unbemerkt, wo Zorn und Mißverstehen
nicht, wie ich bei sogenannten gemeinen Leuten es
wohl zuweilen gesehen, in rohen Ausbrüchen sich
Luft macht, und dann auf einige Zeit verraucht,
sondern schweigsam und heimlich, wie ein feines
Gift am Leben nagt, bis dieses erlischt. In recht
bänglicher Stimmung über Vieles, was ich weder
gegen Sally noch gegen Jameson erwähnen mochte,
kam ich zuweilen Abends nach Hause, wo schon an
der Schwelle alles Glück der zufriedensten bürger=
lichen Häuslichkeit mich umfing, und athmete aus

froher freier Brust hoch auf, weil ich wieder unter den Meinigen war.

Die zahlreiche Dienerschaft, die Equipagen, die Kammerfrauen, die ganze prunkende Einrichtung jenes vornehmen Hauses, ließen mich eben so unverwöhnt als unverlockt; nie ist auch nur für einen Augenblick in meinem leichten fröhlichen Gemüth der Wunsch, einst ähnliche Herrlichkeiten zu besitzen, erwacht; ich sah zu theuer sie erkauft! Die vielen Livreebedienten, deren Zahl zuweilen die der Gäste, hinter deren Stühlen sie postirt waren, überstieg, schien mir sehr lästig; der über und über vergoldete Jäger hinter dem Sessel Seiner Excellenz, die nie auf die Jagd ging, der elegant, wie zum Ball geputzte Kammerdiener, hinter dem der Frau Generalin, der, glaube ich, lieber die Welt hätte untergehen lassen, ehe er einem Andern als ihr einen reinen Teller gereicht hätte, alles das kam mir beinahe wie eine Theaterposse vor.

Am lustigsten aber war mir die Figur des Mr. Prud'homme, eines ehrlichen Danziger Kleinbürgers von französischer Abkunft, den ich oft im Vorübergehen mit der braunen Schürze und im Kamisol hinter seinem Ladentische hatte stehen sehen, wo er Sardellen, Kappern, Oliven feil hielt, und der jetzt sein Deutsch vergessen zu haben schien, und als maître d'hôtel, im Gallakleide und in weißseidenen Strümpfen paradirend, oft sehr gewöhnliche Gerichte mit unendlicher Gravität vorlegte und herumreichte, als wären es die auserlesensten Seltenheiten.

Zweiundzwanzigstes Kapitel.

> Heulend kommt der Sturm geflogen,
> Der die Flamme brausend sucht.
> Prasselnd in die dürre Frucht
> Fällt sie, in des Speichers Räume,
> In der Sparren dürrer Bäume.
> Schiller.

Der bewohnteste und schönste Theil meiner Vaterstadt wird von dem Ufer der die Speicherinsel rings umfließenden Mottlau begrenzt, eine breite fahrbare Zugbrücke führt zu den Speichern, dieser großen Schatzkammer der Danziger Bürger, hinüber. Damals, und wahrscheinlich auch noch jetzt, wurde dieselbe bei einbrechender Nacht an beiden Enden durch feste Thore abgeschlossen, welche aber von den Wächtern willig geöffnet wurden, um Fuhrwerke oder Fußgänger durchzulassen, denn nur über die Speicherinsel konnte man zu dem gewerbreichen und weitläuftigen Bezirk von Langgarten gelangen, der, sowohl seiner von der eigentlichen Stadt abweichenden Einrichtung und Bauart, als seiner Entlegenheit wegen, beinahe wie eine Vorstadt betrachtet wird, obgleich er noch innerhalb der Wälle liegt.

Der Raum, den sie einnahmen, ihre Größe und ihre auf mehrere Hunderte sich belaufenden Anzahl, konnten diese Speicher beinahe einer kleinen Stadt gleichstellen; die massiv solide, wenngleich nicht in die Augen fallende Bauart, in der sie von unsern Vorfahren wie für eine Ewigkeit begründet dastanden, war ein redendes Denkmal der vormaligen glücklicheren Zeiten und des bei ihrer Errichtung sehr hoch gestiegenen allgemeinen Wohlstandes. Um aller Feuersgefahr zuvorzukommen, war jede Feuerstelle im Bezirk der Insel gesetzlich verboten, keiner der Eigenthümer durfte über Nacht in seinem Speicher verweilen, nach Sonnenuntergang wurden sie alle verschlossen und lagen bis zum anbrechenden Morgen verödet in ungestörter Einsamkeit da.

Sogar bei einer Belagerung waren sie durch ihre glückliche Lage vor Gefahr geschützt. Von der wasserreichen, hinter Langgarten beginnenden Niederung aus, konnte durch künstliche, sehr weit sich verbreitende Ueberschwemmungen, jede Annäherung der Belagerer verhindert werden; und auf der entgegengesetzten, zugänglichen Seite der Stadt, hielten die weit ausgedehnten Festungswerke das Geschütz derselben ebenfalls in zu großer Entfernung, als daß Bomben, Granaden, und wie die Tod, Flammen, Verheerung in die Häuser wehrloser Bürger schleudernde Werkzeuge des Kriegs alle sonst noch heißen mögen, die Speicherinsel oder Langgarten hätten erreichen können.

Als Danzig vor jetzt ungefähr hundert Jahren wegen seiner treuen Anhänglichkeit an den unglücklichen, hart verfolgten König Stanislaus Leczinsky belagert wurde, eilten Alle, die es nur irgend möglich machen konnten, in Langgarten Sicherheit zu suchen. Auch die Eltern meines Vaters flohen mit ihrem damals etwa sechsjährigen Knaben dort hin, der nicht vergaß, auch sein liebes kleines Kanarienvögelchen mitzunehmen, dem, wunderbar genug, der Splitter einer Bombe ein Beinchen zerbrochen hatte, ohne den kleinen Sänger zu tödten. Mein Vater erzählte oft und gern, wie sie, nebst vielen Andern, ganz enge und klein in der Kirche sich hatten einrichten müssen, weil alle Häuser von Flüchtigen überfüllt waren, wie unter der Pflege meiner Großmutter sein kleiner befiederter Liebling geheilt wurde, so daß noch, ehe sie ihren Zufluchtsort verließen, sein Jubellied im Gewölbe der Kirche wiederhallte, und wie nach aufgehobener Belagerung Jedermann wohlbehalten in seine Wohnung zurückgekehrt sei. Alles wiederholt sich nur im Leben! Achtzig Jahre später wurden die Enkel durch die französische Belagerung im Jahre achtzehnhundert sieben getrieben, das ehemalige Asyl ihrer Ahnherren wieder aufzusuchen, und befanden sich nicht minder wohl dabei; ihr liebstes werthvollstes Eigenthum wurde in den Speichern sicher untergebracht.

Die Erde dröhnte, die Häuser erbebten von dem furchtbaren Donner des Geschützes; wenn die Geflüchteten spät Abends in der breiten Straße von Langgarten auf= und abgingen, sahen sie die Tod und Verderben verbreitenden Kugeln gleich feurigen Meteoren am schwarzen Nachthimmel hin= und herkreuzen. Sie hörten ihren schmetternden Fall, vielleicht auf ihrer Freunde, vielleicht auf ihr eigenes Dach, doch bis zu ihnen konnte der Greuel der Verwüstung nicht dringen.

Und abermals, wenige Jahre später, nach unendlichem von den übermüthigen Eroberern erduldeten Drangsal, mußten alle diese Schrecken sich erneuen! Doch ein tröstender Hoffnungsstrahl ging von den zu Deutschlands Rettung verbundenen Mächten aus, und leuchtete durch die schwarze Gewitternacht, welche drohender als je über meine Vaterstadt sich zusammenzog. Ermuthigt durch die Aussicht auf endliche Befreiung von ihren Vampyren bereiteten die Einwohner mehrere Monate lang auf das kommende Elend sich vor, dem zu entgehen keine Möglichkeit sich zeigte. Jedes freie Plätzen in den Speichern wurde wieder mit ihren besten Schätzen angefüllt, die alten Quartiere in Langgarten aufgesucht, besprochen und in wohnlichen Stand gesetzt. Reiche Familien ließen mit bedeutenden Kosten feste Bombenhäuser halb unter der Erde sich erbauen, in die sie zur Zeit der höchsten Gefahr sich zurückzuziehen gedachten, andere richteten zum nämlichen Zweck die geräumigen gewölbten Keller unter ihren Häusern wohnlich ein.

Monate lang sah man dem drohenden Unheil in banger Erwartung entgegen, es brach herein, aber entsetzlicher, weit entsetzlicher noch als man nach vorhergegangener Erfahrung es sich gedacht hatte, so schrecklich diese auch gewesen war. An den Jammer, den meine unglückliche Vaterstadt, meine alte Mutter, meine Schwestern, meine geliebtesten Verwandten und Freunde viele Monate lang erdulden mußten, den entsetzlichen Mangel an Allem, die fürchterliche Hungersnoth, in welcher nur sehr bemittelte

Familien zuweilen ein Stück Pferdefleisch mit Gold aufwiegen konnten, und ein gebratener Mops für einen unbezahlbaren Leckerbissen galt, auf den man nur seine auserwähltesten Freunde wie zu einem festlichen Mahle einlud, alles dieses zu beschreiben, liegt eben so sehr außerhalb des Bereiches meiner Feder, als außerhalb des Zwecks dieser Blätter. Ich selbst litt damals nur aus weiter Ferne mit den Meinigen, Tag und Nacht von den Schreckbildern meiner Phantasie verfolgt, und diese Darstellung dessen, was Alle wirklich erduldeten, giebt nur getreulich wieder, was ich einige Jahre später bei meiner letzten Anwesenheit in Danzig aus dem Munde sehr ehrenwerther Freunde vernahm, an deren Glaubwürdigkeit kein Zweifel obwalten kann. Memoiren sollen sich aber nur mit wörtlich Selbsterlebtem beschäftigen. Möge ich Verzeihung finden, daß ich, hingerissen von dem mich so nahe berührenden Gegenstande, mir dieses hors d'oeuvre erlaube.

In gewohnter Sicherheit der fernbleibenden Gefahr trotzend standen die Speicher, während rings umher der Donner der Belagerung verheerend brüllte, von ihm unerreicht. Doch was wäre dem übermächtigen Erfindungsgeist dieses Jahrhunderts unmöglich? Congreve's Raketen erreichten endlich das lange vergeblich erstrebte Ziel, und die Speicher loderten in Flammen auf.

Das Gebrause der gleich einem Gluthenmeer wogenden Feuersbrunst, war nur dem der vom Sturm gepeitschten Brandung der in ihren tiefsten Tiefen empörten See zu vergleichen. Der Speicherinsel gegenüber, durch die ganze Breite des Stromes von ihr getrennt, war es auf der langen Brücke vor dem gewaltigen Getöse unmöglich, dem Zunächststehenden sich verständlich zu machen; die Fenster der Häuser, welche auf der Landseite die lange Brücke begrenzen, ungeachtet der weiten Entfernung, zersprangen von der glühenden Hitze. Stadt und Umgegend waren um Mitternacht hell erleuchtet wie im mittäglichen Sonnenschein; man versichert, daß man in der sechs bis acht Meilen von Danzig entfernten Stadt Elbing beim Feuerschein unter freiem Himmel, die Zeitung habe lesen können.

Dichter glühendrother Regen fiel prasselnd und zischend aus Dampfwolken in den Strom, es waren brennende Körner Weizen, Rocken, Kaffeebohnen: glühend in allen Farben des Regenbogens streckte die von Oel, Spiritus, Branntwein genährte Flamme die feurigen Zungen himmelan und gewährte ein eben so furchtbares als bewundernswürdiges Schauspiel. Flachs, Hanf, in Massen vereint, schienen der Hölle entronnene in Flammen gekleidete Dämonen, die in allen Richtungen über der Stadt kreuzten, um schadenfroh des Elendes noch mehr zu verbreiten. Durch die unnatürliche Helle in Busch und Wald aus ihrer Ruhe aufgeschreckt, kamen zum allgemeinen Grausen zahllose Vögel aller Art in dichten wolkenähnlichen Schwärmen am Himmel gezogen, flogen unter ängstlichem Geschrei über den Flammen hin und her, bis sie von dieser ergriffen in den großen Alles verzehrenden Scheiterhaufen, der unter ihnen glühte, herabstürzten.

Von allen in den Speichern aufgehäuften Schätzen wurde nichts gerettet, alles versank in Asche, denn so wollte es der Gouverneur, General Rapp; er ließ die Eingänge zu der Insel von seinen Truppen besetzen, die den Danziger Bürgern den Zugang zu ihrem Eigenthum verwehren mußten.

Doch zurück von diesen spätern Greueln, zurück zu den harmlosen, ahnungsfreien Tagen meiner Jugend, wo die Erzählung alter Leute von der vor ungefähr funfzig Jahren in ihrer Kindheit überstandenen Belagerung wie nie sich wiederholen könnende Sagen der Vorzeit uns klangen, wo die Speicher noch in unbedrohter Sicherheit standen, und ich ganz wohlgemuth an Jamesons Arm, oder auch nur von Adam begleitet, an ihnen vorüber nach Langgarten wandelte, denn dort liegt, nebst einigen andern ähnlichen Gebäuden, das ehemalige russische Palais, jetzt das Gouvernementshaus.

Am Tage war mir dieses ein angenehmer Spaziergang, nach Einbruch der Nacht aber hätte ich um keinen Preis mich bewegen lassen, ihn zu Fuße zurückzulegen, denn eine Schaar gräßlicher Ungeheuer, denen sogar schon manches arme Menschenleben zur blutigen Beute geworden war, bezog dann unter den Speichern die Wache. Seit undenklicher, uralter Zeit wurde auf Kosten der Stadt eine Anzahl sehr grimmiger Hunde von einer besonders wilden, blutdürstigen Race in festen Zwingern gehalten, von dazu angestellten Wächtern mit rohem Fleische gefüttert, um sie noch unzähmbarer zu machen, und mit eintretender Nacht auf der Speicherinsel losgelassen, die dann verschlossen wurde.

Wehe dem Verwegnen, der unbegleitet von einem ihrer Wächter, und dessen stets knallender Peitsche, das ihnen eingeräumte Territorium betrat!

Manch armer Schimky ist unter dem blutigen Rachen und Klauen der wüthenden Thiere gefallen, wenn er überwältigt vom Geiste des Schnapses in irgend einem dunkeln Winkel zwischen den Speichern einschlief, und ungesehen von den die Hunde loslassenden Wächtern dort zurückblieb. Sein Angstgebrüll und das wilde Toben der vor Blutdurst rasenden Bestien schallte zu den Wächtern hinüber, dann aber war es zur Rettung zu spät. Selbst die Wächter durften es nicht mehr wagen, ihre wahrscheinlich schon tödtlich verletzte Beute ihnen entreißen zu wollen.

Wie oft sah ich aus meinem sichern Kutschenfenster die gräßlichen Hunde mit wie Kohlen brennenden Augen uns umtoben! Nur wenn Adam, ehe wir zwischen den Speichern einfuhren, sich hatte bewegen lassen, zu mir in den Wagen zu steigen, war ich der Angst entledigt, daß die Hunde ihn von dem Bedientenbrett herunterreißen könnten.

Herr Umbach, ein zu meiner Zeit allbekannter, im Aufspielen zum Tanz unermüdlicher Violoncellist, fand einst in Langgarten bei Uebung seines Berufs zugleich im Weinglase den kecken Muth, spät nach Mitternacht es allein mit den Speicherungeheuern aufnehmen zu wollen. Da er fest darauf bestand, jede Begleitung von sich abzuweisen, so ließen die Wächter ihm den Willen, in der Meinung, er wolle das sehr geringe Trinkgeld sparen, das sie für ihre Bemühung gewöhnlich erhielten.

Umbach trat kühnlich durch das Thor, doch kaum hatte er auf der gefährlichen Bahn einige Schritte zurückgelegt, als die fürchterlichen Hunde in hellem Haufen auf ihn losstürzten. Was konnte er thun? er retirirte, retirirte, retirirte langsam, immer rückwärts, um den Feind im Gesicht zu behalten; stieß mit dem Rücken an die Mauer, kam darüber ins Stolpern, und endlich auf einen großen Stein am Eingange eines Speichers zu sitzen. Den Rücken behielt er dadurch frei, das Instrument senkte sich, wie aus Instinkt, ihm zwischen die Füße; da saß er in gewohnter musikalischer Stellung und strich in der Angst, ohne sich dessen bewußt zu sein, mit dem Bogen einmal über die Saiten: die Hunde stutzten und spitzten die Ohren, er wiederholte den Versuch: kein Hund regte sich.

Umbach spielte nun muthig darauf los, anfangs freilich nur etwas discordante eigne Phantasien, dann aber Polonaisen, Masurecks, Menuetts, rasch hinter einander fort, wie es ihm eben in die Finger kam; der Erfolg übertraf alle Erwartung. Das vierbeinige Auditorium entschlug sich jedes feindseligen Gedankens, setzte in ihn umschließenden Kreisen sich dicht um ihn her, und accompagnirte ihn einstimmig mit lautem Geheul.

Doch nur so lange er spielte, hielten diese friedlichen Gesinnungen vor. Erlaubte der neue Orpheus sich nur die kürzeste Pause, gleich regten sich die Zuhörer und zeigten ihm knurrend die Zähne, zum feindlichsten Angriff bereit. Er mußte spielen, rastlos spielen, bis er den Augenblick nahen sah, wo der Bogen seiner entkräfteten Hand entsinken würde, und traf schon Anstalt, seine arme Seele Gott zu empfehlen. Da kamen die Wächter, die dem wunderlichen Konzert lange zugehört haben mochten, und jetzt einsahen, daß es die höchste Zeit sei, demselben ein Ende zu machen.

Als Danzig unter preußische Oberherrschaft kam, sollten, nebst mancher andern veralteten, in die jetzigen Zeitumstände nicht mehr passenden Einrichtung, auch die Speicherhunde verabschiedet werden. Sie fanden eifrig am Alten hangende Vertheidiger, aber sie verloren den Prozeß, wie es denn auch recht und billig war.

Kein schlaftrunkener Schimky wird mehr von den wilden Bestien lebendigen Leibes zerrissen, jeder Musikus kann bei Nacht wie bei Tage in nüchterner oder exaltirter Stimmung seinen Weg durch die Insel nehmen, ohne zu einem solchen extemporirten Konzert gezwungen zu werden, und die Speicher sind vor nächtlichem Einbruch eben so gesichert, als ehemals.

Dreiundzwanzigstes Kapitel.

*Wie so bunt der Kram gewesen,
Musterkarte giebt's zu lesen.*
Göthe.

Unter Sonne, Mond und Sterne giebt es kein glückseligeres Wesen als Miss in her teens. Mit diesem Alles erschöpfenden Ausdruck bezeichnet die englische Sprache die Zeit des Mädchenlebens zwischen dem vierzehnten und neunzehnten Jahr, den blumigen Scheideweg, der Kind und Jungfrau von einander trennt. Unsre Sprache kann beim Versuch, ihn wiederzugeben, nur durch Umschreibungen sich helfen, die eben immer unbeholfen und schwerfällig auszufallen pflegen. Zu vergleichen aber wäre eine solche Miß am füglichsten dem eben der Puppe entschlüpften Schmetterling, der verwundert über das unerwartet ihm gewachsene Flügelpaar sich keck in die Lüfte schwingt, über die ihm eben so neue Blüthenpracht in frisches Erstaunen geräth, jede Blume neugierig umflattert, die zuletzt gefundene immer für die am süßesten duftende erklärt, und dadurch doch nicht abgehalten wird, auch um die Bekanntschaft der übrigen sich emsig zu bewerben.

Auch ich war in Arkadien! auch ich war vor vielen langen Jahren eine Miss in her teens, war ein solcher unvernünftiger, lustiger, etwas naseweiser Sommervogel, dem der Himmel voll Geigen hing, den Alles entzückte, weil Alles ihm neu war.

Landpartien, Komödien, Tragödien, Hillersche Operetten, ein Ball, ein Konzert, Marionetten, Kunstreiter, Alles gefiel mir unbeschreiblich, und um so mehr, weil meine Eltern vor Uebermaß des Genusses dieser Freuden mich bewahrten, wie das ohnehin der Geist jener Zeit es mit sich brachte. Die lustige Jagd nach Vergnügen nahm damals noch nicht alle unsre Gedanken und die größere Hälfte unsrer Tage ein, Visiten fanden nur bei Kondolenz oder Gratulationsfällen Statt, zu denen die jungen Töchter des Hauses selten mitgenommen wurden. Die Vormittage und auch viele der Abendstunden blieben ganz ungestört dem gewohnten häuslichen Leben.

Ich las mit Jameson, obgleich ich Abends nicht mehr zu ihm ging, zeichnete mit Frau v. P..., lernte Klavierspielen und singen, tant bien que mal, und las nebenher Alles was mir vorkam, auch Romane, die ein älterer Bruder Klementinens uns zu verschaffen wußte; eine Leihbibliothek gab es glücklicherweise damals in Danzig noch nicht.

Werthers Leiden, diese allgemeine Aufmerksamkeit erregende neue Erscheinung, war sogar bis zu unserm abgelegenen Welteckchen hindurchgedrungen; Viele verdammten das Buch als höchst unmoralisch, dem Selbstmorde das Wort redend. Ich hörte darüber so lange, so viel, so für und wider streiten, daß ich endlich der Versuchung nicht widerstehen konnte, mich bei der ersten Gelegenheit dieses Zankapfels zu bemächtigen. Wie war ich froh, als ich unbemerkt ihn wieder auf den Schreibtisch meines Vaters an die Stelle gelegt hatte, von der ich ihn heimlich genommen! Daß vernünftige Leute so viel Redens davon machen konnten, war mir unbegreiflich, ich hatte gelesen, gelesen und gelesen, ohne zu wissen was, und war dadurch nur immer verwirrter geworden.

Mit dem in jener Zeit hochberühmten Muster übermenschlicher Vortrefflichkeit, mit Sir Charles Grandisson ging es mir nicht viel besser. Jameson las keine Romane mit mir, ich mußte also mit einer endlos breiten deutschen Uebersetzung dieses bände-

reichen Werks vorliebnehmen, und mir viel Mühe
geben, mir selbst die Langeweile abzuleugnen, die es
mir erregte. War doch Pamela, ein anderer Roman
desselben Verfassers, dessen ich aber nicht habhaft
werden konnte, in England sogar von der Kanzel
herab als ein höchst erbauliches Buch der christlichen
Gemeinde angepriesen worden, wie alle Zeitungen
zum Lobe englischer Aufklärung überlaut der Welt
verkündeten.

In Deutschland machte damals Siegwart Epoche;
dieser wirkte schon lebendiger auf mich ein; ich kaufte
den Straßenbuben Vergißmeinnicht ab, bemühte mich,
Abends unter dem Kastanienbaum vor unserm Bei=
schlage einen vertraulicheren Verkehr mit dem heiligen
keuschen Monde anzuknüpfen, versuchte sogar zu seuf=
zen und etwas unglücklich auszusehen, kam aber mit
dem Allen nicht sonderlich vorwärts. Es war gegen
meine Natur, ich war von meiner Kindheit an zu
sehr an Wahrheit im Denken und Empfinden ge=
wöhnt, und so gab ich den matten Zeitvertreib bald
wieder auf.

In der ersten Hälfte der achtziger Jahre des
letztvergangenen Jahrhunderts dämmerte noch keine
Ahnung von der überschwenglichen Fluth romanti=
scher Dichtungen, die erst weit später Alles zu über=

schwemmen begann, der deutschen Lesewelt auf. Nur wenig von dem wenigen Vorzüglichen, das damals in diesem Fache erschien, konnte bis zu uns gelangen. Klementine und ich sahen daher, trotz den Bemühungen von Klementinens Bruder, demnach sehr bald uns genöthigt, wieder zu unsrer alten Landbibliothek unsre Zuflucht zu nehmen, einer mehr als zwanzig Bände starken Sammlung aus dem Englischen übersetzter Romane, welche Klementinens Mutter besaß. Wir thaten es gern, es war uns ungefähr so zu Muthe, wie Einem, der nach kurzer Abwesenheit zu alten Bekannten nach Hause kommt.

Eine unschädlichere Lektüre dieser Art ist kaum denkbar, solche unendlich tapfre, großmüthige, liebende Helden, im Gegensatz zu solchen pechschwarzen ruchlosen Bösewichtern, die gegen Ende des Buchs jenen allemal das Feld räumen mußten! Und diese Misses! alle nicht minder engelschön, als tugendhaft! Da war von Schopenhauerschen Entsagungsromanen, wie Herr Menzel funfzig Jahre später, meine bescheidenen Versuche in diesem Fache getauft hat, keine Spur zu finden, alle jungen Ladies, wenn sie nicht in seltenen betrübten Fällen an der Schwindsucht starben, wurden, zur Belohnung ihrer großen Tugenden, in weißen seidenen Kleidern, erröthend wie junge Rosen, zum Altare geführt, mit der Aussicht auf eine zahlreiche glückliche Nachkommenschaft, in unzerstörbarem Wohlergehen. Die gütigen, weisen Mama's gingen immer in Kleidern von aschgrauer schwerer Seide einher. Wer Geduld genug besaß, es auf die Länge bei ihnen auszuhalten, sah die Leute wie sie leibten und lebten, und lebte zuletzt ganz bequem sich ebenfalls mit ihnen ein.

Weit entfernt davon, mich auf Romanlektüre zu beschränken, las ich, seit Kandidat Kuschel die Wahl meiner Bücher nicht mehr leitete, ziemlich Alles, was der Zufall in meinen Bereich brachte, und dazu gehörten Lavaters damals eben erschienene Tagebücher, die namentlich nur als Manuskript für Freunde gedruckt und dennoch zu meiner stillen Verwunderung in jedem Buchladen für Geld zu haben waren.

Dankbar gedachte ich noch der physiognomischen Fragmente, ich ehrte und liebte ihren Verfasser, er kam so groß, so wunderbar, so heilig, ich möchte sagen so prophetenartig mir vor. Das mystisch Geheimnißvolle seiner Worte zog um so stärker mich an, je weniger ich davon verstand, oder fähig war, die Deutung derselben auch nur von fern zu errathen. Kindisch neugierig brütete ich stundenlang über die vielen Stellen in den Tagebüchern, die aus

Gedankenstrichen oder Sternchen statt Worten gebildet sind, um sie zu entziffern; halbe Nächte hindurch zerquälte ich mich damit, ein Tagebuch in Lavaters Sinn zu führen. Ich einfältiges, funfzehnjähriges Kind, was für Bekenntnisse konnte ich niederzuschreiben haben, die nur der darauf zu verwendenden Tinte werth gewesen wären! Das Ende von dem Allen war, daß ich einst aus Aerger und Ueberdruß mein Tagebuch weit von mir ab in eine Ecke schob, und da ist es denn auch liegen geblieben.

Mein Gefühl für Lavater, so wie sein Andenken gingen allmälig in meinem Gemüth theils in Vergessenheit, theils in Gleichgültigkeit über; ein weit höheres, wahreres, eine Zeitlang mich fast ganz beherrschendes Interesse verdrängte ihn völlig aus meiner jungen Seele, Klopstock! Wie soll ich die hohe Ehrfurcht, die glühende an Anbetung grenzende Bewunderung in Worten aussprechen, mit denen die einzeln erschienenen ersten Gesänge des Messias mich erfüllten! Einen noch wärmeren, innigeren Eindruck machten viele seiner Oden in der ersten Sammlung derselben auf mich. Sie waren, das fühlte ich deutlich, der Erguß seines Herzens, und fanden tief in dem meinigen ihren Wiederhall.

Kapellmeister Neefe, dessen einst hochgepriesener Name jetzt selten noch genannt wird, hatte gerade zu meinen Lieblingen unter diesen Oden eben so einfache, als gefällige Melodien gefunden. Willkommen o silberner Mond, schöner stiller Gefährte der Nacht! »Meine Selma, wenn aber der Tod uns Liebende trennt, wenn Dein Geschick Dich zuerst zu den Unsterblichen ruft!« — Wie oft habe ich in stillen einsamen Stunden diese Lieder gesungen! und wie muthwillig lachten meine jungen Freundinnen mich unbarmherzig aus, wenn ich auf den Einfall gerieth, mich vor ihnen damit hören zu lassen!

Damals verlohnte es sich noch der Mühe, ein Buch geschrieben zu haben, gleich viel was für eins, der Autor konnte sicher erwarten, als eine große Merkwürdigkeit von der ihn umgebenden Menge bewundert zu werden. Daß es außer Mad. Dacier und Frau Professorin Gottsched auch Schriftstellerinnen geben könne, daß ich selbst funfzig Jahre später die große Anzahl derselben noch würde vermehren helfen, konnte im wildesten Fiebertraum eben so wenig mir einfallen, als ich daran dachte, daß ein berühmter Dichter ein Mensch sei wie andre, allen Gewohnheiten und Bedürfnissen desselben unterworfen.

Ein ziemlich starker Octavband, herausgegeben von einem der enthusiastischen Anbeter Klopstocks, dem damaligen Professor Cramer in Kiel, entriß mich diesem Wahn, aber auf eine Weise, die meine Bewunderung des größten Dichters unsrer Zeit, der er damals mir war, aufs Höchste steigerte. Was mußte er sein, über den man es wagen konnte, ein solches Buch zu schreiben wie dieses »Klopstock, Er und über Ihn.«

Im Schlafrock und Pantoffeln wie im Gallakleide war der große Mann in Lebensgröße vor uns hingestellt; mit mehr als Walter-Scottischer Ausführlichkeit; Er, seine häusliche Einrichtung, seine Eigenheiten, seine Hausspäße, seine Freunde und Hausgenossen. In den jetzigen Tagen würde ein solches Buch für das Erzeugniß bitterer Ironie gelten, doch war es ehrlich gemeint, und wurde in jener grundehrlichen Zeit auch meistens so verstanden. Ich hatte große Freude daran; daß man mit Klopstock umgehen und sprechen könne wie mit Andern auch, war bis dahin mir ein Undenkbares gewesen. Zwar war ich in mir fest überzeugt, daß ich nie den Muth haben würde, Auge oder Stimme bis zu ihm zu erheben, wenn mein Geschick mich jemals in seine Nähe bringen sollte; aber was hätte ich nicht darum gegeben, nur einmal in bescheidener Entfernung ihn zu sehen, wie Professor Cramer ihn beschreibt, wenn er im Kaffeehause vor dem Ofen steht, stolz und erhaben, wie ein König, und aus langer, horizontal hoch vor sich hingehaltner, thönerner Pfeife über die Häupter der Anwesenden bläuliche Rauchwölkchen sich hinkräuseln läßt!

Vierundzwanzigstes Kapitel.

> Alle fesselt Modetyrannei.
> Aus dem Füllhorn, das sie lächelnd hält,
> Sieh, was Alles auf uns niederfällt:
> Priesterkragen, Poschen, Locken, Zöpfe;
> Federbüsche, tiefer Ehrfurcht werth,
> Für Dragoner= und für Mädchenköpfe,
> Oder für ein stolzes Schlittenpferd.
> H. P. Sturz.

Ballkleider hatten wir nicht, aus dem ganz einfachen Grunde, daß damals sämmtliche spinnenwebenartige Stoffe noch nicht erfunden waren, welche jetzt die eleganten Gestalten unsrer jungen Damen, wie leichte Nebel, verrätherisch umschweben, Tüll, Petinet, Organdy, und wie sie sonst noch alle heißen mögen, lagen noch im Reiche der später sich entwickelnden Möglichkeit.

Und dennoch tanzten wir in unsern schweren, seidenen Gesellschaftskleidern, tanzten leidenschaftlich gern, wurden gesucht, bewundert, mitunter auch etwas adorirt, genau so wie eben heut zu Tage unsre Enkelinnen; wie dieses in unserer damaligen entstel=

lenden Vermummung möglich war, ist mir jetzt selbst unbegreiflich. Hoffentlich wird Niemand mich unerlaubter Eitelkeit beschuldigen, wenn ich aus der Erinnerung mein Ballkostüm hier mit wenig Federstrichen leicht skizzire.

Ein ungeheurer, mir Drahtgestelle und Roßhaar unterbaueter, mit großen Massen von Federn, Blumen, Bändern gekrönter Haarthurm setzte über meinem Haupte meiner Länge wenigstens eine Elle zu; die weißen, kaum mehr als zolldicken Stelzchen unter den mit goldgestickten Schleifen gezierten Ballschuhen suchten dagegen am andern Ende meiner kleinen Person dieses Mißverhältniß auszugleichen; obschon sie die Höhe des Kopfputzes bei weitem nicht erreichen konnten, waren sie doch hoch genug, um mich fast nur mit den Fußspitzen den Boden berühren zu lassen. Ein aus dicht an einander gefügten Fischbeinstäbchen zusammengesetzter Harnisch, fest und steif genug, um einer Flintenkugel zu widerstehen, trieb gewaltsam Arme und Schultern zurück, die Brust heraus, und schnürte über den Hüften die Taille zur Wespenform ein. Das Vernünftigste von diesem, jede freie Bewegung hemmende Korset war ein ziemlich starker eiserner Bügel, der den Druck desselben von der Brust abhielt.

Und nun der Reifrock! und über diesem der mit Falbeln und allerhand unbeschreiblichen Kinkerlitzchen fast bis ans Knie hinauf garnirte seidene Rock, und über diesem noch das mit einer langen Schleppe versehene Kleid vom nämlichen Stoff; dieses ging vorn weit auseinander, und war zu beiden Seiten eben so garnirt, wie der Rock; Hals und Brust wurden freier getragen, als man es jetzt schicklich finden würde, ein großer Strauß von künstlichen Blumen vollendete den Putz. Die Aermel reichten bis an den Elbogen, und waren, bis zu den Schultern hinauf, mit Blonden und Band reich garnirt; doch war dies nur die Tracht junger Mädchen, unsre Mama's trugen prächtige Engageanten von Blonden oder köstlichen Spitzen, so hießen die kleinen Schleppkleidern ähnlichen Manschetten, die man noch an Portraits aus jener Zeit bewundern kann. Lange Aermel waren durchaus nicht Gebrauch, auch nicht an Hauskleidern; durch Gewöhnung abgehärtet, froren wir deshalb nicht mehr als jetzt eben auch.

Unsre Mama's waren noch viel reicher gekleidet, und folglich noch weit schwerer belastet als ihre Töchter; Paris sandte ihnen seine Moden, freilich sehr verspätet, durch Uebertreibungen verunstaltet, dennoch wurden sie begierig aufgenommen; eine einzige derselben machte eine Ausnahme, der Gebrauch, Roth aufzulegen. Die wenigen Damen, welche sich erkühnten, gegen den Glauben, daß sich schminken sündlich sei, zu handeln, durften dieses nur sehr vor=sichtig unter dem Schleier des Geheimnisses wagen, wenn sie nicht einer öffentlichen Rüge von der Kan=zel herab sich aussetzen wollten; denn Doktor Holler war gar ein strenger, zu schonender Nachsicht wenig geneigter Wächter der ihm anvertraueten Heerde.

Dagegen hatte eine andere Mode bei unsern eleganten Damen allgemeinen Eingang gefunden, die so abgeschmackt war, daß ich die Möglichkeit ihrer Existenz bezweifeln würde, hätte das länglich platte, im Deckel mit einem kleinen Spiegel versehene Dös=chen von Perlmutter mir nicht oft zum Spielzeug gedient, das alle Damen immer, und auch meine Mutter, zur Hand hatten, um daraus, im Fall eine Musche unberufen ihren Platz verließe, die dadurch entstehende Lücke gleich wieder ausfüllen zu können. Diese aus schwarzem, sogenannten englischen Pflaster geschlagenen, winzig kleinen volle und halbe Monde, Sternchen und Herzchen, sollten mit Auswahl und Geschmack im Gesicht angebracht, die Reize dessel=ben erhöhen, den Ausdruck des Mienenspiels beleben. Eine Reihe kleinster, bis zu etwas größeren steigen=

der Monde, im äußern Augenwinkel, diente dazu, die Augen größer scheinen zu lassen, und ihren Glanz zu erhöhen; ein paar Sternchen im Mundwinkel sollten dem Lächeln etwas bezaubernd Schalkhaftes geben, eine am rechten Orte auf der Wange angebrachte Musche auf ein Grübchen in derselben deuten. Es gab auch Muschen in etwas größerem Format, Sonnen, Täubchen, Liebesgötterchen sogar. Diese hießen vorzugsweise Assassins, vermuthlich wegen ihrer mörderischen Wirkung auf die Herzen.

Der Genius des guten Geschmacks möge die jetzige, die Moden jener alten Zeit wieder-hervorwühlende Generation wenigstens vor der Erneuerung dieser in Gnaden bewahren!

Auch die Kleidung der Männer war von der jetzigen himmelweit verschieden, junge Elegants fingen allmälig an, den Perrücken den Abschied zu geben, und ihr eigenes, gepudertes Haar, en aile de pigeon frisirt, zu tragen. Die Haarbeutel blieben indessen, nur in etwas kleineren Dimensionen, und ohne Postillons d'amour. Pantalons, Gillets und Fracks, waren noch nicht erfunden. Die Röcke hatten beinahe den Schnitt der jetzigen Hoffleider, man trug sie in allen Farben, sogar weiße mit reichen Stickereien in Gold oder bunter Seide, und dazu passende, gestickte seidene Westen. Aeltere Männer, wie zum Beispiel mein Vater, trugen auch wohl Röcke von dunkelfarbigem Sammt, bei einer Weste von Gold=Glacée, und sahen recht stattlich und an= ständig in dieser Kleidung aus. Manschetten und Jabots von Brüsseler Spitzen waren im Putz uner= läßlich; vor Allem aber, bei Alt und Jung, der Degen, ohne welchen einige Jahre früher Niemand zu der höheren Bürgerklasse gehörend sich auf der Straße gezeigt hätte.

Mein Vater und seine Zeitgenossen bedauerten noch immer, daß die Herren nicht mehr, wie noch vor Kurzem, an der Börse Degen trugen, um da= durch von ihren Gehülfen sich zu unterscheiden. Um keinen Preis wäre er in Gesellschaft, in Konzert oder auf den Ball ohne ein solches unschuldiges Mordgewehr erschienen, und manche Thräne habe ich heimlich vergossen, wenn Adam es verlegt hatte, der Wagen vor der Thür hielt und ich über dem Suchen darnach die schönste Angloise versäumen mußte.

Stiefel wurden nur bei üblem Wetter getragen, selbst die ältesten Männer gingen täglich, ohne Be= sorgniß sich zu erkälten, in Schuhen und seidenen Strümpfen einher; in einer Gesellschaft, wo Damen zugegen waren, in Stiefeln zu erscheinen, wäre höchst ungezogen gewesen. So wollte es damals die unter dem höheren Bürgerstande allgemein herrschende Etiquette, welche besonders, wenngleich auf andere Weise, auch den Frauen manchen Zwang auferlegte. Ohne von einem Bedienten, oder in dessen Ermangelung von ihrem Jungfermädchen sich folgen zu lassen, hätte keine Frau aus den höheren Ständen auch nur den kleinsten Weg über die Straße zurückgelegt; keine ging in die Läden, um ihre Einkäufe selbst zu besorgen, die Kaufleute waren darauf eingerichtet, die verlangten Waaren zur Auswahl in die Häuser zu schicken. An öffentlichen Orten, auf der Promenade oder im Theater ohne männliche Begleitung zu erscheinen, galt für unschicklich; da aber die Männer nicht minder als jetzt mit Geschäften überladen, Brüder und Vettern aber nicht immer zur Hand waren, so mag diese strenge Sitte zu der häuslicheren Lebensweise der Frauen nicht wenig beigetragen haben.

Ergötzlich aber war es anzusehen, wie die Phantasie der Mütter bei der äußern Erscheinung ihrer Söhne freien Spielraum sich vorbehielt. Die Mädchen wurden mit einiger Abänderung nach der eben herrschenden Mode gekleidet, aber die Knaben liefen bis in das sechste oder siebente Jahr fast karnevalsartig geputzt einher, weil die Kleidung ihrer Väter zu solchen Modifikationen sich nicht herleihen wollte.

Die polnische Nationaltracht war die gewöhnlichste, und auch für Knaben die bequemste, sobald man nur nicht auf den Einfall gerieth, sechsjährige Bübchen zu Starosten umformen zu wollen. Aber da gab es auch noch Duodez=Husärchen, Chineserchen, Ungarn, Tyroler. Zwei meiner Vettern zeichneten, der eine als holländischer Matrose, der andere als Großsultan sich aus; Letzterer war mit allem Zubehör ausstaffirt, mit Säbel, Turban, Reiherbusch, sogar mit einem mit blitzenden Steinen und Gold ausgelegten hölzernen Dolch, den er im Gürtel trug.

In andern Städten wurde dieser wunderliche Gebrauch vielleicht noch weiter getrieben, denn eine Berliner Dame, welche meine Mutter besuchte, brachte uns sogar einen allerliebst=niedlichen Hamlet von fünf Jahren in vollem Theaterkostüm zum Spielgesellen mit.

Fünfundzwanzigstes Kapitel.

Komm mit, o Schönste! komm mit mir zum Tanze,
Tanzen verherrlicht den festlichen Tag.
Bist Du mein Schatz nicht, so kannst Du es werden,
Wirst Du es nimmer, so tanzen wir doch!
                            Göthe.

Alles, im häuslichen wie im geselligen Leben, gestaltete sich weit abweichend von dem jetzt Ueblichen, auch die höchste Jugendfreude, der Tanz; schwerlich würde eine unsrer jetzigen eleganten Tänzerinnen den langweiligen Vandalismus eines damaligen Balles länger als eine Stunde ertragen, und gewiß schenken Alle dem Andenken ihrer längst im Grabe ruhenden Großmütter noch jetzt ihr innigstes Mitleid, wenn sie erfahren, daß damals keine tanzende Seele bei uns, weder an Walzer noch Dreher, noch Galopade dachte. Diese Tänze gehören dem südlichen Deutschland an, und hatten bis zu dem eisigen Gestade der Ostsee und der Weichsel noch nicht den Weg gefunden. Unsre nordischen Volks=

tänze, waren die Polonaise und der Masureck, und sind es noch bis auf den heutigen Tag.

Wie jetzt eben auch noch, eröffnete die Polonaise damals den Ball. Doch welch ein Unterschied zwischen jenem großartig edlen, jeden Vorzug einer schönen Gestalt, im anmuthigsten Fortschreiten entwickelnden Tanz, und dem jetzigen nachlässig-bequemen Einherschlendern, das man sehr unverdienter Weise mit seinem Namen beehrt! Damals wurde die Polonaise mit einem ihr eigenthümlichen pas wirklich getanzt, nicht bloß gegangen; um recht zu verstehen, wie ich dies meine, muß man von Polinnen sie tanzen, von Polen ihre mannichfaltigen Wendungen anführen gesehen haben, die dem eben vorhandenen Raum anzupassen, dem Vortänzer allemal überlassen blieb.

Der Polonaise folgte die Anglaise; die Schleppen, die bei jenem feierlichen Nationaltanz am Boden hinrauschten, wurden von den sorgsamen Mama's zierlich aufgeschürzt, und Alles eilte dem ersten Paare so nahe als möglich in Reihe und Glied sich zu stellen. Durch eine Kolonne von zwanzig bis dreißig Paaren, sechs, acht, sogar zwölf Touren mit jedem einzelnen derselben durchzutanzen, dann stehen zu bleiben, bis auch das letzte der Paare das erste geworden, und wieder bis an's Ende der Kolonne auf die nämliche Weise sich hindurchgewunden hatte, war freilich ein großes Unternehmen.

Masurecks, Anglaisen, Deutsche, Quadrillen, zuweilen von einer Polonaise unterbrochen, folgten nun schnell auf einander, bis Menuets die große Pause vorbereiteten, welche das sehr reichliche warme Abendessen herbeiführte, das weder Alt noch Jung verschmähte; denn kalte Küche war nicht die Sache jener Generation, die überall dem Soliden den Vorzug gab, und eben so wenig ihrer Gesundheit, als ihres guten Appetits sich schämte.

Nach Tisch wurde der Tanz mit erneuerten Kräften auf die nämliche Weise fortgesetzt, gewöhnlich bis der grauende Morgen durch die Fenster hineinleuchtete.

Kein Walzer, kein Galop, und was beinahe noch mehr sagen will, kein Cotillon! Denn diese große Geduldsprüfung der Mütter tanzfähiger Töchter war damals ebenfalls noch nicht erfunden; »Ach was war die alte Welt für eine dumme Welt!« ruft hier gewiß die jetzige junge, und doch erhob damals ein solcher Ball uns Alle auf den Gipfel irdischer Seligkeit, die wenigen Bedauernswerthen ausgenommen, denen das harte Loos fiel, in unerwünschter Ruhe Zuschauerinnen bleiben zu müssen.

———

So tanzte und flatterte ich denn eine Weile zwischen Scherz und Ernst durch's Leben, ehe dieses nur zu bald mit seinen bedeutenderen Anforderungen auf mich eindrang. Nicht immer habe ich gelacht, ich habe auch Thränen gekannt, damals, als das Herz auch in meiner Brust erwachte, wie es im Frühling des Lebens in der Brust der Bauerntochter wie in der der Fürstentochter erwacht. Die unbedeutend einfache Geschichte desselben liegt aber dem eigentlichen Zweck dieser Blätter zu fern, und ich habe versprochen, meine Leser mit derselben zu verschonen. Es sei genug, wenn ich gestehe, daß ich gerade unglücklich genug gewesen bin, um auch den süßen Schmerz, der allmälig in Wehmuth sich auflösenden herben Pein kennen zu lernen.

Der ersten Liebe zarte Götterblume zertrat ja stets des Lebens rauher Gang, hat, ich weiß nicht mehr wer, einst gesungen oder gesagt; belehrt durch vieljährige Lebensbeobachtungen möchte ich diesem Ausspruch »glücklicher Weise!« hinzufügen, denn dem im ersten entzückendsten Morgentraum der Ju=

gend auf ewig geschlossenen Bunde muß, wie die
Welt einmal steht, jeder kommende Tag etwas von
seinem Zauber rauben. Wir erwachen allmälig,
die kalte Wirklichkeit tritt ein, mit ihren Plagen
und Sorgen, der Himmelsglanz erbleicht, der das
hohe Ideal unsrer Phantasie zur Göttergestalt ver=
klärte, es steht am Ende rein menschlich vor uns
da, und wir wähnen uns berechtigt, unser hart
beraubtes Leben für verloren zu halten, während
doch nur zu hoch gespannte Erwartung die Feindin
war, die uns täuschte. Und doch!

Leben muß man, und lieben; es endet Leben und Liebe,
Schnittest du, Parze, doch nur beiden die Fäden zugleich.

Sechsundzwanzigstes Kapitel.

Auch Jugendschmerzen sind ein schönes Gut,
Das Herz genießt sich selber in der Thräne,
Drum ruf' ich, denkend jenes tiefen Leids,
Das meiner frühen Tage Mark verzehrte,
In meine Saiten freudig doch zum Schluß:
O Jugend! Jugendlust und Jugendglück!
                        Immermann.

Die Influenza, die zu Anfang der achtziger Jahre zum erstenmal, von Rußland aus, südlicheren Gegenden sich zuwandte, brachte uns einen langen, traurigen Winter, ohne Tanz, ohne Musik, fast ohne allen geselligen Verkehr, denn alle Welt war krank.

Beinahe kein Haus war von diesem zwar nicht lebensgefährlichen, aber doch sehr langwierigen und peinlichen Uebel ganz verschont geblieben, und oft gingen Monate darüber hin, ehe die Genesenden die Folgen desselben ganz überwinden konnten. Meine Mutter und ich wurden sehr heftig davon ergriffen und Beide mußten, wie es schien, für unsere ganze Hausgenossenschaft büßen, die befreiet davon blieb, während wir noch viele Wochen mühsam hin vegetirten, ehe es uns gelang, nach überstandenem Leiden wieder zu Kräften zu kommen.

Von Danzig aus verbreitete sich die Influenza fast durch ganz Europa, und gelangte endlich auch nach Paris. Die Pariser, nach ihrer gewohnten Art, ertheilten ihr lachend den Beinamen »la gripe, als Anspielung auf ihr heimtückisches Wesen; wie Jeder leicht einsehen wird, der da weiß, was prendre quelqu'un en gripe« im Französischen sagen will; und so ist denn auch, wegen seiner Angemessenheit, der neuere Spottname ihr geblieben, und der frühere wohlklingendere ist darüber vergessen.

Ein Ereigniß anderer Art, das Niemand sich erklären konnte, von dem man aber eine solche Wirkung nie hätte erwarten dürfen, verbreitete ein oder zwei Jahre später ein ungewohnt reges, ich möchte sagen, ein lustiges Leben in meiner Vaterstadt. Der große König ließ plötzlich in eine Art von Blokadezustand sie versetzen, ein bedeutendes Armeekorps schloß bis dicht an die letzten Außenwerke der Festung sie ein, um jede Zufuhr von Lebensmitteln ihr abzuschneiden.

Welche Gründe den größten Helden des achtzehnten Jahrhunderts zu diesem eigentlich zwecklosen

Schritt bewegen konnten, ist und bleibt unbegreiflich; schon der gänzliche Mangel an jeder Art von Belagerungsgeschütz bewies, wie wenig es ihm damit ein Ernst war, oder sein konnte.

Der Bürgerschaft entging diese Bemerkung nicht, sie ahnete die mächtige Einwirkung der Kaiserin Catharine, in der sie noch immer, nach alter Gewohnheit, ihre Schutzgöttin verehrte, und ihr nie erstorbener, republikanischer Sinn erwachte mächtiger als je. Stolz auf den Schein von reichstädtischer Freiheit, der ihr geblieben war, und den sie noch immer so gern für Wirklichkeit nahm, trotzte sie in spottendem Uebermuth dem tödtlich gehaßten, ihr jetzt so ohnmächtig scheinenden Feinde. Bei jedem heitern Sonnenblicke waren, ganz gegen das sonst Uebliche, die Wälle mit geputzten Spaziergängern belebt, die auf das von unten zu ihnen aufschauende Militair stolz herabblickten; nie wurde in Danzig mehr getanzt, nie häufigere und splendidere Gastmahle gegeben, als gerade während dieser Zeit. Die Bürger, gleichviel ob vornehm und reich, oder arm und gering, suchten einander in Beweisen ihrer patriotischen Gesinnungen zu überbieten.

General R****, der Commandeur dieser seltsamen Expedition, war in Ohra bei dem Vater eines der angesehensten Danziger Handelsherrn einquartirt, welcher in diesem der Stadt sehr nahe gelegenen freundlichen Flecken in seinem ehemaligen Landhause von einem arbeitsvollen Leben in stiller Zurückgezogenheit ausruhete. Um seinen Dank für die zwar erzwungene aber doch gastlich gefällige Aufnahme die ihm geworden, zu bezeigen, ließ der General dem Sohne seines Hausherrn freie Einfuhr der für die Pferde desselben nöthigen Fourage anbieten; ein Artikel, an welchem die Stadt in der That anfing einigen Mangel zu befürchten.

»Ich danke dem preußischen General für seinen guten Willen, mein Stall ist für jetzt noch hinlänglich versehen, und wenn mein Vorrath verzehrt ist, lasse ich meine Pferde todtstechen,« war die kurze bündige Antwort, die ganz unumwunden auf dieses Anerbieten erfolgte.

Sie wurde bald bekannt, und von seinen Mitbürgern um so höher ihm angerechnet, da die Vorliebe dieses Mannes für seine wirklich schönen Pferde fast sprichwörtlich geworden war. Niemand hatte größere Freude daran als ich, obgleich ich meinen echt republikanischen Landsmann nur von Ansehen kannte. Sein Benehmen schien mir sogar eines meiner alten Römer nicht unwürdig zu sein, an denen ich noch immer mit stiller Verehrung hing. Wie weit war ich damals von der Ahnung entfernt, wie sehr nahe ich zu diesem, mir damals fast Unbekannten, mit dem ich noch nie ein Wort gewechselt, in Kurzem stehen würde.

Uebrigens war bei uns an Hungersnoth sobald noch nicht zu denken; Speicher und Keller waren mit Vorräthen jeder Art reichlich angefüllt, und von der Wasserseite, welche der Feind nicht absperren konnte, wurden frisches Fleisch, Wild, Fische, Federvieh fast täglich zu Markte gebracht, so daß sogar keine bedeutende Vertheurung der Lebensmittel sonderlich bemerkbar werden konnte.

Fast täglich kam irgend ein ergötzlicher Schwank auf Kosten des unsere Wälle müssig und verdrossen anstarrenden Feindes zur Ausführung. Deutlich erinnere ich mich noch, wie ein Bauer seine in Mäntel und Betten wohl verpackte kranke Mutter mitten durch die Armee angeblich zum Arzte fuhr.

Mit welchem lauten Jubel die gute in ein ungewöhnlich großes fettes Schwein jetzt verwandelte Frau auf dem Markte ihrer Hüllen entkleidet wurde, kann man leicht denken. Es fehlte nicht viel, so hätte der Erfinder dieses kecken Streichs sich, sammt seiner Mama aus dem Stegreif, wieder in sein eig=

nes Fuhrwerk setzen und nach englischem Gebrauch von dem sich selbst vorspannenden Volke triumphirend durch die Straßen fahren lassen müssen.

Spurlos verschwand endlich die Blockade, wie sie gekommen war, und Alles kehrte, auch bei uns, in's alte Gleis zurück; die Zeit, die sich ohnehin aus demselben nie bringen läßt, war wie gewöhnlich auch mit mir fortgeschritten; sie führte, im Jahre siebenzehn hundert vier und achtzig, dem Anfange meines neunzehnten mich zu, ohne daß dadurch eine Veränderung in meinen äußeren Verhältnissen und Beschäftigungen entstanden wäre. In meinem Innern war es freilich anders geworden; die zu frühe mir entschwundene Ruhe des Gemüths war mir zwar wiedergekehrt, doch mit ihr zugleich eine Art an Lebensüberdruß grenzender Gleichgültigkeit gegen dasselbe, die mich mir selbst fast unkenntlich machte.

Siebenundzwanzigstes Kapitel.

*Ach! daß der Mensch hier so viel vergehen sieht,
eh' er selbst vergeht.*
Jean Paul.

Ohne daß ich es wollte, oder auch nur bemerkte, war indessen eben jener unbeugsame Republikaner aufmerksam auf mich geworden, der seine Pferde lieber tödten, als eine Gunstbezeugung des preußischen Generals hatte annehmen wollen. Er suchte während des Winters jede Gelegenheit auf, mich näher kennen zu lernen; mein Onkel Lehmann, der inzwischen aus einem angehenden Hagestolz in einen jungen Ehemann sich verwandelt hatte, wurde halb und halb sein Vertrauter, und kam seinen Wünschen hülfreich entgegen. Heinrich Floris Schopenhauer, so hieß der Mann, der während einer bedeutenden Reihe von Jahren mich treulich durchs Leben begleitet hat, wußte wenigstens die Gewißheit, daß ich seine Hand nicht ausschlagen würde, von mir zu erhalten, ehe er an meine Eltern sich wandte, was damals, in jenen aller Romantik abholden Tagen, ohne Vorwissen der am meisten dabei betheiligten Hauptperson, noch oft der Fall war. Furchtlose Offenheit war ein Hauptzug seines Charakters; auch kannte er mich schon genug, um vorauszusehen, daß mein, bei der kindlichsten Anspruchslosigkeit doch stolzes Gemüth, eine andere Handlungsweise nie ertragen haben würde.

Aus freiem Entschluß sprach ich in Gegenwart meiner Eltern das erbetene Ja sogleich aus, sogar ohne die damals gewohnte Bedenkzeit von drei Tagen mir vorzubehalten. Alfanzereien dieser Art strebten meinem geraden Sinne immer entgegen, und ohne es zu wissen, stieg ich durch dieses mein ungezirtes Benehmen in der Achtung des vorurtheilfreiesten Mannes, den ich je gekannt.

Noch vor Vollendung meines neunzehnten Jahres war mir nun durch diese Verbindung die Aussicht auf ein weit glänzenderes Loos geworden, als ich jemals berechtigt gewesen zu erwarten; doch daß dies in so früher Jugend meine Wahl nicht bestimmen konnte, ja daß ich kaum daran dachte, wird man mir hoffentlich zutrauen.

Ich meinte mit dem Leben abgeschlossen zu haben, ein Wahn, dem man in früher Jugend nach der erſten ſchmerzlichen Erfahrung ſich ſo leicht und gern überläßt. Meine Eltern, alle meine Verwandten, mußten meine Verbindung mit einem ſo bedeutenden Manne, wie Heinrich Floris Schopenhauer in unſerer Stadt es war, für ein ſehr glückliches Ereigniß nehmen, doch haben weder mein Vater noch meine Mutter ſich erlaubt, meinen Entſchluß leiten zu wollen, obgleich Herrn Schopenhauers Betragen gegen mich zu auffallend war, als daß ſeine Erklärung ſie hätte überraſchen können.

Sein ſtets gleiches, rechtliches Betragen, ſeine warme Freiheitsliebe, ſeine ausgebreiteten merkantiliſchen Kenntniſſe, neben der ungewöhnlichen geiſtigen Bildung, die er während ſeines mehrere Jahre währenden Aufenthaltes im Auslande, beſonders in Frankreich und England, erworben, hatten die Liebe und das Vertrauen ſeiner Mitbürger in hohem Grade ihm gewonnen; ich durfte ſtolz darauf ſein, dieſem Manne anzugehören, und war es auch.

Glühende Liebe heuchelte ich ihm eben ſo wenig, als er Anſpruch darauf machte, aber wir fühlten Beide, wie er mit jedem Tage mir werther wurde. An das bedeutende Mißverhältniß zwiſchen acht und dreißig und achtzehn dachte ich kaum; es konnte kei=

neswegs mir störend auffallen, war doch auch mein Vater funfzehn Jahre älter als meine Mutter.

Mein Brautstand währte nur wenige Wochen; vom zehnten April bis zum sechzehnten Mai ist eine gar kurze Zeit; viele meines Geschlechts achten die Brauttage für die glücklichsten ihres Lebens; mir waren sie es nicht, obgleich ich gegen das Gefühl, sowohl in der Familie, als in der Gesellschaft plötzlich eine Hauptperson geworden zu sein, nicht ganz gleichgültig bleiben konnte. Auch mag ich nicht leugnen, daß die geschmackvollen, und zum Theil sehr kostbaren Geschenke mich freueten, mit welchen mich, die auch in dieser Hinsicht an Mäßigkeit Gewöhnte, mein Bräutigam verschwenderisch überhäufte; das liebste von Allen war mir immer der aus den seltensten und duftendsten Blumen zusammengesetzte Strauß, der Morgens mein Erwachen begrüßte. Sonntags und bei großen festlichen Gelegenheiten war ein solcher Strauß ein althergebrachter Tribut, den jede Braut zu erhalten erwarten durfte; ich erhielt den meinigen alle Tage, weil mein Bräutigam behauptete, daß jetzt in seinem Kalender lauter Sonntage ständen.

Das Frühjahr war kommen, der Frühling noch nicht; während bei meinen, durch sorgsame Pflege lange frisch erhaltenen Blumen ein Meer von Duft mich umschwebte, starrte draußen noch Alles in Schnee und Eis. Sibirische Kälte, wie sie die ältesten Leute erlebt zu haben sich nicht erinnerten, hatte im grimmen Winter des Jahres fünf und achtzig bei uns geherrscht. In den Monaten Januar und Februar waren die Vögel bei hellem Sonnenschein aus der eisigen Luft erstarrt zur Erde nieder gefallen, vor Kälte klafften im Walde große Bäume mit lautem Gekrach auseinander, hungernde Wölfe kamen heulend bis dicht vor die Thore der Stadt, Menschen und Thiere erfroren, und die Schildwachen auf den höchsten Posten der Wälle mußten deshalb alle Viertelstunde abgelöst werden.

Bis zum Ende des Monats März lag die Natur in starrem Todesschlaf, als werde sie nie wieder erwachen; bis in den Monat April hinein konnte man nur zu Schlitten über den berghoch liegenden Schnee sich den Weg bahnen, und der mit Eis bedeckte Weichselstrom wurde sogar der Länge nach noch befahren.

Bänglich beklommen sah ich indessen dem Herannahen unseres Hochzeitstages entgegen, und wahrlich, ein solches Fest eignete schon an und für sich selbst in jenen Tagen sich ganz dazu, die myrthengekrönte

Königin desselben im Voraus in Schrecken und Furcht zu versetzen. In so zahlreichen und angesehenen Familien, wie die unsrige, zeigten altreichsstädtischer Prunk und altreichsstädtische Gebräuche sich dabei in ihrer vollen Kraft.

Schon bei der Einladung der Hochzeitsgäste mußte großer Rath gehalten werden, um keinen und keine der Vettern und Muhmen zu übersehen, die auf diese Ehre Anspruch machen konnten; die verwandtschaftliche Nähe, in der sie zu dem Brautpaare standen, wurde dabei auf das genaueste erwogen. In jener Zeit, zu ihrer Ehre sei es gesagt, hielt man weit mehr auf Verwandtschaftsbande, als in unsern jetzigen Tagen; sie wurden bis über den dritten und vierten Grad hinaus beachtet, was aber freilich bei solchen Gelegenheiten die Zahl der Gäste fast bis ins Unübersehliche vermehrte.

Dichtes Gedränge zahlreicher Neugieriger aus den geringeren Klassen füllte oft schon um vier Uhr Nachmittags Straße und Beischläge vor dem Hochzeitshause, um die Braut aus dem Wagen steigen zu sehen, denn im elterlichen Hause dieses Fest zu feiern, erlaubte selten der Raum und war auch übrigens nicht gebräuchlich. Alle Fenster der benachbarten Häuser waren mit zu diesem Schauspiel eingeladenen Gästen besetzt, die ebenfalls der Ankunft der Kutschen ungeduldig entgegensahen.

Die schönsten Pferde, die brillantesten Equipagen der Stadt paradirten bei solchen Gelegenheiten, selbst die nicht zum Feste geladenen Eigner derselben liehen sie sehr bereitwillig zum Herbeifahren der Gäste her, die der Bräutigam alle abholen ließ, sie mochten eigene Equipage besitzen oder nicht; so erforderte es damals der Gebrauch. Kutscher und Bediente prangten dabei in Gallalivree mit weißen Handschuhen, weißseidenen Strümpfen und einem mächtigen Blumenstrauß im Knopfloch; sogar die Pferde wurden mit schneeweißen Leinen anstatt der gewöhnlichen Zügel regiert.

Endlich rollte gegen fünf Uhr der erste Wagen heran; in kurzen Wintertagen schufen Fackeln die früh eingetretene Nacht zum hellen Tage um. Im höchsten Putz, den Hut unterm Arm, mit weißen Glaceehandschuhen, Haarbeutel und Degen, stürzten zwei der jüngsten Vettern des Bräutigams zum Hause hinaus, die Beischlagstreppe hinunter, um die Aussteigenden zu empfangen und in der Hausthüre zwei andern jungen Herren zu übergeben, denen die Pflicht oblag, sie hinauf in den zur Trauung bestimmten Saal zu begleiten. Diese Ceremonie wiederholte sich oft mehr wie zwanzigmal; den jungen Gäste-Empfängern verging darüber Luft und Athem, bis der zuletzt ankommende Geistliche endlich den Beschluß machte. Bald nach ihm kam das Brautpaar, eine Art Beifallsgeschrei pflegte es gewöhnlich zu empfangen.

Von allen vier Führern umgeben, wankte die bleiche, zitternde Braut an der Hand ihres Verlobten durch die sie umdrängenden Zuschauer, die sich keinesweges entblödeten, ihre meistens sehr unzarten Bemerkungen nur zu hörbar einander mitzutheilen.

Auf dem die kirchliche Feier andeutenden Teppich, vor dem die Stelle des Altars vertretenden Tisch, die Agende in der Hand, in vollem Priesterornat, erwartete der Geistliche das Brautpaar. Nach Rang, Nähe der Verwandtschaft und Alter geordnet, bildeten die Hochzeitsgäste ihm zu beiden Seiten einen Halbkreis. Ein Choral wurde unter Musikbegleitung gesungen und leitete die gleich darauf erfolgende Trauung ein.

Ein paar langweilige Stunden waren nun zu überstehen; an Tanz konnte bei vornehmen Hochzeiten nicht gedacht werden, dies Vergnügen blieb an solchem Tage dem Mittelstande überlassen, und die Musik ließ erst bei Tafel sich wieder hören. Bei dem mehrere Stunden währenden Souper flossen die köstlichsten Weine in Strömen, und begeisterten die älteren Herren zu kühneren Witzworten und Gesundheiten; bis endlich die Zeit des Aufbruchs heran kam. Und wieder hatte vor dem Hause das Volk sich versammelt, zwar in weit kleinerer Anzahl, doch deshalb zur widerwärtigsten Lustigkeit um so aufgelegter.

Die ganze Gesellschaft, von einer langen Reihe Fackeln begleitet, fuhr jetzt wie in Prozession nach der Wohnung des neuvermählten Paares; die Frauen bemächtigten dort sich der Braut, die Männer des Bräutigams. Mit ausführlicher Beschreibung dieses aus ferner dunkler Zeit herstammenden Gebrauchs will ich mich und meine Leserinnen verschonen, der unerträglichste Theil desselben, die Strumpfbands-Ceremonie, war schon damals in der feinen, gebildeten Societät dahin abgeändert, daß eine der älteren Verwandtinnen der Braut eine Rolle Band unter die Herren warf, und es ihnen überließ, dieses Andenken an dieselbe auf selbst beliebige Art unter sich zu vertheilen.

Mein Bräutigam theilte mit mir den Widerwillen gegen den Gedanken, in solcher ernsten das Glück oder Unglück meines künftigen Lebens feststellenden Stunde mich gleichsam zum Schauspiel herzugeben, und beschloß, mich davon zu befreien.

Unser Hochzeitstag schien noch ins Ungewisse hinausgeschoben zu werden, während er in aller Stille mit Mühe und Kosten uns die Erlaubniß auswirkte, nach nur einmaligem Aufgebot von der Kanzel gleich in der Kirche uns trauen zu lassen. Ob er diese von unserm Schutzherrn, dem Könige von Polen, oder durch den Official vom Papste erhalten, ich weiß es nicht, und habe nie daran gedacht, ihn zu fragen. Seit Menschengedenken war dieser Fall, der die ganze Stadt in Verwunderung setzte, nicht vorgekommen, und meines Wissens hat später kein zweites Paar unserm Beispiele gefolgt.

Ganz einfach in weißen Mousselin gekleidet, den unerläßlichen Myrthenkranz im Haar, fuhr ich am zweiten Pfingstfeiertage mit meinem Verlobten nach Aller Engel, einer von einigen Häusern umgebenen sehr hübschen Kirche, auf halbem Wege nach Langefuhr, seitwärts gegen die Mitte der dorthin führenden, prächtigen Lindenallee. Unser Beider Eltern und Geschwister erwarteten uns dort, um uns an den Altar zu begleiten. Nach der Trauung fuhren wir nach meines Gatten einfachem Landhause vor Oliva.

Ohne weitere Andeutung, als nur zum Mittagsessen geladene Gäste, erwarteten Jameson und mein Onkel Lehmann uns dort, eilten an unsern Wagen und fragten, ehe sie mich aussteigen ließen, nach meinem Namen, den ich zu ihrem großen Vergnügen ihnen nicht gleich zu nennen wußte. Unsere vor der Kirche haltenden Kutschen hatten beim Hinausfahren das Ereigniß des Tages ihnen verrathen; nur von unsern nächsten, theilnehmendsten Freunden umgeben, brachten wir den Tag in heiterer Stille zu, herzlich froh, der geräuschvollen Feier desselben ausgewichen zu sein.

Es war am sechzehnten Mai, Vorhaus und Zimmer waren mit duftenden Blumen und Kränzen reichlich geschmückt, im Freien erhob kaum ein Schneeglöckchen das farblose Köpfchen aus der eben aufthauenden Erde. An tiefen Stellen und im Schatten der Hügel lag noch Eis und Schnee, alles war öde, die Bäume streckten noch wie klagend ihre nackten Zweige zum Himmel auf. Nur an einer einzigen Stelle des Gartens, welche jeder Sonnenblick im Laufe des Tages traf, verkündeten an einer Hagebuchenhecke einige wenige dem Aufbrechen nahe Knospen, daß noch nicht alles Hoffen auf den Frühling verloren sei.

Spurlos ist die Kirche von der Erde verschwunden, vor deren Altar ich getrauet worden bin, und kein Stein bezeichnet mehr die Stätte, wo sie einst

gestanden. Bei der letzten Belagerung meiner Vater=
stadt wurde sie abgetragen oder abgebrannt, ich weiß
nicht, welches von beiden; auch nicht, ob bei ihrer
Zerstörung die Kirchenbücher gerettet wurden. Von
unsern Hochzeitsgästen ist nur noch die jüngste mei=
ner Schwestern am Leben.

Sechs der sieben zwischen Strieß und Oliva un=
beschreiblich schön belegenen Landhäuser, unter ihnen
auch das eben als unser Eigenthum erwähnte, ver=
sinken verödet und einsam langsam in sich selbst.

In einiger Entfernung von einander erbauet, leh=
nen sie mit ihren zum Theil recht grandiosen, von
uralten herrlichen Buchen und Rüstern umschatteten
Gartenanlagen, an den ebenfalls mit großen ehrwür=
digen Bäumen prangenden Anhöhen, welche den
Saum eines bis in Kassuben hinein sich erstreckenden
Waldes bilden. Feld und Wald, die Halbinsel Hela
mit ihrem Leuchtthurm, die offene See, die Rhede
mit den aus blauer Ferne heransegelnden Schiffen,
der Hafen, der diesen als erwünschtes Ziel sich eröff=
net, der in die Ostsee sich ergießende Weichselstrom,
mit der Festung Weichselmünde an seinem Ufer, die
ganze reich angebauete Umgegend, die über die hohen
Wälle der Stadt hervorragenden, noch weit höheren
Thürme, alles dieses zusammen aus den Fenstern

dieser etwas hoch liegenden Häuser gesehen, gewährt eine der reichsten und entzückendsten Aussichten, die ich kenne; sie alle waren das Eigenthum durch Wohlhabenheit sich auszeichnender Familien, und wurden während der Sommerszeit von diesen bewohnt.

Jedermann beeiferte sich, die ihm empfohlenen Reisenden in diese Gärten zu führen, was die gastfreien Eigenthümer sehr gern gestatteten. Niemand ging, besonders an Sonntagen, an ihnen vorüber, ohne wenigstens ein paar Minuten dem raschen, lebendigen Spiel ihrer Springbrunnen zuzuschen, von denen mehrere den reichen Wasserstrahl sechzig bis siebenzig Fuß hoch himmelan warfen, der dann, den schönsten Regenbogen bildend, wie aufgelöst in Rubinen und Diamanten, sich seinem Bassin wieder zusenkte.

Lautlos, unbewohnt, dem langsamen Verfalle geweiht, stehen die einst so freundlichen Landhäuser jetzt da, Unkraut und Nesseln wuchern in den Gängen der Gärten; die größte Zierde derselben, die herrlichen alten Bäume, sind größtentheils umgehauen und ausgerottet, das liebliche Plätschern und Rieseln der Fontainen ist verstummt, ihre Röhren und Wasserleitungen zerbrochen, die Stätte, die sie schmückten, versumpft.

In der das dazu nöthige Material ohnehin sparsam bietenden Umgegend von Danzig hatte die bis zum völligen Erdrücken auf dieser Stadt lastende Oberherrschaft der Franzosen die Anlegung von Chausseen verhindert. Vor einigen Jahren erst wurde damit angefangen und schnell vorgeschritten, doch so, daß die große, über Oliva, in die weite südlichere Welt führende Poststraße jetzt in bedeutender Entfernung an jenen Landhäusern vorbeigeht.

Durch das bequeme Neuere schnell verwöhnt, scheut man nun, den alten sandigen, durch lange Vernachläßigung noch mehr verdorbenen Weg zu einem freilich wenig eintragenden und sehr kostspielig zu unterhaltenden Besitzthum, zu welchem besuchende Freunde, eben wegen jenes für Menschen und Pferde beschwerlichen Weges, nur selten und spärlich sich einstellen würden, und wählt lieber andere bequemer liegende Orte, die keinen so bedeutenden Aufwand erfordern, zum Sommeraufenthalt.

Das größte dieser Landhäuser, ein wirklich schloßartiges Gebäude, wird, wie ich höre, jetzt zu einer wohlthätigen Anstalt, einem Hospital für Alte, Kranke und Gebrechliche eingerichtet. Das Letzte in der Reihe der sieben, in einer ausgezeichnet schöneren Lage noch als die übrigen, nahe beim Flecken

Oliva, ist das einzige, welches noch von dem Eigner unterhalten wird, der das von seinen edlen Eltern auf ihn vererbte Eigenthum ganz im Sinne derselben erhält, verwaltet und während der schönen Jahreszeit es bewohnt.

Unser ehemaliges, durch seine terrassenartige Anlage und seinen Springbrunnen sich auszeichnendes Landhaus theilt das Schicksal der übrigen, der jetzige Besitzer desselben wohnt in der weit entfernten Stadt Memel, und mehrere Jahre vergehen, ehe er es einmal auf einige Wochen besucht. Die Gartenpartien die nach meiner Angabe angelegt wurden, der Berg, den mein Mann mit den köstlichsten Obstarten terassenartig bepflanzen ließ, Nesseln und wucherndes Unkraut bedecken auch diese.

Was ich in meiner Jugend geliebt, was mich gefreut, was mich beglückte in meinen eigenen Frühlingstagen, Lebloses und Lebendes, Alles, Alles ist dahin! versunken, verschwunden, wie nie gewesen! Warum fiel gerade mir dieses trübe Loos, das Männer weit leichter zu tragen wissen, als wir Frauen! Gleich einem dunkeln Nachtvogel schwebt in farbloser Dämmerung mein rückblickender Geist nur noch über Gräbern und formlosen Ruinen.

Zurück, zurück von diesen Gedanken, damit ich nicht in zweckloses Mitleid mit mir selbst verfalle, und das noch härtere Geschick so vieler Tausende meiner Zeitgenossen darüber aus den Augen verliere.

Achtundzwanzigstes Kapitel.

Ich sah die Welt mit liebevollen Blicken,
Und Welt und ich, wir schwelgten in Entzücken;
So duftig war, belebend, immer frisch,
Wie Fels, wie Strom, so Bergwald und Gebüsch.
                            Göthe.

Vieles, unendlich Vieles lag bei dieser gänzlichen Umwandlung meiner gewohnten Existenz mir nun ob zu lernen, an manches mir bis dahin ganz fremd Gebliebenes mich zu gewöhnen; es ward mir eben nicht immer ganz leicht, doch guter Wille, Jugendmuth, und jene nicht genug zu preisende Eigenschaft meines Geschlechts, die man im gemeinen Leben Mutterwitz nennt, haben wohl noch weit Schwereres vollbracht, als mir zu vollbringen auferlegt war. Ich fand bei meinem Manne die nachsichtigste Anerkennung meines ernstlichen Bestrebens, sogar wenn dieses sich nicht ganz zureichend zeigte, und stand mit mir selbst und meinen Umgebungen auf dem besten Fuße von der Welt, wie es eine so blutjunge Frau sich nur wünschen konnte.

Die elegante, mit allen englischen Comforts ausgestattete Einrichtung unsers nicht großen, aber freundlichen und bequemen Hauses trug nicht wenig zu meinem Wohlbehagen bei, aber auch noch andere höhere Genüsse, als ein zierliches Ameublement sie gewähren kann, standen in demselben mir zu Gebot. Eine mit Kunstsinn und Geschmack gewählte Sammlung von Kupferstichen schmückte zum Theil in schönen vergoldeten Rahmen die Wände unserer Zimmer, zum Theil war sie in großen Mappen zum seltneren Kunstgenusse aufbewahrt. Gelungene Abgüsse antiker Büsten und zur Verzierung eines Wohnhauses sich eignender Statuen waren an dazu passenden Orten aufgestellt, und machten auch mit dem mir bis dahin fast unbekannt gebliebenen Zweige plastischer Kunst mich bekannt. Eine nicht sehr bänderreiche, aber gewählte, und mit großer Eleganz aufgestellte Handbibliothek, die mir aber immer groß vorkam, bot mir einen unerschöpflichen Quell der Belehrung und Unterhaltung.

Es währte einige Zeit, ehe ich, die in zwar nicht ängstlicher, aber doch mir erst jetzt fühlbar werdender Beschränkung Aufgewachsene, mich gewöhnen konnte, Alles dieses als mein, mir völlig zu Gebote stehendes Eigenthum zu betrachten; schüchtern wagte ich es kaum, aus den großen, mit Spiegelgläsern verschlossenen Bücherschränken von Mahogoni ein Buch oder eine Mappe zum Durchblättern zu nehmen, ohne vorher die Erlaubniß meines Mannes mir einzuholen, die er, über meine Zaghaftigkeit mich auslachend, mir immer bereitwillig gewährte. Auch unternahm er es zuweilen, meine Lektüre leiten zu wollen, ich folgte auch in dieser Hinsicht gern und willig seinem Rathe, doch seine Bildung in der großen, mir noch fremden Welt, seine Vorliebe für die damalige französische Literatur, besonders für Voltaire, dessen Ruhm damals den höchsten Gipfel erreicht hatte, machten es mir schwer, bei der von ihm getroffenen Wahl meiner Bücher mich seiner Ansicht zu bequemen; es währte lange, ehe es mir gelang, sowohl ihn selbst, als seine Autoren zu verstehen, wie sie verstanden werden mußten, um nicht in Ungerechtigkeit gegen Beide zu verfallen. Auch hier war Jameson mein Trost und mein Berather; der treue Freund hatte das Kind seiner Wahl noch nicht aufgegeben. Selten ließ er einen Tag vergehen, ohne mich zu besuchen, zu ihm durfte ich noch wie sonst mit allen meinen kleinen Sorgen und Unsicherheiten mich flüchten, er wußte mich immer auf den rechten

Gesichtspunkt zu stellen, von welchem aus jede trübende Verworrenheit in Lichthelle sich auflöste.

Der erste recht warme Frühlingshauch, die ersten Veilchen, die ersten Frühlingsknospen, riefen alljährlich mich hinaus nach unserm Landhause bei Oliva, wo ich bis zum Spätherbst verweilte und in der Zwischenzeit nur höchst selten in die Stadt kam. Die Einrichtung meines dortigen Hauswesens erforderte den Sommer über meine Gegenwart nicht. Unter der Leitung einer alten treuen Dienerin ging dort Alles auf gewohnte Weise fort, während ich meine ebenfalls vollkommen eingerichtete Haushaltung auf dem Lande so gut führte, als es bei meiner wenigen Erfahrung in diesem Fache mir möglich war. Doch auch hier half mir mein ernstes Wollen, und gleich nach den ersten Monaten wußte ich auch in dieser Aufgabe, der ich anfangs mich kaumge wachsen glaubte, mit kaum zu erwartender Leichtigkeit mich zu finden.

In stetem Wechsel zwischen tiefer Waldeinsamkeit, geräuschvollem Treiben, wie die Nähe einer großen Seestadt es herbeiführt, und dem stillern Genuß ruhiger Geselligkeit in der Mitte einiger vertrauten Freunde meines Mannes, vergingen mir in Oliva die Tage. Bei seinen sehr ausgedehnten Geschäftsverbindungen, als Chef seines Hauses, durfte Schopenhauer die Stadt fast nie auf längere Zeit als höchstens ein paar Tage verlassen, während ich auf dem Lande zurückblieb. Meine Schwester Lotte, oder eine meiner Jugendfreundinnen brachten zwar zuweilen einige Tage bei mir zu, oft aber blieb ich die ganze Woche in ununterbrochener Einsamkeit, nur mir selbst gegenüber ganz allein, bis der Sonnabend meinen Mann, von ein paar Freunden begleitet, zu mir hinausführte. Mit diesen verlebten wir den Tag in friedlichster, ruhigster Häuslichkeit, an dem ihm folgenden Sonntage aber schien unser Speisezimmer für die Zahl geladener und ungeladener fremder und einheimischer Gäste kaum Raum genug zu bieten. Alle waren willkommen, und schieden in heiterer Zufriedenheit mit dem bei uns zugebrachten Tage. Montag Abend aber trat die gewohnte Stille um mich her wieder ein.

Bald nach meiner Vermählung feierte ich meinen neunzehnten Geburtstag; vorbei war es nun mit Miss in her teens, auf ewig und immer, aber ich fand mich heiteren Muthes in diesen Verlust, der mich durchaus nicht schmerzlich berührte. Mein Leben, so einförmig es dahin zu schleichen schien, war dennoch von dem anderer Frauen in meinen Verhältniſſen hauptſächlich nur dadurch verſchieden, daß dieſe Familienmütter waren, während ich allein ſtand.

Dafür aber blühete auch noch ſo manche Blume aus meinem Lebensfrühling zu mir herüber, an der ich mit echt kindlich gebliebenem Sinn mich freute. Was beſaß ich nicht Alles! Den großen, ſchönen Garten voll Blumen und Früchte! Den Wald, mit ſeinen herrlichen Anhöhen und ſeinem hohen Laub= gewölbe, den großen Gartenteich mit ſeiner bunt be= malten Gondel, die mein Mann mir aus Archangel hatte kommen laſſen, und die ſo leicht zu regieren war, daß ein ſechsjähriges Kind damit hätte fertig werden können!

Auch Thiere hatte ich zu meiner Luſt, ein paar Pferde, mit denen ich nach Belieben ſpazieren fah= ren konnte, rechnete ich kaum dazu; denn damals mochte ich noch lieber gehen als fahren; aber zwei ſchöne, winzig kleine, ſpaniſche Hündchen, acht Läm= mer, deren Toilette die Gärtnerfrau beſorgte, ſo daß ſie nie anders, als wohlgebürſtet und ſchneeweiß vor mir erſchienen. Jedes von dieſen trug am Hals eine Glocke, von neuer in England gemachter Erfindung, und alle achte bildeten zuſammen eine wie Silber tönende, ſehr rein geſtimmte Octave. Auch meinen, mit ſchönem, zum Theil ſehr ſeltenem, Federvieh wohl

versehenen Hühnerhof muß ich hier erwähnen, und
die zahlreichen uralten Karpfen in unserm Teiche,
die eilig herbeischwammen, sobald sie meine Stimme
hörten, und mit aufgerissenen Mäulern die Brocken,
die ich von meiner Gondel ihnen zuwarf, einander
abzujagen sich bemüheten.

Das Plätschern der Fische, der Vögelgesang,
das Säuseln des Windes im Walde, das sanfte,
unbeschreiblich liebliche Glockenkonzert meiner auf
den Rasenplätzen weidender Lämmer boten, nach=
dem ich einige Stunden lang auf gewohnte Weise
im Hause mich beschäftigt hatte, mir Erholung ge=
nug; ein zuweilen auf Wochen ausgedehnter Besuch
meiner Schwester Lotte, Jamesons, oder meines On=
kels unerwartete Erscheinung an einem schönen Som=
mermorgen, war mehr als hinlänglich, um jedes
Sehnen nach einem bewegteren, an mannichfaltigeren
Freuden reicheren Leben von mir fern zu halten.

Nie legte ich in Abwesenheit meines Mannes in
der Nachbarschaft Besuche ab, bediente mich des mir
zu Gebote stehenden Fuhrwerks nur zu kurzen Spa=
zierfahrten, von denen ich, ohne irgendwo anzuhal=
ten, zurückkehrte, wählte außerhalb dem weitläufigen
Bezirk meines Gartens nur von der Landstraße ent=
legene Wege, durch Wiese, Feld und Wald, zu mei=

nen größeren Spaziergängen; also rieth es zu meinem
Heil mir eine gewisse innere Stimme, der zu fol=
gen ich Zeitlebens bereit gewesen bin, weil ich in
seltenen Fällen, wo ich ihr wiederstrebte, immer Ur=
sache gefunden, dieses bitterlich zu bereuen.

Mein Mann war unfähig, durch direkte Aeuße=
rung von Eifersüchteleien mir das Leben zu verbit=
tern; wie wenig er bei einem Wesen meiner Art da=
durch gewinnen könne, wurde ihm immer deutlicher,
je näher er mich kennen lernte, aber er konnte doch
seine Zufriedenheit mit meinem Betragen mir nicht
verbergen, und diese mir zu erhalten, konnte und
mußte vernünftiger Weise das einzige Ziel sein, das
ich nie aus den Augen verlor.

Nie erwähnte er die große Verschiedenheit unse=
res Alters, doch wenn er in jugendlichen Umgebun=
gen mit Andern meines Gleichen mich fröhlich um=
herflattern sah, bemerkte ich wohl, wie diese Erinne=
rung sich wenig erfreulich ihm aufdrängte. Die fran=
zösischen Romane, die er selbst mir in die Hände ge=
geben, hatten mich belehrt, daß bei seinem vieljähri=
gen Aufenthalte in jenem Lande manche Erfahrung
ihm zu Theil geworden sein müsse, die sich wenig
dazu eigne, mein Geschlecht in seinen Augen zu er=
heben. Ich fühlte, wenn ich gleich nicht in deutli=

chen Worten mir es sagte, daß unser Beider jetziges und künftiges Glück nur von seiner fortgesetzten Zufriedenheit mit mir abhängig sei, und ehrte und liebte ihn genug, um Alles daran zu setzen, mir diese zu erhalten und mit der Zeit sein festes Vertrauen zu gewinnen, ohne deshalb zur Heuchelei und sogenannten kleinen Weiberkünsten mich zu erniedrigen. Ich blieb gegen ihn wahr und offen, wie er es stets mir gegenüber gewesen, und befand mich wohl dabei.

Und wollte auch zuweilen ein leises Gefühl von Unbehagen oder Mißmuth auf mich eindringen, ein Blick auf die wundervolle Scenerie um mich her, und es war verklungen.

In der Abend= wie in der Morgenbeleuchtung, vom Sturm in seinen tiefsten Tiefen aufgeregt, erglänzend im hellen Sonnenschein, oder von darüber hinfliegenden Schatten der »Segler der Lüfte,« momentan verdunkelt, bot im Wechsel der Tageszeit das ewig bewegte Meer mir ein nie mich ermüdendes Schauspiel; und wenn ich Abends die Jalousien vor meinem Fenster nicht schloß, weckte mich der erste Strahl der mir gegenüber aus der Ostsee glorreich sich erhebenden Sonne. Mitternacht kam oft heran, die unaussprechliche Herrlichkeit der lauen nordischen Sommernacht, während welcher die Sonne nur wie zum Scherz auf wenige Stunden sich verbirgt, hielt lange noch am offenen Fenster mich fest. Der purpurrothe Streif, der am Horizont die Stelle des Unterganges der Sonne bezeichnet, war noch nicht erloschen, die zweite Morgenstunde hatte noch nicht geschlagen und schon erglühete der östliche Himmel in immer steigender Pracht. Ich sah beide Leuchtthürme, den auf der Insel Hela, und den am Danziger Strande, Meteoren gleich, durch die Dämmerung blinken, lauschte noch eine Weile dem Geflüster der Bäume im nahen Walde, dem wunderlichen Gezwitscher der träumenden Vögel in meinem Garten, bis endlich das Geriesel des nie rastenden Springbrunnens unter meinem Fenster mich unwiderstehlich einlullte.

Neunundzwanzigstes Kapitel.

Es fingen die Priester: Wir tragen die Alten
Nach langem Ermatten und spätem Erkalten:
Wir tragen die Jugend noch eh' sie's gedacht.
Göthe.

Gerade in der Zeit, in der auch mein Leben eine andre Gestaltung gewann, hatte mein ehemaliger Lehrer, Kandidat Kuschel, das Ziel seiner Wünsche auf die ihn ehrendste Weise endlich erreicht. Nie hatte er durch das Beispiel der Mehrzahl seiner Kollegen und den Rath seiner Freunde sich bewegen lassen, um eine Predigerstelle sich bittend zu bemühen; still ergeben baute er mit festem Gemüth auf Gottes Fügung und hoffte daneben, daß die gerechte Anerkennung seines stillen Verdienstes doch nicht ewig ausbleiben könne, war aber dabei unwiderruflich entschlossen, lieber zeitlebens in seiner gegenwärtigen Stellung zu verharren, als sich einen Schritt zu erlauben, den sein Gefühl als seiner unwürdig ihm darstellte.

Sein bescheidenes Hoffen ging endlich in Erfüllung, und ohne sein Zuthun wurde er zu einer der besten Landpredigerstellen, unfern der Stadt, ernannt.

Die kurze Thorheit, zu der seine Unbekanntschaft mit dem wirklichen Lebensgange der Welt ihn verleitet hatte, war längst vergessen, doch hatte ich zufällig während meines Brautstandes, und selbst einige Zeit vorher ihn nicht gesehen, und freuete mich von Herzen, meine Theilnahme an seinem Glück endlich ihm aussprechen zu können, als ich, einige Tage nach meiner Vermählung, ihn unverhofft bei meinen Eltern antraf.

Freudig eilte ich auf ihn zu, er fuhr wie erschrocken zurück; er sah bleich, eingefallen, wie ein aus schwerer Krankheit Erstandener aus, auch sein Betragen gegen mich ängstigte mich; er war scheu, verlegen, demüthig sogar, demüthig gegen mich! seine Schülerin, die ihm so viel zu verdanken hatte! es that im Herzen mir weh, ich konnte es kaum ertragen. Nur als meine Mutter von den Seinigen und den guten Tagen, welche er diesen jetzt bereiten könne, sprach, schien ein Strahl von Freude in ihm aufzudämmern.

Er entfernte sich bald; es war ein Scheiden auf ewig, ohne daß wir Beide es ahneten.

Der nächste Sonntag war zu seiner Antrittsrede bestimmt. Den Freitag vorher führte er freudig seine geliebte Mutter in seine neue bequeme Wohnung ein, den Sonntag hielt er seine Antrittspredigt zur rührendsten und herzlichsten Zufriedenheit seiner Gemeine. Montag Morgens fand man ihn ruhig entschlummert in seinem Bette, entschlafen, um nie wieder zu erwachen!

Der Arme war des Kummers, der Sorge, der angestrengtesten Arbeit zu gewohnt worden, sein durch Leiden mancherlei Art früh untergrabenes Leben erlag der Aussicht auf bessere Tage, auf eine ruhigere glücklichere Existenz. Er starb am freudigen Vorgefühl seines Glückes. Der Ausdruck seiner im Tode verklärten Züge, den man lebend nie so an ihm gekannt, verkündete diese tröstende Gewißheit.

Auch meine Sally Cramp ist zur nämlichen Zeit auf Nimmerwiedersehen von mir geschieden. Während meines Brautstandes und auch schon einige Wochen vorher hatte ich sie nicht gesehen; manches Seltsame mochte in jenem Hause vorgegangen sein, wonach zu fragen ein eigenes instinktartiges Gefühl mich hinderte; daß es nicht erfreulicher Art sei, deutete Jamesons absichtliches Vermeiden, es gegen mich zu erwähnen, genugsam mir an.

Miß Corderoy, so viel erfuhr ich indessen, hatte unter heißen Thränen von ihrem geliebten Zögling sich getrennt und war nach England gezogen, um sich von dort aus nach Jamaika einzuschiffen, wo theuere Verwandte und Freunde schon seit manchem Jahr sie sehnsüchtig erwarteten. Der kleine, jetzt ungefähr vier- oder fünfjährige Sachy war nach Petersburg in ein Erziehungsinstitut gebracht worden. Frau von P... und ihre Schwester, von Gilard begleitet, hatten unweit der Stadt ein sehr hübsches Landhaus bezogen. Der ganze Haushalt war zerrüttet, Alles auseinander gegangen, nur der alte, mürrische Gebieter desselben hauste noch eulenartig in dem weitläufigen, verödeten Gebäude.

Mein Herz trieb mich; einmal, nur einmal noch, mußte ich vor meinem Vermählungstage meine liebliche Sally sehen. Ich fand sie unverändert liebenswürdig und jugendfroh. Wenige Tage später nahm sie schriftlich Abschied von mir; auch sie wurde, ohne daß sie vorher darum gewußt hatte, plötzlich nach Petersburg geschickt, indem Frau von P... unter Gilards Eskorte sich nach Paris begab, weil die sehr geschwächte Gesundheit derselben ein milderes Klima erheischte.

Sally gedachte auch in der Entfernung meiner,

wie ich ihrer noch heute gedenke. Einige Monate, nachdem sie Danzig verlassen, erhielt ich von ihr ein kleines Medaillon mit einer Locke von ihrem Haar und ihrer Silhouette, zugleich schrieb sie mir, wie sie im Begriff stehe, von einem Ende Europa's zum andern, von Petersburg nach Lissabon zu wandern, um sich zu verheirathen; was ich freilich bequemer zu Hause habe ausführen können.

Arme, arme Sally, lange vor Erreichung ihres dreißigsten Jahres ist sie als die Gattin eines der in Lissabon etablirten reichen Engländer, wahrscheinlich an dem zu gewaltsamen Wechsel des Klima's, in blühender Jugend gestorben. Doch wohl ihr, sie hat das vielgestaltete Unheil, das seit einer Reihe von Jahren das schöne und unglückliche Portugal verwüstet, nicht mehr gesehen, während ihre Schwester, wie ich aus guten Gründen fürchten muß, in Paris alle Greuel der Revolution, sogar die Schreckenstage unter Robespierre, noch erlebt hat, vielleicht denselben zum Opfer gefallen ist.

Schöne holde Schwestern! beinahe funfzig ereignißvolle Jahre sind jetzt über Euren weit von einander entfernten Gräbern in Sturmeseile dahin geflogen, eure liebliche Erscheinung ist verschwunden, spurlos wie ein Morgentraum, und ich, hier am bescheidenen

Ufer der Saale, bin auf der großen weiten Erde vielleicht noch die Einzige, die Eurer noch gedenkt!

Alexander von P..., vormals der kleine Sachy, stand, wie ich aus sicherer Hand vernommen, schon vor zwanzig Jahren als Obrist in russischen Diensten. Ist er seitdem nicht auf dem Bette der Ehren, wie so viele seines Gleichen gefallen, haben Krankheit, Pest, Cholera ihn verschont, so ruht er wahrscheinlich, ein fast sechzigjähriger General, auf seinen Lorbeeren, und keine Erinnerung an die kaum gekannte Mutter, deren Gedächtniß keine Freundesstimme jemals in ihm erweckte, ist ihm geblieben.

Dreißigstes Kapitel.

Hoch durch die Lufte der Adler kreis't!
Aber noch höher des Menschen Geist.
             Anonym.

Komme ich mir doch selbst wie ein versteinerter Repräsentant versunkener Aeonen vor, indem ich dieses niederschreibe!

Doch auch weniger trübe Erinnerungen aus jener Zeit sind mir geblieben. Von jeher hat es in Danzig an Besuch von Reisenden nie gefehlt, die, festgehalten von der dem Norden eignen Gastfreiheit, oft mehr Wochen da verweilten, als sie bei ihrer Ankunft sich vorgenommen hatten Tage bei uns zuzubringen. Die Mehrzahl derselben brachte Empfehlungen an unser Haus mit, und war dieses auch nicht immer der Fall, ein einziges bedeutendes Rekommendationsschreiben war damals und ist auch heutiges Tages dort genug, um den Ueberbringer in die ersten Häuser der Stadt einzuführen. Zu lange hatte mein Mann selbst ein Fremder unter Fremden gelebt, um nicht Gastfreundschaft gern zu üben; auch liebte er es, seine junge Frau die Honneurs seines Hauses machen zu sehen, was die Geläufigkeit, mit der ich englisch und französisch sprach, mir vor Vielen erleichterte.

Doch waren diese fremden Gäste größtentheils wegen merkantilischer Speculationen und Verbindungen nach Danzig gekommen, eigentlich nur in Geschäften, wie ich deren täglich verhandeln sah und hörte. Allerdings traf ich unter ihnen manche interessante Bekanntschaft, verbrachte manche heitre gesellige Stunde in ihrer Gesellschaft, aber innerlich ging all mein Wünschen doch nur darauf hin, auch Männer kennen zu lernen, deren berühmte Namen ich in Büchern und Zeitungen gelesen. Doch diese ließen in meiner abgelegenen fast außer aller Berührung mit eigentlich wissenschaftlichen Zwecken sich damals befindenden Vaterstadt nur äußerst selten sich blicken; ein Besuch des ehemals berühmten Reisebeschreiber Bernouilli war in Danzig noch nach vielen Jahren in frischem Andenken und wurde als ein bedeutendes, wichtiges Ereigniß erwähnt. Berühmte Künstler, Schauspieler, Virtuosen, pflegten wohl auf dem Wege nach Petersburg einige Tage bei uns auszuruhen, doch auch diese sogenannten Kunstrei=

sen kamen damals weit seltner vor als eben in der jetzigen Zeit.

Wie groß und wie kindisch zugleich war daher mein zwischen Freude und Furcht schwebendes Erschrecken, als mein Mann, nicht lange nachdem wir verheirathet waren, mir in Oliva einen Besuch zuführte, dessen gefeierter Name damals auf allen Zungen schwebte — den Luftschiffer Blanchard! Ich trauete weder meinen Augen noch Ohren, verlor Sprache und Athem über die seltene Erscheinung; doch muß ich nur redlich gestehen, daß eine schwer zu unterdrückende Neigung zum lauten Auflachen mich überfiel, als ich sie mir näher betrachtete, und auch in meinem Mann, als er dies gewahrte, schien sich etwas Aehnliches zu regen.

Wenn jemals die Natur ein Geschöpf für den künftigen Beruf desselben auf das vollkommenste ausstattete, so war es dieser berühmte Aeronaut! Ein Männchen, als wäre es aus Traganth geknetet, oder aus Elfenbein gedrechselt, so zierlich, so durchsichtig zart, so ganz wie zum Wegblasen leicht! Blanchard oder sonst Keiner, war zum Luftschiffer geboren! er wog nur fünfundsiebzig Pfund, wie er bei Gelegenheit mit einer Art von Selbstzufriedenheit gestand. Gerade so viel als ein Paar wohlge-

mästete pommersche Gänse, dachte ich, und vergaß
darüber, daß auch meine sehr kleine Person wohl
nicht viel schwerer ins Gewicht fallen werde.

Uebrigens führte Blanchard eine kleine weiße
langöhrige Kreatur mit sich, die er Mademoiselle
nannte, indem er sie mir vorstellte, und die eigentlich
ein allerliebstes Bologneserhündchen war. Im Gast=
hofe aber hatte er noch eine andere Person bei sich,
die Madame genannt wurde, wohl aber eigentlich
nur Mademoiselle hätte heißen sollen. Diese aber
stellte er aus guten Gründen keiner Dame vor. Die
kühne Luftschifferin, die als Blanchards Witwe vor
wenigen Jahren noch zu höheren Regionen sich auf=
schwang, kann diese Frau, die damals schon wenig=
stens einige zwanzig Jahre zählte, unmöglich gewe=
sen sein.

Ein mächtiger, Tod und Gefahr verachtender,
zum glühendsten Enthusiasmus sich erhebender Geist,
wohnte indessen in dieser anscheinend so zerbrechlichen
Gestalt. Alles Lächerliche, das in den Pariser Sa=
lons ihm angeflogen war, und das aus Ungewohn=
heit uns noch lächerlicher erschien, fiel von dem küh=
nen Aeronauten ab, sobald er in Worten, die ihm
nie genügen konnten, ausdrücken wollte, was er, hoch
über den höchsten Gebirgen im Unermeßlichen schwe=

bend, gesehen, gehört, gedacht und empfunden. Kein Improvisator in der Welt kann den hohen Grad poetischer Begeisterung erreichen, der dann in seinen Blicken, im Ton seiner Stimme, in der Wahl seiner Worte sich offenbarte, und Alle, die ihn hörten, zum unbedingten Glauben an die Wahrheit derselben fortriß.

Die höchste Freude meines Lebens wäre gewesen, auf einer seiner Himmelfahrten ihn zu begleiten, doch daran war nicht zu denken. Die erste Aeußerung dieser Art, die ich mir erlaubte, wurde von allen Seiten, und diesesmal gewiß aus bessern Gründen als damals, auf eine Weise aufgenommen, die mich lebhaft an jene Zeit erinnerte, wo ich verlangt hatte, Chodowiecki's Schülerin zu werden.

Ich mußte mich darin ergeben, Blanchards ungeheuren Ballon in aller seiner Aufgeblasenheit vor dem Publikum einige Tage auf festem Boden ausgestellt und dann tragikomisch zusammensinken zu sehen, um wohl verpackt seinen Herrn zur großen Kaiserin zu begleiten. Die Idee, in Danzig aufzusteigen, hatte Blanchard nach den ersten Tagen seines dortigen Aufenthalts fallen lassen. Ob er fürchtete, in der alten Kaufmannsstadt seine Rechnung in pecuniärer Hinsicht nicht befriedigend zu finden? ob die

Nähe der Ostsee, der Weichsel, des frischen Haffs einige Bedenklichkeiten in ihm erregten, ich weiß es nicht.

Noch eine bedeutende Erscheinung jener Zeit drängte hier meiner Erinnerung sich auf. Abt Vogler, der weltberühmte Orgelspieler, der auf die Idee verfallen war, ganze Epopeen auf jenem, dem heiligsten Zwecke gewidmeten Instrumente ohne Worte verständlich vorzutragen. Ein großes, über jeden Begriff, den wenigstens ich von dem eigentlichen Wesen und Zweck der Tonkunst hatte, weit hinausgehendes Unternehmen.

Sein Konzert fand nicht ohne zuvor mit der Geistlichkeit zu bestehenden Kampf in der großen Pfarrkirche Statt. Da saßen wir nun in der mit Zuhörern überfüllten Kathedrale und studirten das Programm, das man in Gestalt eines ganz profanen Konzert- oder Komödienzettels uns beim Eingange überreicht hatte. Uns war etwas ängstlich zu Muthe; anders als zu einem religiösen Zwecke in der Kirche versammelt zu sein, war doch etwas gar zu ungewohnt Fremdes; nicht wir, nicht unsre seit grauer Vorzeit hier unter unsern Füßen ruhenden Vorfahren, hatten je etwas Aehnliches erlebt.

Plötzlich brauste unter des großen Meisters gewaltiger Hand ein Strom von Tönen auf uns ein, dem jeder andere Gedanke, jedes andere Gefühl weichen mußte. Die mächtigen Säulen schienen zu wanken, das hohe Gewölbe der Kirche aus den Fugen gerissen zu werden.

Laut dem Programm wurde die Belagerung von Gibraltar dargestellt, oder war es die einer anderen Stadt? Eine Belagerung war es, darüber waren wir einig; eine wirkliche konnte kaum mehr lärmen und tosen, und die Bomben, die Kanonen, die Karthaunen pafften, donnerten und knallten so natürlich als möglich.

Soweit war Alles gut und schön, aber nun? Der uns noch in frischem Gedächtniß schwebende heldenmüthige Opfertod des edlen Fürsten Leopold von Braunschweig sollte jetzt bis in die kleinsten Details folgen. Im Bestreben, eine ganze Familie bei einer gefährlichen Ueberschwemmung vom Untergange zu retten, war der Fürst selbst in der wildschäumenden Fluth versunken. Deutlich sollten wir vernehmen, wie er Alle, die ihn daran hindern wollen, zurückweiset, wie er in den Kahn springt, wie er die Kette löset, die diesen an einen eisernen Ring befestigt. Alles war mäuschenstill, wir horchten mit angestrengtester Aufmerksamkeit, aber ach! Keiner von uns unpoetischen Reichsstädtern hatte den Prinzen springen, den eisernen Ring klapsen, die Kette klirren gehört! wie das Programm es doch versprochen. Und hätte der Abt Vogler die Gefälligkeit haben wollen, das nämliche Stück noch zehnmal nach einander uns vorzutragen, Keiner, der nicht vorher davon unterrichtet gewesen wäre, hätte daraus von der That des hochherzigen Helden eine Silbe erfahren.

Glücklicher Weise brach zum Schluß des Konzerts das jüngste Gericht herein, ehe diese Bemerkungen lauter wurden, als es an diesem Orte passend gewesen wäre; und abermals groß, majestätisch, Alles überwältigend, zeigte Abt Vogler seine Macht im Reiche der Töne; leider aber erhob sich nun dicht neben mir zwischen zwei Damen ein Streit. Die eine behauptete, das verheißene Geheul der Verdammten, die andere, den Jubel der Seligen zu hören. Daß keine von Beiden recht hatte, merkte ich wohl, doch das war auch Alles.

Bei alledem ist Abt Vogler ein sehr ausgezeichneter mit Recht berühmter Mann, wenn gleich ein solcher Neuling in den höheren Mysterien der Kunst, wie ich es bin, nicht fähig ist, ihn so zu verstehen, wie er verstanden sein will, bemühete ich mich ganz bescheiden zu denken, und freute mich darauf, ihn von Angesicht zu Angesicht in der Nähe zu sehen, was in der Kirche mir nicht hatte gelingen wollen. Ein Diner, das einer unserer Verwandten in seinem Landhause gab, bot mir die erwünschte Gelegenheit dazu. Zwar fand ich auch hier nicht gerade, was ich erwartete, aber doch einen recht behaglichen, etwas untersetzten Mann in mittleren Jahren, der gern lachte, von der Aufnahme, die er an Höfen gefunden, viel erzählte, die Brillantringe, die er von hohen Händen erhalten, an den Fingern blitzen ließ, und eine schöne goldene Dose, ein Geschenk des Königs von Preußen, recht gemüthlich rings um die Tafel zum Bewundern herumschickte.

Der schöne Abend lockte uns nach Tisch in den ringsum von einem ziemlich breiten Graben umgebenen Garten, dessen stehendes Wasser mit Wasserlinsen wie mit einem grünsammtenen Teppich bedeckt war, der weit besser aussah als er roch. In einer Anwandlung jugendlichen Uebermuths hatte Abt Vogler sich einem alten halbvermoderten Kahn anvertraut, um in diesem schlammigen Gewässer als kühner Schiffer sich zu zeigen. Waren es die zürnenden Manen Leopolds von Braunschweig, welche die gestrige Unbill an ihm rächen wollten? Genug, der Kahn war umgeschlagen, der große Mann über Kopf und Ohren in die grüne Fluth gesunken, hatte sich aber, da diese zum Glück nicht tief war, sehr behend wieder auf die Füße gebracht. Da stand er, als mich das von dort ertönende Angstgeschrei herbeilockte, das aber schnell in lautes Gelächter überging. Da stand er bis übers Knie im Gewässer, eine Krone jener Wasserblüthen ersetzte auf seinem Haupte die runde Abbé's-Perrücke, die den Graben hinunterschiffte. Doch mit ihr hatte er den Kopf nicht verloren; er zog die Tabatiere von Friedrich dem Großen hervor und nahm, in Erwartung der Rettungsanstalten, mit unnachahmlichem Gleichmuth eine tröstende Prise.

Irgend ein neckischer Kobold muß es sich zum Geschäfte gemacht haben, mir den ehrwürdigen Herrn immer in wunderbaren Situationen zu zeigen. Zehn bis funfzehn Jahre später traf ich in Hamburg, in nicht zahlreicher Gesellschaft, ganz unerwartet wieder mit ihm zusammen. Er setzte sich an das Pianoforte, und abermals mußten wir die Kraft, die Fertigkeit, das ganz Originelle seines Spiels staunend bewundern. Ueber den seltenen Genuß, den er uns dadurch gewährte, war die Stunde des Abendessens schnell herbeigekommen; der größte Theil der Gesellschaft entfernte sich bald nach demselben, Abt Vogler aber setzte unaufgefordert sich nochmals an das Instrument, und rasselte in sichtbar aufgeregter Stimmung mit gewohnter Meisterschaft donnernd durch die Saiten.

Schrillend schrie eine derselben nach der andern auf und zersprang unter seinem musikalischen Wüthen; er achtete ihr unheimliches Geklirre nicht, nahm zuletzt Elbogen und Handgelenk zu Hülfe, um dem Einschlagen des Gewitters, das er uns vortrug, den gehörigen Nachdruck zu geben, und verfehlte auch mit diesen, zu unserm höchsten Erstaunen, nie den Ton, den er treffen wollte.

Der Zustand der Zuhörer, der Anblick des gemißhandelten, sehr vorzüglichen Pianoforte's, über den der musikalischen Eigenthümerin desselben Thränen in die Augen traten, fingen an höchst peinlich zu werden, doch jeder Versuch, durch Bitten und Zureden ihn zu bereden, blieb vergeblich. Der Unbarmherzige tobte rücksichtslos fort, bis es ihm selbst genug däuchte, dann stand er auf, verbeugte sich ohne ein Wort zu sprechen, und entfernte sich.

Auch wir folgten ihm bald. Als wir hinunter in den sehr geräumigen Hausflur kamen, dessen hohe, fast durch zwei Stockwerk hindurchgehende Decke einige freistehende mit Stuck bekleidete starke

Säulen unterſtützten, fanden wir unſern Orpheus, von der neugierigen weiblichen Dienerſchaft des Hauſes umgeben. Leiſe und unheimlich in ſich hineinkichernd ſtand er da, konnte weder vorwärts noch rückwärts und hielt mit ausgeſpreizten Armen eine jener Säulen umklammert.

Hatte Schwindel ihn ergriffen? war ſein Zuſtand die Wirkung der noch gewaltſamen Erhitzung, plötzlich auf ihn eindringender Kühle? oder — des Champagners?

Mit Hülfe unſers Bedienten brachte mein Mann ihn in unſern eben vorfahrenden Wagen, und ließ in ſeine Wohnung ihn bringen, wir aber gingen zu Fuße nach Hauſe, und ich habe den Abt Vogler nie wieder geſehen noch gehört.

Einunddreißigstes Kapitel.

―――

> Ay, every inch a King!
> *Shakspeare.*

Der alte Fritz ist todt! endlich! endlich! ging es eines Tages wie ein Lauffeuer durch die Stadt, und die Leute freueten sich und riefen beinahe jubelnd die längst erwartete Nachricht einander entgegen, als wäre durch den Tod des großen Königs alles Leid von ihnen genommen, als müsse der schwere Druck, unter dem sie seit so vielen Jahren seufzten, jetzt schwinden, und Alles anders und folglich besser werden; denn jede Veränderung, wie sie immer auch sei, gewährt bei ihrem Eintritt dem Leidenden ein Gefühl von Erleichterung und nahender Erlösung.

Mein Vater war weit davon entfernt, diesen freudigen Taumel seiner Mitbürger mit ihnen zu theilen, obgleich er nicht durch offenbaren Widerspruch ihn zu dämpfen suchen mochte; er wußte zu gut, wie bald er ohnehin schwinden werde.

Die Verblendung, die ein keimendes Glück zu sehen glaubte, wo er nur die nahende Auflösung des armseligen Schattenbildes republikanischer Freiheit, das man uns gelassen, vorempfand, machte auf meinen Mann einen eben so traurigen als widerwärtigen Eindruck. Lieben konnte er den großen Zerstörer unsers im Verlauf vieler Jahrhunderte durch die Zeit befestigten und geheiligten Glückes nicht, aber doch empfand er jede freudige Aeußerung über das Scheiden dieses hohen, gewaltigen Geistes aus dem irdischen Leben als eine unwürdige Ungerechtigkeit.

Es war ihm unmöglich, die Eigenschaften nicht anzuerkennen, durch welche der große König seine Zeitgenossen hoch überragte; er selbst hatte in einer ernsten, verhängnißvollen Stunde dem scharf durchdringenden Blick des Auges gegenübergestanden, das nun auf immer geschlossen war, hatte den Zauber jener jetzt auf ewig verklungenen Stimme empfunden, dem Niemand so leicht zu widerstehen vermochte. Bei seiner Durchreise durch Berlin, als er vor mehreren Jahren nach langem Aufenthalte im Auslande in seine Vaterstadt zurückkehrte, um dort mit seinem Bruder sich zu etabliren, war er bei der Parade dem Könige aufgefallen, dem so leicht keine neue

Erscheinung entging, und wurde noch am nämlichen Tage eingeladen, am folgenden Morgen früh um sechs Uhr im Kabinet des Königs sich einzustellen. Er folgte pünktlich dem ihn ehrenden Ruf und fand den König allein, der sogleich anfing, mit bedeutender Sachkenntniß über die Handelsverhältnisse der verschiedenen Länder, in denen Schopenhauer längere oder kürzere Zeit verweilt hatte, ihn zu befragen.

Sein die Gegenwart, in der er sich befand, nie vergessender Freimuth, schien dem Könige zu gefallen; aus Fragen von der einen, Antworten von der andern Seite, wurde zuletzt ein eben so lebhaftes als interessantes Gespräch, das nahe an zwei Stunden währte. Das Ende desselben war eine wiederholte, beinahe dringend werdende Aufforderung des Königs, alle Prärogative und Vortheile, die ihm wünschenswerth dünkten, zu verlangen, und auf ihre Gewährung zu rechnen, wenn er sich entschließen könne, statt in Danzig, im preußischen Lande, gleichviel wo, sich niederzulassen.

Voilà les calamités de la ville de Dansic, sprach der König lächelnd, indem er auf einen mit Karten und Papieren bedeckten Tisch in einer Ecke des Zimmers hinwies. Diese wenigen Worte brachen den Zauber, von dem Schopenhauer schon anfing sich befangen zu fühlen; es gelang ihm sich von jeder aus dieser Stunde entspringen könnenden Verbindlichkeit fern zu erhalten, aber wie sehr es Friedrich dem Großen mit seinen Vorschlägen ein Ernst gewesen, davon habe ich von ihm eingenhändig unterzeichnete Beweise in den Händen meines Mannes gesehen, der sie als ein übrigens ganz nutzlos gewordenes Andenken jener Stunde aufbewahrte.

Fester als jemals wurzelte nach dem Tode des Königs der Entschluß in seinem Gemüth, seine Vaterstadt, alle unverkennbaren Vortheile und Annehmlichkeiten seiner jetzigen Lage aufzugeben, und sobald Danzig dem Schicksal, unter preußische Oberherrschaft zu gerathen, nicht mehr ausweichen könne, für sich und mich einen andern Wohnplatz zu suchen. Er fühlte tief, wie schwer die Ausführung dieses Vorsatzes, wenn es einst so weit kommen sollte, in jeder Hinsicht ihm werden müßte. Schonend, aber ernst, suchte er mich darauf vorzubereiten, und wurde durch den hellaufflammenden Enthusiasmus, mit dem ich auf seine Ansichten einging, eben so sehr überrascht, als erfreut. Wo er gefürchtet hatte, Thränen, Bitten, sogar heftigen Widerspruch bekämpfen zu müssen, fand er die lebhafteste Anerkennung seiner re=

publikanischen Gesinnung, die genaueste Uebereinstimmung mit seinem eigenen Freiheitsgefühl.

Solchen echt=alten Römersinn in seiner kaum zwanzigjährigen Frau zu finden, hatte er nicht erwartet; ob dieser, wenn es jemals nöthig werden sollte, auch in der Ausführung sich bewährt finden lassen würde, ob nicht jugendliche Unerfahrenheit oder phantastische Ueberspannung zu diesem hohen Aufschwung mich begeisterten, mochte er in der Freude seines Herzens nicht untersuchen.

Und hätte er es gethan, ehrenvoll wäre ich vor der ernstlichen Prüfung bestanden; die Umgebungen, in denen ich aufgewachsen war, hatten jene Gesinnungen zu fest in meiner jungen Seele begründet. Es konnte mir gar nicht in den Sinn kommen, daß Andere in dieser Hinsicht nicht fühlen sollten, wie ich.

Zweiunddreißigstes Kapitel.

Welche Lust gewährt das Reisen!
Johann von Paris.

Reisen sollte ich, reisen! England sehen! und noch viele Städte und Länder auf dem weiten Wege nach Calais. Mir schwindelte vor Freude, ich glaubte zu träumen, als mein Mann die nahe Aussicht auf dies nie geahnete Glück mir eröffnete; es störte mich in meinem Entzücken durchaus nicht, daß er zu gleicher Zeit mich ziemlich deutlich errathen ließ, wie er mit dieser, eigentlich ohne Hinsicht auf merkantilische Pläne nur zum Vergnügen zu unternehmenden Reise, zugleich die Absicht verbände, das häusliche Familienleben in jenem Lande der Freiheit, wie er es nannte, genauer kennen zu lernen, das vielleicht, wenn die geahnete Veränderung uns auszuwandern bewöge, das Land seiner Wahl werden würde. So lange wir jung sind, liegt die Zukunft uns so fern! Ungeduldig zählte ich die Stunden bis zu dem zur Abreise festgesetzten Tage, und dachte nie über denselben hinaus; ich war wieder das kleine Mädchen geworden, das die Nacht über kein Auge zuthun konnte, weil die Mutter versprochen hatte, es morgen ins Theater mit zu nehmen.

Endlich ging vor vollen funfzig Jahren, Anno siebenhundert sieben und achtzig, die längst herbeigesehnte Sonne des Johannistages auf, oder vielmehr unter; denn in Folge einer seiner alten Gewohnheiten hatte mein Mann die Postpferde erst um elf Uhr in der Nacht nach Oliva bestellt. In später Mitternachtstunde abreisen, gefiel mir außerordentlich, es kam so poetisch mir vor. Da stand ich und sah unsere Koffer aufpacken, sah ein dazu eingerichtetes Magazin unterm Wagen mit Weinflaschen, die großen Seitentaschen im Wagen mit Zitronen, Apfelsinen und ähnlichen guten Dingen anfüllen, wurde jetzt obendrein einen gewaltig großen Speisekorb voll Proviant, meiner Meinung nach auf viele Wochen, gewahr, der aus der Stadt gebracht worden war. Um Gotteswillen, führt denn der Weg nach Berlin durch die arabische Wüste? rief ich verwundert.

Mitternacht war gekommen, Alles zum Abfahren bereit; da sprang unerwartet eine Rührung uns noch quer über den Weg, die, unerachtet des Heldenmuthes mit dem ich die Reise anzutreten im Begriff war, mir ein paar Thränchen ins Auge trieb. Baal, ein wunderschöner großer Hund, seit so manchem Jahr meines Mannes treuester Begleiter, war von seinem Herrn, für die Zeit unserer Abwesenheit, einem seiner Freunde übergeben worden, bei welchem es dem Thiere noch weit besser ergehen mußte als bei uns. Baal hatte den Strick entzwei gebissen, an dem er im Stall angebunden gewesen, hatte in dunkler Nacht den langen Weg von Danzig nach Oliva zurückgelegt und sprang nun, die Ueberbleibsel seiner Fesseln um den Hals geknüpft, freudig bellend an seinen Herrn auf.

Das laute Heulen des armen Hundes, als er uns vom Hofe herunterfahren sah, und uns nicht folgen durfte, ging uns durch die Seele, doch Baal wußte für die an ihm geübte Treulosigkeit sich zu rächen. Nie hat er nach unserer Wiederkehr uns anders als mit Verachtung angeblickt, nie sich bewegen lassen, freundlich Notiz von uns zu nehmen, oder unser Haus mit seinem Besuch zu beehren; er blieb dem Manne treu, der ihn aufgenommen, als wir ihn verlassen, obgleich sein Betragen deutlich verrieth, daß er uns erkannte.

Daß ich diese ziemlich triviale Hundeanekdote für das interessanteste Ereigniß hier erkläre, welches auf dem Wege von Oliva bis Berlin uns aufstieß, möge meinen Lesern zur Beruhigung dienen, denen vielleicht eine kleine Furcht davor anwandelt, von meiner, in diesem Fach oft erprobten Feder, eine Reisebeschreibung en miniature hier überblättern zu müssen.

Langweiliger als diese Reise kann ich mir nichts denken, als etwa eine Beschreibung derselben; Schritt vor Schritt zogen vier abgelebte Postpferde uns durch tiefen Sand, durch armselige Städte und noch armseligere Dörfer, wie ungleich denen auf dem Danziger Gebiet! Legten wir in anderthalb Stunden eine Meile zurück, so war der Postillon sehr zu loben, brachte er zwei Stunden damit zu, so hatten wir kein Recht, uns über ihn zu beklagen; es gab sogar eine Station, ich weiß nicht mehr genau, ob dicht vor oder hinter dem traurigen Städtchen Schlawe, auf der wir einen ganzen Tag zubrachten, um fünf unbarmherzig lange pommersche Meilen mit den nämlichen Pferden zurückzulegen; so unwirthbar öde, so hauslos, möchte ich sagen, war das Land meilenweit umher. Es war eine große Vergünstigung des Herrn Postmeisters, wenn wir nur eine Stunde auf frische Pferde warten mußten, die in der Regel erst vom Felde hereingeholt wurden, aber auch bei längerem

Verweilen blieb uns nichts übrig, als uns möglichst in Geduld zu fassen.

So ging es fort ohne Rast und Ruh, vier oder fünf Tage und Nächte lang; der abschreckenden Beschaffenheit der Nachtquartiere, die unterwegs mit Ausnahme eines einzigen im Städtchen Köslin sich uns boten, könnte nur die Feder des berühmten Beschreibers von Italien, Herrn Gustav Nicolai, in allen ihren Details das ihr gebührende Recht angedeihen zu lassen.

Der consumtible Theil unseres Gepäcks schmolz indessen so zusammen, daß wir auf der vorletzten Station vor Berlin sogar den völlig geleerten Korb liegen ließen; was ohne denselben in der zwar nicht arabischen, aber doch sehr trostlos dürren Wüste, die wir durchzogen, aus uns geworden wäre, weiß ich in der That nicht.

Trotz allem diesen kam ich doch sehr wohlgemuth vor dem damals berühmtesten Gasthofe zur goldenen Sonne, der auch vornehmer Hôtel de Russie genannt wurde, in Berlin an; erst beim Aussteigen entdeckte ich zu meinem Erstaunen, daß ich auf meinen übermäßig angeschwollenen Füßen weder stehen noch gehen könne. Mein Mann nahm ohne langes Bedenken mich wie ein Kind auf den Arm, trug mich die Treppe hinauf, und suchte unterwegs mich mit der Versicherung zu beruhigen, daß ich nach einer in einem guten Bette durchschlafenen Nacht wieder ganz hergestellt sein würde; indem mein Zustand nur die natürliche Folge der ununterbrochen fortgesetzten Reise sei. Ich hätte mit dieser Versicherung mich auch gern ganz zufrieden gegeben, hätte nur die Schildwacht, die irgend einem vornehmen Reisenden zu Ehren vor dem Hause aufgestellt war, nicht überlaut gesagt: »ein nettes Frauenzimmerchen, schade daß es kreuzlahm ist,« was ich denn doch sehr übel nehmen mußte.

Während der sechs oder acht Tage, die wir diesesmal in Berlin zubrachten, hatte ich vom Morgen bis zum Abend mit den Merkwürdigkeiten der großen Königsstadt vollauf zu thun. Vor den Erzeugnissen bildender Kunst, die ich noch nie in so zahlreicher Zusammenstellung erblickt hatte, stand ich verstummend, furchtsam, verlegen; ich wußte eigentlich nicht, wie mir geschehen, denn ich hatte noch nicht sehen gelernt.

Der Anblick der wie nagelneu aussehenden Stadt war mir zwar auffallend, aber die unabsehbar langen und breiten Straßen kamen eben wegen ihrer Länge und Breite mir öde und menschenleer vor, eben so auch die alle wie nach einem Modell erbaueten einander durchaus ähnlichen Häuser, von denen damals einige gar keine Häuser, sondern bloß eine Façade waren, hinter welcher nichts als ein leerer Raum sich befand, die nur der Symmetrie zu Liebe erbauet worden war, um eine entstellende Lücke in der Reihe der übrigen Häuser zu verbergen. Daß dem wirklich so sei, davon konnte mich Ungläubige nur der Augenschein überzeugen.

Stoff zur Bewunderung fand ich zwar überall und stündlich, bei jedem Schritte, doch ganz heimlich bei mir selbst verwunderte ich mich am meisten darüber, daß ich nicht noch weit mehr mich verwundern mußte; die glanzerfüllte Mährchenwelt, die hohe ernste Würde des alten Roms, die Ueberbleibsel gediegener Vorzeit in meiner Vaterstadt, leuchteten aus meinen Kinderjahren noch zu blendend zu mir herüber. Wider mein Wollen mußte ich in Berlin immer an Theaterdecorationen denken.

Der Weg von Berlin nach Potsdam beträgt nur vier Postmeilen, die kleine Reise, jetzt eine lustige Spazierfahrt von höchstens dritthalb Stunden, war damals aber ein Unternehmen, zu dessen Ausführung man sich im Voraus mit Geduld waffnen mußte. Im knietiefen Sande, beinahe einen ganzen Tag lang durch einen traurigen Fichtenwald sich hinschleppen lassen zu müssen, um einen so kurzen Weg zurückzulegen, war in der That keine Kleinigkeit.

Der Anblick der Stadt Potsdam, als wir ihn endlich errungen hatten, entschädigte mich wenig für die überstandene Mühseligkeit, sie kam mir noch menschenleerer, noch veröddeter vor als Berlin. Die äußerlich anscheinende Pracht der Gebäude kontrastirte damals gar zu auffallend mit der Aermlichkeit der Bewohner derselben.

Uniformen rechts, links, wohin man sah, überall nichts als Uniformen, nirgend echt bürgerliche Wohlhabenheit, frohsinniger, sich selbst lohnender Gewerbsfleiß. Mir war nicht wohl dabei, und ich sehnte mich bald wieder hinaus.

Auch war es draußen unstreitig weit angenehmer als in der Stadt, die Umgebung derselben gefiel mir um so mehr, da es die erste schöne Gegend war, die ich erblickte, seit ich Danzig verlassen; besonders erfreuten mich die nie zuvor gesehenen Weinberge, welche hier schon anzutreffen ich nicht erwartet hatte. Man behauptete zwar, sie brächten nur »Gewächs sieht aus wie Wein,« aber was ging das mich an, durch eine solche Kleinigkeit ließ ich in meiner Freude mich nicht stören.

Schloß Sanssoucis machte in seiner grandiosen Einfachheit einen Eindruck auf mich, den ich nicht versuchen will durch Worte wieder zu geben. Im Sterbezimmer des großen Königs stand noch Alles, wie es in jener verhängnißvollen ernsten Stunde vor einem Jahre gestanden. Leisen Schrittes näherte ich mich dem Armsessel vor dem Kamin, in welchem die peinlich drückenden Fesseln des Lebens von dem Helden seines Jahrhunderts endlich abgefallen waren; ein lautes Wort wäre hier mir unmöglich, es nur zu hören unerträglich gewesen; doch Niemand unterbrach die heilige Stille, es war, als ob alle Gegenwärtigen noch unter dem Einfluß des hohen Geistes sich fühlten, der einst hier gewaltet.

Leichtfüßig schweifte ich in den Gärten umher, die ich in solcher Pracht noch nie gesehen; lachte den dickköpfigen chinesischen Pagoden ins Gesicht, die in einem Pavillon mich nickend begrüßten, wunderte mich über die übermäßigen Vergoldungen in einem andern, sah die berüchtigte Windmühle von weitem, deren Flügel ebenfalls vergolden zu lassen ein Spottvogel einst dem Könige gerathen, blieb vor den Marmorbildern wie eingewurzelt stehen und meinte endlich ins Feenreich versetzt zu sein, als ich die Orangerie in voller Blüthe, die wunderbaren Palmen und

Bäume aus südlichen Zonen, die Fülle der in unglaublichem Farbenglanz prangenden fremden Blumen erblickte, die mit wahrhaft königlicher Pracht in Treibhäusern gepflegt wurden, deren Möglichkeit in solcher Größe und Vollkommenheit mir nie in den Sinn gekommen war.

Unfern dem Schlosse, in einer von hohen Bäumen und düsterm Gebüsch umschatteten Ecke des Gartens, erblickte ich mehrere kleine Leichensteine mit Bello, Diana, Bijou und ähnlichen Hundenamen bezeichnet. Es waren die Gräber der zierlichen Windspiele, einst die vierfüßigen Lieblinge des gewaltigen Herrschers über Millionen, die er im bittern Unmuth für seine »einzig getreuen Freunde« oft erklärt hatte. Wie schwarz und schwer, wie so ganz trostlos muß in jener Stunde Menschenverachtung seinen hohen Sinn gebeugt haben, in der er den Wunsch äußern konnte, hier in ihrer Mitte einst begraben zu werden.

Uebrigens mag aber auch mancher Mensch das Schicksal dieser zierlichen Thierchen mit Neid betrachtet haben; sie führten ein köstliches Leben, überall war ihnen weich gebettet. Im Zimmer des Königs durften sie jede ersinnliche Freiheit sich herausnehmen, wovon Sophas und Sessel noch Beweise lieferten, und bei schlechtem Wetter fuhren sie in Königlicher

Equipage spazieren, um die niedlichen Pfötchen nicht zu beschmutzen. Der sie begleitende Page nahm dann im Wagen den Rücksitz ein und überließ ihnen den bequemeren Ehrenplatz; auch redete er nur in der dritten Person des Plurals sie an: Mylord! wo denken Sie hin? ist das auch ein schickliches Betragen? Marquis, halten Sie doch Frieden! Comtesse! wer wird denn so bellen?

Dreiunddreißigstes Kapitel.

Was man nicht alles für Leute kennt!
Und, wie die Zeit von dannen rennt. —
Was werd' ich noch alles erleben müssen!
            Schiller.

Um wieder einmal die große Fontaine in Herrenhausen springen zu sehen, und zugleich den berühmten Arzt, Ritter von Zimmermann, wegen kaum merklich werdender Abnahme seines Gehörs zu consultiren, führte mein Mann mich von Berlin nach Hannover. Im Bewußtsein, nicht nur den großen Arzt, sondern auch, was mir noch viel mehr war, den berühmten Schriftsteller, dessen Werk über die Einsamkeit ich mit großem Interesse kürzlich gelesen, in seinem Hause aufzusuchen, war mir freilich beim Ueberschreiten seiner Schwelle ein wenig ängstlich um's Herz. Die freundliche Art, mit der er als ein früherer Bekannter meines Mannes uns empfing, beruhigte mich indessen gleich anfangs wenigstens in so weit, daß es mir möglich wurde, nicht durch kindische Scheu mich lächerlich zu zeigen; und als ich erst in seinem Zimmer auf dem Sopha mich etablirt sah, als ich nun, umherschauend, an den Wänden und überall Gemälde und andere Dinge entdeckte, die auf sein Buch Bezug hatten, und die ich sogar aus den in demselben enthaltenen Beschreibungen wieder erkannte, da wurde die Möglichkeit, auch mit Männern dieser Art zu sprechen, ohne dabei vor lauter Ehrfurcht zu vergehen, mir einigermaßen klar.

Ritter von Zimmermann war eine stattliche Gestalt, sein Betragen das eines in den höheren Kreisen gebildeten Weltmannes; die nicht eben schönen aber ausdrucksvoll=männlichen Züge seines Gesichts trugen Spuren jener tiefen Melancholie, welche einige Jahre später bis an das Ende seiner Tage in die trübseligste Hypochondrie ausartete. Für jetzt verriethen indeß weder seine Reden, noch seine Art zu sein, den traurigen Verfall seiner geistigen Kraft, der durch frühere Krankheit herbeigeführt ihm nahe bevorstand. Er sprach viel und angenehm von seiner Fehde mit dem durch ihn berühmt gewordenen Doctor Oberreit, von seinem Besuch am Sterbelager Friedrichs des Zweiten, und wußte mir so den Muth einzuflößen, dann und wann ein Wort in das Gespräch einzuschieben, oder eine ganz bescheidene Frage zu wagen.

Am Ende unsers Besuchs bestimmte er meinen

Mann zur Brunnenkur in Pyrmont, wo er die beste Gelegenheit haben würde, ihn als Arzt zu beobachten, die Ursachen seiner angehenden Taubheit zu ergründen und wo möglich zu beseitigen.

Auf Wiedersehn in Pyrmont! Wie liebte ich den Ritter um dieses einzigen Wortes willen, mit dem er von uns Abschied nahm! Pyrmont! zwar wußte ich selbst nicht recht, was ich mir dabei dachte; ich Neuling in der Welt, wie konnte ich?

Den Sonntag mußten wir in Hannover noch abwarten, um die große Fontaine in Herrenhausen springen zu sehen, ein Schauspiel, das, wie Alles, was auf Gartenkunst Bezug hatte, meinen Mann sehr interessirte. Auch war es hier des Sehens und Bewunderns vollkommen werth. Mit donnerähnlichem Brausen drängte das Wasser sich unter der Erde durch die Röhren, und warf dann den mächtigen an Stärke dem Stamme eines großen Baumes zu vergleichenden Strahl siebenzig Fuß hoch in die Luft. Daß dieser Strahl in der Mitte hohl sei, und nur durch Kunst diese scheinbare Stärke erlange, erfuhr ich später, aber die Illusion war zu vollkommen, das Schauspiel, das sie bot, von zu erhabener Größe, um sich hier nicht gern täuschen zu lassen.

Wie erglänzte im Strahl der sinkenden Sonne,

beim Nachhausefahren der wunderherrliche Dom, den die nach Herrenhausen führende Allee bildet, die größte in Deutschland, vielleicht in der Welt; wie schimmerte das Laub, und deckte mit Millionen kleiner, auf goldigem Grunde tanzender Schatten, wie mit einem prachtvollen Teppich, die Erde!

Bei unserer Ankunft wimmelte Pyrmont von Brunnengästen aus allen, besonders aus den höhern und selbst höchsten Ständen; der ganze Ort kam wie ein ungeheurer Gasthof mir vor. Von dem, was Babeleben eigentlich sei, hatte ich keinen Begriff, ich hatte bis dahin es ganz treuherzig für einen letzten Versuch gehalten, die dem Grabe zusinkende Gesundheit wieder herzustellen. In Danzig kannte man eigentlich nur zwei Badeorte, Pyrmont und Karlsbad, und zwar größtentheils nur dem Namen nach; überhaupt galt die Verordnung einer Badereise als Andeutung, daß der Arzt keinen weitern Rath wisse und den Kranken gern aus seiner Nähe entfernen möchte, um im schlimmsten Fall weiterer Verantwortlichkeit enthoben zu sein.

An die Möglichkeit, aus Pyrmont hergestellt wieder zu kehren, glaubte man einigermaßen, obgleich der Versuch dazu nur selten gewagt worden sein mag; aber das Pyrmonter Wasser wurde schon damals weit und breit, sogar bis zu uns versendet; die Verordnung, nach Karlsbad zu gehen, wurde meistens wie eine Art Todesurtheil aufgenommen, jedem schauderte vor dem gleichsam aus der Hölle kochend heiß aufsprudelnden Wasser, und die dorthin Abreisenden schieden im bängsten Vorgefühl von ihren trostlos ihnen nachweinenden Freunden.

Ueberhaupt gab es bei sehr mangelhafter Einrichtung der Brunnenorte damals in Deutschland derselben nur wenige; jetzt würde es schwer fallen, mehr als zehn Meilen zurückzulegen, ohne auf eine größere oder kleinere, dem menschlichen Erfindungsgeist oder der Natur entspringende Heilquelle zu stoßen. Vor funfzig bis sechzig Jahren waren viele der jetzt besuchtesten theils noch unbekannt, theils nur von in der Nähe derselben Wohnenden spärlich benutzt und ärmlich ausgestattet; an die zweckmäßige Einrichtung von Seebädern wurde aber noch gar nicht gedacht.

So war es damals nicht allein in unserem abgelegenen Norden, sondern wenig modificirt auch im eigentlichen Deutschland; Pyrmont hatte indessen seit einigen Jahren, besonders seit König Friedrich der Zweite es besucht, eine überwiegende Berühmtheit erlangt; es wurde als die Krone aller Bäder betrachtet, von Fürsten mit ihrer Gegenwart beehrt, von dem Landesherrn, dem Fürsten von Waldeck, auf jede ihm mögliche Weise gehoben und begünstigt, und so hatte die Aufnahme, welche man dort fand, zwar bei weitem nicht so glänzend, als etwa jetzt in Wiesbaden, aber doch solcher vornehmer Brunnengäste nicht ganz unwürdig sich gestaltet.

Ob die hohen Erwartungen, mit denen ich in Pyrmont eintraf, ganz befriedigt wurden, ist eine Frage, die ich mit gleicher Wahrheit bejahend oder verneinend beantworten könnte.

Dieselbe Couleur, aber in Grün, forderte, wie eine bekannte Anekdote erzählt, ein Dienstmädchen einst in einem Laden, und reichte ein Pröbchen rosenrothes Band dem Kaufmanne hin; was das Mädchen eigentlich meinte, war ungefähr das, was ich in Pyrmont gefunden: Alles wie ich es mir gedacht hatte, nur ganz anders: Gott versteht mich, tröste ich mich mit dem ehrlichen Sancho Pansa, wenn man mich hier etwas unbegreiflich finden sollte.

Während der ersten Tage war mir freilich, mitten in dem bunten Treiben, ungefähr wie einem ins weite Meer gefallenen Regentropfen zu Muthe, doch auch hier trat, wie immer, mein Mann hülfreich ein, er führte früheren Bekannten, die er bald aufgefunden, mich zu, Männern und Frauen, aus Ham=

burg, Bremen und Lübeck, Hanseaten, eben wie wir auch, bei denen ich bald ganz einheimisch mich fühlte. Einer jungen liebenswürdigen Hamburgerin schloß ich herzlicher als den übrigen mich an, deren Mann schon früher dem meinigen befreundet gewesen, und die auch in späteren Jahren immer meine treue Freundin geblieben ist. Madame B** war ebenfalls einem weit ältern Manne sehr glücklich vermählt, der in ruhiger Zurückgezogenheit von Geschäften seines großen in Spanien erworbenen Vermögens mit feinem Sinn und in anständigem Wohlleben in Hamburg sich mit ihr erfreuete.

Daß wir in dieser lieben Gesellschaft die oft beschriebene schöne Gegend um Pyrmont auf größeren Spazierfahrten durchstreiften, daß rüstigere Fußgänger, als meine liebe B** es war, sich zu mir gesellten, um mit mir die Berge zu besteigen, wo Hermann mit seinen Cheruskern einst hausete, daß ich mit dem größten Interesse auf klassischem Boden hier wandelte, das Alles versteht sich von selbst. Varus und seinen Legionen gönnte ich übrigens ihren Untergang, der in dieser Gegend statt gefunden haben sollte, wie meine geschichtskundigen Führer mich versicherten, waren es doch nicht meine freien, tapfern Republikaner, die ich noch immer im Herzen trug.

Morgens versäumte ich selten an den Brunnen zu gehen, obgleich ich selbst ihn nicht trank. Alles ergötzte mich dort in seiner Neuheit; das mannichfaltige Getümmel der an der Quelle Genesung Suchenden, die jungen Frauen und Mädchen, die, nachdem sie ihren Becher hastig geleert, leichtfüßig wie Elfen die Allee hinunter schwebten, und in ihren einfachen Morgenkleidern tausendmal hübscher waren als am Tage unter der schwerfälligen Last der damaligen geschmacklosen Mode.

Der feierliche Choral, mit welchem das treffliche Musikchor des Fürsten von Waldeck die Freuden des für uns eigentlich beginnenden Tages mit dem Schlage sechs Uhr einleitete, schuf den hoch über uns sich wölbenden von den stattlichsten Bäumen gebildeten grünen Dom zum herrlichsten Tempel Gottes um. Es war ein einziger Moment, der selbst auf den Leichtsinnigsten unter uns nie seine Wirkung verfehlte, die aber auch mit dem letzten zum Himmel aufschwebenden Ton meistens wieder verflog.

Wer ist der hübsche junge Mann, der gleich nach dem Morgenliede sich einen lustigen Tanz aufspielen läßt? fragte ich am ersten Tage. Sie meinen den, der sich dort das niedliche Blumenmädchen herauslangt und die Allee mit ihr hinunterwalzt? Das ist der regierende Herzog von Mecklenburg-Schwerin; erhielt ich zur Antwort, und mußte zwei-, dreimal sie mir wiederholen lassen, weil ich immerfort glaubte, falsch verstanden zu haben.

Ein regierender Fürst! es war der erste, den ich jemals in der Nähe gesehen, denn damals waren so hohe Reisende noch eine Seltenheit. Daß sie nicht mehr die Krone auf dem Haupte, das Scepter in der Hand umherspazieren, wußte ich längst, aber so durchaus herablassend und human, so ganz frei von jenem Nimbus, den ich von der äußern Erscheinung eines solchen Gebieters über Leben und Freiheit seiner Unterthanen mir unzertrennlich dachte, den hohen Herrn zu finden, wäre mir nie eingefallen.

Was würden die Danziger sagen, wenn nur ihr regierender Herr Bürgermeister ein solches Tänzchen öffentlich wagen wollte! dachte ich.

Uebrigens stand Herzog Franz von Mecklenburg damals in blühendster Jugend, was bei regierenden Bürgermeistern nie der Fall zu sein pflegt; sein Land, seine Familie haben während seiner langen Regierung sich wohl befunden und seinen Tod aufrichtig betrauert; er selbst aber hat erst am Anfange dieses

Jahres, ein einundachtzigjähriger noch immer lebenskräftiger Greis, sein froh und glücklich geführtes Tagewerk froh und glücklich beendet, und ruht jetzt von des Lebens Mühen und Freuden bei seinen Ahnherren aus.

Der Nimbus von fürstlicher Glorie, den ich bei dem lebenslustigen Herzog von Mecklenburg vermißte, sollte dennoch mir aufgehen, ehe ich Pyrmont verließ; in verdoppeltem und verdreifachtem Glanze umstrahlte es die stattliche Gestalt der regierenden Herzogin von Braunschweig, die, umgeben von Kammerherren, Hofdamen und Allem, was zu einem förmlichen Hofstaat sonst noch gehört, wenige Tage nach uns eintraf, um die Brunnenkur zu gebrauchen.

An jedem Morgen sahen wir in der Allee eine lange Tafel bereitet, an welcher die Herzogin mit ihrer Gesellschaft das Frühstück einnahm; auch wir und unsere näheren Bekannten hatten zum nämlichen Zweck eine ähnliche, jener gegenüber schon früher etablirt. Beide waren die einzigen dieser Art, die übrige Gesellschaft frühstückte an kleinen einzelnen Tischen oder zu Hause. Mich und Madame B** ergötzte es nicht wenig, das, was in jener uns ganz neuen Hofatmosphäre vorging, wie ein Schauspiel zu betrachten, über welches wir unsere mitunter ziemlich lusti=

gen Bemerkungen einander mittheilten, aber es fiel uns nicht ein, daß auch wir unserm vornehmen vis à vis Stoff zu ähnlichen liefern könnten, die indessen, wie die Folge lehrte, nicht ungünstig für uns ausgefallen sein mußten.

Frau von B**, eine sehr geistreiche Dame, mit der wir zufällig in eine Art oberflächlicher Bekanntschaft gerathen waren, wie das an solchen Orten so leicht geschieht, trat ganz unerwartet mit dem Erbieten hervor, Madame B** und mich der Herzogin von Braunschweig vorzustellen. Sehr freundlich bemerkte sie dabei, daß wir dadurch des Vorzugs theilhaftig werden würden, uns den großen Dejeuners anschließen zu dürfen. Vergebens erinnerte ich unsere Beschützerin an unseren durchaus nicht hoffähigen Bürgerstand; sie erwiederte lächelnd, daß an Orten wie dieser auf Hofetikette nicht so strenge gehalten werde, wandte Alles an, um meine Zweifel zu heben und lud uns endlich ein, der Herzogin noch am nämlichen Nachmittage in der Allee zufällig zu begegnen. Wir hätten dabei nichts weiter zu thun, setzte sie hinzu, als nach dem Rock oder der Hand der Herzogin uns zu bücken, um sie zu küssen, was die ungemein herablassende Fürstin aber gewiß nicht zugeben werde.

Wir, keinem Fürsten unterthan, freigeborene Frauen, wir sollten einer anderen Frau, die weder unsere Mutter noch Großmutter war, die Hand küssen? oder vollends gar bis zur Erde uns beugen, um den Saum ihres Gewandes zu ergreifen, ein Zeichen leibeigener Knechtschaft, das sogar von Seiten der Schimkys und der rohen kassubischen Bauern mich immer empört hatte! Der Gedanke, daß man ein solches uns zumuthen könne, brachte mein republikanisches Blut in heftige Wallung. Feuerroth mit blitzenden Augen und zornbewegter Stimme erklärte ich, daß ich für meine Person unter solchen Bedingungen der mir zugedachten Ehre entsagen müsse, und meine Hamburger Freundin, durch mein Beispiel ermuthigt, stimmte mir bei.

Vergebens suchte Frau von V** meine Ansicht dessen, was man von uns verlangte, zu berichtigen, vergebens wollte sie als eine bloße, bei solchen Gelegenheiten zwar unerläßliche Formalität es mir darstellen, bei der es die sehr gnädige Herzogin aber nie weiter als zur bloßen Demonstration kommen lasse; auch zu einer solchen erklärte ich, könne ich als freie Republikanerin mich nicht entschließen. Genug, wir beharrten auf unserem starren reichstädtischen Sinn, und blieben jener Sphäre fern, in deren Nähe wir uns nie gesehnt hatten. Belobt von unsern Männern, die bei dieser, meiner ersten und einzigen diplomatischen Verhandlung als passive Zeugen sich verhalten hatten, von unsern übrigen hanseatischen Freunden bis in die Wolken erhoben, dachten wir gar nicht daran, wie viel Stoff zu witzigen Einfällen unser Bürgerhochmuth wahrscheinlich dem Tisch an der entgegengesetzten Seite der Allee geliefert haben mochte.

Vierunddreißigstes Kapitel.

Un homme d'esprit n'en a pas tous les jours!

Gleichzeitig mit der Herzogin von Braunschweig hatte auch der Ritter von Zimmermann sich in Pyrmont eingestellt. Gepudert, frisirt, in vollem Anzuge, fast immer den Hut unterm Arm, mit dem Wladimirorden prangend, mußte ich ihn, noch lange vor dem Morgenliede, sich in der Allee schmiegen, bücken, von einem vornehmen Brunnengast schnell zu einem noch vornehmern übergehen, kurz eine für sein Alter wie für das was er war ganz unpassende Rolle spielen sehen. Doch muß ich auch bekennen, daß er, weit davon entfernt uns Nobody's darüber zu vernachlässigen, selten einen Morgen vorbeigehen ließ, ohne auch von uns Notiz zu nehmen, und mich in der Allee eine kleine Strecke zu begleiten. Zuweilen suchte er im Laufe des Tages in unsrer Wohnung uns auf, in offnem traulichen Gespräch flogen dann die Stunden an uns vorüber. Er zeigte sich ganz wie ich nach Lesung seines Buchs über die Einsamkeit ihn mir gedacht und in seinem Hause ihn gefunden. Aus Allem ging hervor, daß nicht Wohlgefallen an diesem Treiben, sondern übermäßige Eitelkeit ihn verleitete, sich einer Last zu bequemen, die seinem eigentlichen Wesen durchaus widersprach, was ich ohne inniges Bedauern nicht ansehen konnte.

Mein Wunsch, literarische Notabilitäten kennen zu lernen, fand übrigens in Pyrmont der Befriedigung vollauf, insofern ich mit dem bloßen Anblick ihrer Persönlichkeit mich begnügen wollte. Täglich entdeckte ich neue mir noch unbekannte Brunnengäste, und hörte mit aus Journalen und Büchern mir wohlbekannten berühmten Namen sie nennen. Doch dabei blieb es gewöhnlich, höchstens kam es bis zu einem Gruß beim Begegnen, und einer flüchtigen Frage nach dem gegenseitigen Befinden. Man sah es diesen Männern an, daß das Bedürfniß, nach einem langen arbeitsvollen Winter im Freien sich zu erholen, sie nach Pyrmont geführt, und sie folglich wenig aufgelegt sein konnten, dem hohlen, geräuschvollen, ihnen wenig zusagenden Badeleben sich hinzugeben.

Zwei von diesen, der Buchhändler Nikolai aus Berlin und sein von ihm unzertrennlicher Freund, der Bibliothekar Biester, Herausgeber der Berliner Monatsschrift, hatten sich indessen uns mehr genähert. Nikolai war ein ältlicher, ernster, etwas finster aussehender Mann, was theils von seinem etwas schweren Gehör, theils von den vielen, von beiden Seiten oft mit großer Erbitterung geführten literarischen Fehden herrühren mochte, in welche er in jener Zeit verwickelt war. Doch habe ich im geselligen Umgange nichts weniger als abstoßend oder mürrisch ihn gefunden. Sebaldus Nothanker war die einzige seiner Schriften, die ich gelesen, die besonders durch die kleinen Meisterwerke, mit denen Chodowiecky's unnachahmliche Laune das Buch ausgestattet hatte, mir interessant geworden war, und bei welchem eigentlich nur der darin vorherrschende Humor mich festhalten konnte, da ich von dem hinter diesem verborgenen tiefen Ernst wenig verstand. Nikolai ließ oft sehr freundlich auf mein unbedeutendes Geschwätz sich ein, doch wohl nur aus höflicher Rücksicht gegen mein Geschlecht; denn daß nicht ich, sondern mein Mann ihn an uns gezogen, ging aus den lebhaften oft die heterogensten Gegenstände erschöpfenden Gesprächen dieser Beiden täglich hervor. Bibliothekar Biester war gewöhnlich der Dritte in ihrem Bunde; doch da in seiner Persönlichkeit wenig Anziehendes für mich lag, so schwebt sein Bild nur in undeutlichen Umrissen meiner Erinnerung vor.

Das Beste hebt jede gute Hausfrau gern bis zuletzt auf, und so will denn auch ich, indem ich im Begriff stehe, von Pyrmont zu scheiden, erst zum Schlusse den Mann nennen, dessen mir höchst liebe und wohlthätige Erscheinung die zerstörende Gewalt der Jahre in meinem Gemüthe nie verlöschen konnte, Justus Möser.

Seine patriotischen Phantasien waren zufällig unter die kleine Anzahl von Büchern gerathen, die ich in Oliva vorfand; sie sind für Westphalen geschrieben, ein fernes Land, dessen Einrichtungen und Gebräuche ich nicht kannte; vieles darin mußte mir deshalb unverständlich bleiben, dennoch zog das Buch mich mächtig an, und so lange ich auf dem Lande blieb, ließ ich selten mehrere Tage vergehen, ohne mich in einzelnen Stunden daran zu ergötzen. Wer es kennt, wird dies begreifen, wer es nicht kennt, wird es jetzt schwerlich kennen lernen; es ist zu neu, um durch Alterthümlichkeit anzuziehen, zu alt, um in dieser ganz veränderten Zeit Anklang zu finden.

Der durch das innigste Wohlwollen und den Erguß des heitersten Humors gemilderte Ernst; mit welchem der Verfasser in jenem Buche gegen die

Mißbräuche seiner Zeit ankämpft, seine treuherzige, ich möchte sagen väterliche Art, seinen Landsleuten guten, ja den besten Rath in wichtigen Angelegenheiten des Lebens zu ertheilen, die strenge Wahrheitsliebe, welche aus jedem seiner Worte hervorgeht, mußten die allgemeinste Liebe und Achtung derer ihm erwerben, die aus seinem schriftstellerischen Wirken ihn kannten; doch wie sehr wurden diese durch seine persönliche Erscheinung erhöht!

Die Natur hatte mit ihren edelsten Gaben verschwenderisch ihn beglückt, und Kränkung, Kummer, Sorge, waren seinem für Anderer Wohl unermüdlich thätigen Leben immer fern geblieben. Er stand, als ich ihn kennen lernte, schon in seinem siebenundsechzigsten Jahr, und hatte noch nie erfahren, was Schmerz und Krankheit sei. Das vollkommenste Ebenmaß seiner ungewöhnlich hohen, vom Alter ungebeugten Gestalt, seine sichere kräftige Art, sich zu bewegen, der zugleich heitere und würdige Ausdruck seines edlen Gesichts, zog alle Herzen zu inniger Verehrung gegen ihn hin, und zeichnete unter Hunderten ihn aus. So war er im Aeußern, das mit seinem Geiste, wie mit seinem Gemüth, in vollkommenster Harmonie stand, wie unsre Welt sie selten aufzuweisen vermag.

Was sein besonderes Wohlwollen auf mich gerichtet, weiß ich nicht, es war wohl nur die Gunst des Augenblicks, aber er gab gern und viel und täglich sich mit mir ab. Wie stolz war ich, wenn die Leute uns Beiden nachsahen, indem wir mit einander die Allee auf- und abspazierten. Seine sehr hohe und meine sehr kleine Gestalt mögen sonderbar genug mit einander kontrastirt haben, auch führte er mich gewöhnlich wie ein kleines Kind an der Hand, weil es mir zu unbequem war, meinen Arm bis zu dem seinigen zu erheben.

God bless the tall gentleman! Gott segne den langen Herrn! Hatten die Londoner Blumen- und Gemüseverkäuferinnen immer ihm nachgerufen, wenn er in London über Covent-garden-market ging.

Fünfunddreißigstes Kapitel.

*Alles entsteht und vergeht nach Gesetz, doch über des Menschen
Leben, den köstlichsten Schatz, herrschet ein schwankendes Loos.*
                                                            Goethe.

Nicht in sausendem Galop, aber doch auf ge=
bahnten, ich glaube gar auf Chausseewegen, ging es
einstweilen auf Kassel zu, und dann immer weiter, —
nach Paris, das wenigstens im Fluge mir zu zeigen,
Ritter Zimmermann meinen Mann bewogen hatte,
wofür ich noch bis zu dieser Stunde ihm dankbar
verpflichtet mich fühle.

In Hörter, einem kleinen Orte zwischen Pyr=
mont und Kassel, hemmte ein Gedränge vieler Leute
vor dem Posthause uns den Weg; es war noch sehr
früh am Tage, ein hübsches sechzehnjähriges Kind,
die Tochter eines Kaufmanns dem Posthause gegen=
über, tritt singend heraus, um die Fensterladen an
ihres Vaters Hause zu öffnen, ein übermäßig hoch=
beladener Erntewagen kommt im nämlichen Augen=
blick die Straße herab, schlägt um! — ehe die un=

ruhig gewordenen Pferde abgespannt, der Wagen aufgerichtet, die Ladung fortgeschafft werden kann, ist die Unglückliche erstickt. Wenig oder gar nicht entstellt sah ich sie an uns vorüber in das väterliche Haus tragen, und wandte erschüttert und traurend von dem Anblick mich ab, den ich lange nicht vergessen konnte. Noch jetzt muß ich vor jedem Erntewagen unwillkürlich zurücktreten, der mir begegnet.

Das Marmorbad in Kassel blendete mich durch nie gesehene Pracht. Den Winterkasten auf Weissenstein aber, wie damals die jetzige Wilhelmshöhe genannt wurde, war ich bereit, mit sammt seinem Herkules für das achte Wunder der Welt anzuerkennen. Die rohe phantastische Größe dieses kaum zur Hälfte vollendeten Riesenbaues stand wie ein kolossales Traumbild aus einer, ich wußte nicht ob überirdischen oder unterirdischen Wunderwelt vor mir. Mag man immerhin geschmacklos mich schelten, ich hoffe, unsre neue überschwengliche Zeit wird sich nie bis zu der Höhe versteigen, es untergehen lassen zu wollen.

Beim Abschied stattete ich noch den Herren Pythagoras, Solon, Demokrit, und wie sie weiter noch heißen, in ihren damaligen respektiven Sommerwohnungen auf dem Weissenstein einen kurzen Besuch ab, einen andern desgleichen in Kassel selbst, den wächsernen Landgrafen und Gräfinnen, die damals angethan in Prachtgewändern, die sie, als sie noch lebten, getragen, Tag und Nacht im Museum neben einander saßen und Hof hielten.

In Frankfurt wehte ein Hauch vaterländischer Luft mir entgegen. Die schmalen Straßen, die hohen Häuser, die kleinen Schiffchen auf dem Main, Alles erinnerte mich an Danzig und an das dortige, reichsstädtische Leben. Nur schien es mir enger und kleiner, die Gasthöfe und das große Gewühl abgehender und ankommender Reisenden ausgenommen. Damals rechnete man in Frankfurt auf jede Viertelstunde eine abgehende oder ankommende Extrapost. Dampfschiffe und Eilwagen haben die Zahl derselben zwar bedeutend vermindert, die Eisenbahnen werden mit der Zeit noch mehr dazu beitragen, aber die Zahl der Reisenden nimmt gewiß nicht ab. Die glückliche Lage der Stadt führt Alles, was von Süden nach Norden, von Osten nach Westen will, durch sie hindurch, und Jeder freuet sich, einen angenehmen Ruhepunkt zu finden, wäre es auch nur für wenige Stunden.

Statt der köstlichen Promenaden, die jetzt wie ein vollblühender Kranz Frankfurt umschlingen, das seitdem an Schönheit und Größe mit jedem Tage zugenommen hat und noch zunimmt, war es vor funfzig Jahren noch festungsartig von traurigen Wällen umgeben, für mich eine Erinnerung mehr an meine liebe Vaterstadt.

Ich wurde des Reisens nicht müde; freilich war die Sommerhitze groß, aber wir hatten Mittel gefunden, ihr auszuweichen; wir kehrten am heißen Mittage im ersten leidlichen Gasthofe ein, schliefen ruhig einige Stunden, kleideten uns um, aßen gegen fünf Uhr zu Mittag, und setzten dann in beginnender Abendkühle unsre Reise fort, die schöne kurze Sommernacht hindurch, dem Sonnenaufgang entgegen, bis die wieder zunehmende Hitze des Tages uns abermals bewog, ein schattendes Dach aufzusuchen.

So gelangten wir über Deutschlands Grenze hinaus nach Gent, nach Antwerpen, nach Lille, nach Brüssel, und ich will ehrlich gestehen, daß Bettler und Straßenjungen durch ihr Französischparliren mir anfangs einigermaßen imponirten.

Festgehalten von alten Freunden meines Mannes, verweilten wir in allen jenen Städten einige Tage, während welcher ich im Kreise der Familien, bei denen ich eingeführt wurde, mich ungemein wohl befand, um so mehr, da ich jeden Augenblick auf etwas mir durchaus Fremdartiges stieß. Bald war es die beim Mittagsessen selten ausbleibende Gegenwart eines wohlgenährten Geistlichen, des Beichtvaters des Hauses, oder einer sehr freundlichen Soeur grise, der sorgsamen Pflegerin eines kranken oder altersschwachen Mitgliedes der Familie; Beide nahmen unausbleiblich die Oberstelle am Tische ein und wurden mit ausgezeichneter Ehrerbietung vor allen andern Gästen auf das Aufmerksamste bedient; zuweilen war es aber auch der innere Kampf im Gemüth der Frau vom Hause, der mir ein heimliches Lächeln ablockte, wenn ihr Mann an einem Freitage auf den profanen Einfall gerieth, einen Flügel von dem Rebhuhn essen zu wollen, das sie, mit großer Selbstüberwindung, nur aus Nachsicht für uns Ketzer hatte auftragen lassen, und sie nun nicht wußte, wie sie von einer so schweren Sünde ihn abhalten könne, ohne zugleich uns wehe zu thun.

Mehr als Alles aber setzte der Frauen genaue Bekanntschaft mit den Geschäften ihres Hauses mich in Erstaunen; sie schienen davon weit unterrichteter als der eigentliche Chef desselben, der bei den Gesprächen, die sie darüber mit meinem Manne führten, sich gewöhnlich schweigend verhielt. In vollem Anzuge, reich und elegant gekleidet, von ihren erwachsenen Töchtern umgeben, denen gewöhnlich das Amt des Kassirers übertragen war, brachten die Frauen der bedeutendsten Banquiers den Vormittag im Comptoir zu; da saßen sie an einem etwas abgesonderten Platz, von welchem aus sie Alles, was in demselben vorging, übersehen konnten, schrieben, diktirten, rechneten, nahmen die Fremden an, die sich präsentirten, und ließen, den Cours gehörig berechnend, ihre Wechsel ihnen auszahlen.

So war es vor funfzig Jahren; ein mir sehr seltsam erscheinender Zustand, dem ich keinen Geschmack abgewinnen konnte. Zeit und Umstände haben seitdem freilich viel verändert.

Sechsunddreißigstes Kapitel.

*Welche Thürme! welche Massen!
Welche Welt von Kalk und Stein
So die Blicke kaum umfassen!*
Heinrich Brockes.

Endlich sah ich Paris! Paris, das Wunder der Welt! Orhöfte voll Tinte sind seitdem in Beschreibungen desselben konsumirt worden. Der Gegenstand ist erschöpft, was läßt ohne ermüdende Wiederholungen sich weiter darüber sagen? wenn der Autor nicht seine eigene Person zum Mittelpunkt erheben will, um den die Welt sich dreht.

Madame est belle comme elle est bonne! rief ein altes Weib mir hohnlachend zu, dem ich nichts gegeben, weil ich nichts ihr zu geben hatte. Ich saß in meinem Wagen vor einem großen Hotel in der rue des bons enfans, eine der gewühlreichsten pariser Straßen, und harrte der Entscheidung meines Mannes, der ins Haus gegangen war, um sich die Zimmer zeigen zu lassen, die man uns einräumen konnte.

Mit zwanzig Jahren und einem gewissen Bewußtsein, das in jenem glücklichen Alter selten auszubleiben pflegt, kann ein Witzwort, wie das, welches die Bettlerin im Zorn gegen mich ausgesprochen, keinen sehr großen Eindruck machen, ich fand im Gegentheil es sehr ergötzlich, echt französisch und war schon auf Mittel und Wege bedacht, sie vermittelst einiger Sous königlich dafür belohnen zu lassen, als plötzlich rings umher eine Menge Ritter mit großem Geräusch zur Vertheidigung meiner Schönheit aufstand; Lohnbediente, Lastträger, Commissionairs, die, ihrem Gewerb nachgehend, um den Wagen sich versammelt hatten, drangen mit zürnender Geberde, unter lautem Schreien, sogar mit drohenden Fäusten auf die Alte ein; die Vorübergehenden fingen an, theilnehmend stillzustehen, unser Bediente, der kein Wort Französisch verstand, zitterte und bebte, mir selbst verging Hören und Sehen über den Höllenlärm, den nur Pariser Kehlen bis zu dieser Höhe zu steigern vermögen.

Wie froh war ich, als mein Mann zu meiner Befreiung erschien und aus meiner ängstlichen Lage mich erlöste.

Das Entresol war besetzt, die Belle étage ebenfalls, wir mußten eine dritte Treppe ersteigen; die

Wirthin lief geschäftig an mir vorüber, um die Fenster des Zimmers, in das ich eben hineingeführt wurde, zu öffnen. Ich trat auf den Balkon, und blieb vor dem überraschenden Anblick wie versteinert. Das Palais royal in all' seinem damals entstehenden Glanz, lag gleich einer Feeninsel vor mir.

Vormals war dieser Zauberort der zum Palast des Herzogs von Orleans gehörende Garten gewesen; die hohen Alleen, die schattenreichen Bosquets, die alten prächtigen Bäume waren seit Kurzem der Zerstörungswuth und dem Eigennutz des Eigners derselben zum Opfer gefallen. — Ganz Paris hatte darüber ziemlich vernehmlich gemurrt, ganz Paris war jetzt über die neue Schöpfung entzückt, die aus jenem Chaos hervorging; Paris war in dieser Hinsicht immer Paris und wird es bleiben, so lange dort ein Stein auf dem andern ruht.

Wer kennt nicht das Palais royal, wenigstens aus Beschreibungen? wer würde nicht mitleidig die Achsel zucken, wenn ich es unternähme, jenen vielen hier noch eine hinzufügen zu wollen? Nur so viel kann ich zu sagen mir erlauben, Alles, was man im Leben bedarf und nicht bedarf, umschloß es schon damals in seinen weitläufigen Bezirken; nur keine

Kirche und keine Restauration, die letztere aus dem ganz einfachen Grunde nicht, weil die Erfindung dieser sehr heilsamen Institute einer etwas späteren Zeit vorbehalten worden war.

Herr und Madame P... aus Hamburg, bewohnten die Belle étage in unserm Hotel; in Gesellschaft dieser Freunde, zum Theil unter ihrer Leitung, benutzte ich unermüdlich die mir spärlich gemessene Zeit von vier Wochen. Doch daß ich dadurch meinem Zweck, Paris kennen zu lernen, bedeutend näher gekommen wäre, darf ich nicht behaupten; im Gegentheil, wie in einem Ameisenhaufen, wirbelte in meinem Kopfe Alles durcheinander; der Gegenstände waren zu viele, der Tage, die ich ihnen widmen konnte, zu wenige. Aber hätte ich auch so viele Monate in Paris verweilen dürfen, als mir Wochen vergönnt waren, ich wäre doch nicht zu vollkommen klarer Anschauung dessen, was ich erblickte, gelangt. Wie neugeborne Kinder das Sehen durch Uebung erst erlernen müssen, so will auch das Sehen auf Reisen erst erlernt werden, wenn man etwas Besseres mit nach Hause bringen soll, als etwa einige Anekdoten aus den häuslichen Zuständen jetzt berühmter Schriftsteller, deren man nach höchstens zwanzig Jahren nicht mehr gedenken wird; ein Sur=

rogat, mit welchem die Mehrzahl unserer Reisebeschreiber sich einstweilen behilft.

Abends ruhte ich in einem der vielen Theater aus, deren in Paris mehrere den Schaulustigen täglich offen standen, und kam fast immer befriedigt nach Hause. Nur eines einzigen derselben, und zwar eines der kleineren will ich hier erwähnen; les petits comediens du Roi. Die Schauspieler waren Kinder von vierzehn bis sechzehn Jahren, die im Bezirk des Palais royal in einem eleganten kleinen Schauspielhause ihr lustiges Wesen trieben. Sie spielten zur allgemeinen Zufriedenheit eines leicht zu amüsirenden Publikums Sprichwörter, Operetten, kleine Lustspiele, Vaudevilles, alle jene zierlichen Blüetten, in denen die Franzosen alle anderen Nationen weit hinter sich zurücklassen.

»Das einzige Merkwürdige hier ist, daß einer dieser jungen Schauspieler kein Wort spricht, er spielt, während ein anderer in der Koulisse seine Rolle für ihn deklamirt; könnten Sie ihn unter den Uebrigen wohl herausfinden?« flüsterte Jemand aus unserer Gesellschaft mir zu. Ich gab genauer Acht, glaubte den Stummen entdeckt zu haben, und vernahm zu meinem größten Erstaunen, daß der Knabe, den ich bezeichnete, nur ein etwas ungeschickter Anfänger sei, daß aber in der That kein einziger der jungen Schauspieler und Schauspielerinnen ein Wort spräche, daß das ganze Stück eigentlich hinter der Scene aufgeführt würde und die Schauspieler hier vor uns nur eine pantomimische Darstellung desselben gäben.

Die Täuschung war vollkommen, selbst als ich davon unterrichtet war, kostete es mir Mühe daran zu glauben; kein Blick, keine zu früh oder zu spät eintretende Miene oder Gebehrde verrieth sie; auch nicht beim Gesange, wo man deutlich die Anstrengung zu bemerken glauben mußte, mit welcher die jungen Sänger etwas schwierige Kolleraturen herausgurgelten.

Der Nutzen dieser gewiß für Lehrer und Schüler gleich lästigen Abrichtung der armen Kinder blieb mir indessen eben so unbegreiflich als das Gelingen derselben; auch wußte Niemand mir etwas Befriedigendes darüber zu berichten. In den Stürmen der Revolution ist das ganze Gaukelspiel seitdem verweht und liegt zu sehr außer dem Geschmack der Zeit, um wieder hervorgesucht zu werden.

Das unverhoffte Wiedersehen der Gemahlin des russischen Gesandten in Danzig, der Frau von P..., die wir in Paris wiederfanden, freute und betrübte mich zugleich; persönlich fand ich sie fast unverändert, doch wie war es um sie her so gar anders geworden, als es früher gewesen! Ihr fehlte augenscheinlich Alles, was Gewohnheit ihr sonst unentbehrlich gemacht. Sie bewohnte das niedrige Entresol eines sehr bürgerlich aussehenden Hauses, ohne Vorhof, ohne Thorfahrt. Dicht unter ihrem Fenster rasselten Karren und Wagen vom grauenden Morgen bis tief in die Nacht in ununterbrochener Folge vorbei, und jede Art ohrenzerreißenden Straßenlärms tönte betäubend zu ihr hinauf. Ein Fenster zu öffnen, um frische Luft ins Zimmer bringen zu lassen, verwehrte der in dicken Wolken hochaufwirbelnde Staub und das wilde Getöse draußen, bei dem es unmöglich war, sich im Zimmer einander verständlich zu machen. Nur harte Nothwendigkeit konnte die erwähnte Frau gezwungen haben, aus ökonomischen Gründen diese Wohnung zu wählen.

Kein Kammerdiener, keine bunt galonirten Lakeien harrten in ihrer verödeten Antichambre ihrer Befehle; von ihrer ganzen zahlreichen Dienerschaft war nur eine einzige russische Kammerfrau ihr geblieben, die ihr schon von Petersburg nach Danzig gefolgt war, von ihren übrigen Umgebungen nur das von Darbes gemalte Pastellbild einer geliebten Jugendfreundin, das ich in Danzig in ihrem Kabi=

nette oft bewundert, und — Gilard, der alte treue
Gilard. Mit unbeschreiblichem Zartgefühl suchte er
durch verdoppelte Aufmerksamkeit und jede nur er=
sinnliche Schonung die herbe Veränderung ihrer Lage
sie vergessen zu lassen, der er doch immer selbst mit
tiefem Schmerze gedachte, und die sie mit unbesieg=
barem Gleichmuth und Ehrfurcht gebietender Würde
zu ertragen verstand.

Dem niederschlagenden Bilde dieser durchaus ver=
fehlten, zerrissenen Existenz eines von der Natur zu
den schönsten Erwartungen berechtigten, liebenswür=
digen Wesens, reiht hier in meiner Erinnerung das
eines der edelsten Greise, des Abbé L'Epée sich
trostbringend an, zu welchem ein Freund desselben
mich führte; denn jene öffentlichen, theatralisch pomp=
haften Schaustellungen, welche unter dem Abbé Si=
card, seinem Nachfolger, Zeit und Umstände seitdem
als nothwendig bedingt haben, fanden vor funfzig
Jahren noch nicht Statt.

Von einem einzigen großen Gedanken ergriffen,
hatte der Abbé L'Epée sein Leben, sein Denken und
Wirken, der Ausführung desselben zugewandt. Mit
einem sehr mäßigen, für das Ziel, das er sich er=
wählt, sogar dürftigen Einkommen, hatte er das
große segenreiche Werk begonnen und durchgeführt,

unglückliche taubstumme Kinder aus tiefster an Thier=
heit grenzenden Versunkenheit zu menschlicher Würde
zu erheben. Ganz allein, unter Entbehrungen jeder
Art, die er sich freiwillig auferlegte, hatte er die ihm
später gebotenen Geschenke fremder Monarchen ver=
schmäht, hatte nie die Aufmerksamkeit seines eigenen
Hofes zu erregen gesucht, und war folglich in jener
frivolen Epoche, in welche sein Leben fiel, von diesem
unbeachtet geblieben. Sein ganzes Streben ging nur
darauf hinaus, so viel Gegenstände seines wohlthä=
tigen Wirkens, als er erreichen konnte, in seinem
Hause zu versammeln und in ihrer Mitte zu leben,
wie ein angebeteter Vater unter seinen geliebten
Kindern.

So fand ich ihn in seinem nur mit den unent=
behrlichsten Bequemlichkeiten einfach bürgerlich aus=
gestatteten Zimmer, ein milder ehrwürdiger Greis
von fünfundsiebenzig Jahren, mit schneeweißen Locken,
die sich einzeln unter dem schwarzen Käppchen her=
vordrängten, das seine Scheitel deckte. Sein ganzes
Wesen trug den Ausdruck herzgewinnender Freund=
lichkeit und unaussprechlichen Wohlwollens. Meine
warme ungeheuchelte Theilnahme, die ich nicht ver=
bergen konnte noch mochte, wandte seine Aufmerk=
samkeit mir zu, er sprach viel mit mir über den

Anfang und glücklichen Fortgang seines gewagten Unternehmens, und erwähnte dabei, wie eigne Harthörigkeit und das daraus entstehende Bemühen, durch die Augen den Mangel des Gehörs zu er=
setzen, ihm schon früher den Weg angewiesen, auf den er seitdem mit Gelingen vorwärts schritt.

Siebenunddreißigstes Kapitel.

> Es fürchte die Götter
> Das Menschengeschlecht!
> Der fürchte sie doppelt.
> Den je sie erheben!
> Goethe.

Die kurzen unserm Aufenthalt in Paris bestimmten vier Wochen nahten ihrem Ende; nur das Fest des heiligen Ludwig, am fünfundzwanzigsten August, wollten wir noch abwarten. Unser alter Freund de Pons, der vieljährige französische Resident in Danzig, dessen ich schon in diesen Blättern erwähnt habe, war eben damals bei seiner in Versailles wohnenden Familie auf Urlaub zum Besuch, und bot uns durch seine gastfreie Einladung die schönste Gelegenheit, an diesem festlichen Tage, bei der Prozession des rothen Ordensbandes, den Hof Ludwigs des Sechzehnten im größten Glanze zu sehen.

Das Namensfest des Königs wurde nie wieder so gefeiert, der furchtbare Orkan, der über ihn und sein dem schmählichsten Verderben geweihtes Haus vernichtend niederschmettern sollte, sammelte schon drohend sich über seinem Haupt. Bange Ahnung erfüllte zwar die Gemüther rings um ihn her, doch wie fern blieb sie hinter den Greueln zurück, die schon jetzt, sogar in der nächsten Nähe des Königs, sich heimlich vorbereiteten!

Zeichen der im Innern gährenden Unzufriedenheit der Pariser, ihres mitunter laut geäußerten Argwohns, ja sogar Widerwillens gegen die Königin, die sie nur die Oestreicherin nannten, äußerten sich unverhohlen auf mannichfache Weise und rückhaltsloser als zuvor. So hatten zum Beispiel, die später so furchtbaren Pariser Poissarden sich diesmal geweigert, dem Könige das sonst gewöhnliche Bouquet, begleitet von einer in ihrem Styl abgefaßten Anrede, zu seinem Namensfeste zu überbringen; doch das Alles ging, zwar nicht unbemerkt, nicht unbewitzelt, aber doch unbeachtet, fürs erste noch vorüber. Daß es auf mich keinen Eindruck machte, war natürlich, das große glänzende Schauspiel, das sich dicht unter meinen Augen entwickelte, war dazu geeignet, alles Andre ausschließend, mich zu beschäftigen.

Da stand ich nun unter der Leitung unsers Gastfreundes de Pons im berühmten Oeil de boeuf zu

Versailles, durch welches der königliche Zug gehen mußte, höchlich verwundert, in dem berühmten Vorsaal mich wirklich zu befinden, dessen zeitgeschichtlichen seltsamen Namen ich so oft gehört und gelesen. Wir hatten in Paris uns bei guter Zeit auf den Weg gemacht, es war noch ziemlich früh und die Anzahl der gleich uns von Neubegier Hergezogener war noch nicht bedeutend.

Doch allmälig, so wie die Zeit vorrückte, füllte sich der weite Raum, ein Gedränge entstand, wie ich an diesem Ort es kaum für möglich gehalten. Nach der damals neuesten Mode gekleidet, mein weit über den Rücken hinabreichendes, an den Spitzen in Locken geschlagenes stark gepudertes Haar à la conseillère frisirt, fühlte ich in der vorderen Reihe der Zuschauer mich von beiden Seiten auf eine Weise plötzlich zusammengedrückt, die mir nicht die kleinste Bewegung erlaubte. Meine langen Locken waren in dem unruhigen Hin= und Herwogen der Masse zwischen weit hinter mir stehenden Leuten, die in ihrer gepreßten Lage eben so wenig als ich selbst im Stande waren, nur eine Hand zu bewegen, fest eingeklemmt worden, ich wurde vorwärts geschoben, es war einer der angstvollsten und peinlichsten Augenblicke meines Lebens. Ich fühlte brennenden Schmerz in jedem einzelnen Haar, ich sah mich in der eminentesten Gefahr, auf die gräßlichste Weise scalpirt zu werden, und würde dem, der mit einer Scheere die Locken, die sonst mein Stolz waren, von meinem Haupte getrennt hätte, für meinen größten Wohlthäter erklärt haben.

Messieurs sauvez votre compatriote! rief Herr de Pons, der meine Gefahr sah, doch ebenfalls ohne ihr abhelfen zu können, einem von der Schweizergarde in unsrer Nähe zu, zwei von den wackern Männern eilten herbei; diesen konnte es nicht schwer werden sich Raum zu verschaffen, und ich stand im nächsten Augenblick zitternd mit herzklopfendem Herzen wieder frei auf meinen Füßen, gleich einem armen Vogel, dem eine mitleidige Hand aus der Schlinge half, in die er sich verstrickt hatte. Beide Schweizer, große männlich schöne Gestalten, blieben jetzt zu meinem Schutze mir zur Seite, was sich komisch genug ausgenommen haben mag.

Ach hätten sie und ihre tapfern Kameraden zwei Jahre später auch ihre Königin so befreien können, für die sie Alle unter Mörderhänden ihr Leben verbluteten. Leider konnten sie nichts für sie thun, als für sie sterben! so war es dort oben geschrieben.

Jetzt nahte der Zug, und die Gefahr, der ich

vor wenigen Minuten entgangen, war vergessen. Düfte des Orients verkündeten schon von ferne sein Herannahen; der blendende Schimmer der Edelsteine, der reichen Stickereien, verwirrte das Auge, ich sah und wußte kaum was. Eine deutliche Uebersicht des Ganzen ist mir nach so vielen langen Jahren nicht geblieben, nur einzelne Gestalten haben in meiner Erinnerung sich festgestellt.

Zuerst der König, in der Mitte der Großen seines Reichs; seine unbehülfliche zu starke Gestalt, sein schwerfälliger schwankender Gang fielen keineswegs vortheilhaft aus; eine gewisse schüchterne Unsicherheit, wie man sie einem Könige am wenigsten zutrauen sollte, sprach in seinem ganzen Wesen, wie im Ausdruck seiner übrigens nicht unangenehmen Gesichtszüge sich aus. Tief verhüllt und unerkannt im Innern dieser unscheinbaren Formen lag noch der edle Geist, der sie belebte, verborgen, der erst später, als er vom Schaffot seiner eigentlichen Heimath zuschwebte, in seiner vollen Glorie sich der Welt offenbaren sollte.

Die beiden Brüder des Königs, der Graf von Provence und Graf d'Artois, in spätern Zeiten als Ludwig der Achtzehnte und Karl der Zehnte seine Nachfolger, standen in der äußern Erscheinung hoch über ihm; schöne stattliche Männer, die jeden Vorzug, mit welchem die Natur sie beschenkt hatte, geltend zu machen verstanden. Doch auch sie wurden von ihrem Vetter, dem Herzog von Orleans, bei weitem überragt. Diese hohe wahrhaft königliche Gestalt, diese schönen regelmäßigen Gesichtszüge; wer hätte damals das Scheusal der Welt, den Mörder seines königlichen Verwandten, den entsetzlichen Egalité hier vorahnend erkennen sollen, in dessen Brust schon damals die Hölle tobte, der so tief sich herabwürdigte, daß zuletzt selbst der Abschaum der Hefe des Volks, dem er sich zugesellt hatte, ihn verachtend und verhöhnend von einem Gefängniß in's andere, endlich zur Guillotine schleppte, um nur seiner los zu werden.

Und nun die Königin! die blendendste Erscheinung ihrer Zeit. Sie stand damals in ihrem zweiundbreißigsten Jahr, erblüht zur vollkommensten Entfaltung ihrer Schönheit, ohne an Jugendreiz dadurch verloren zu haben. Schlank und hoch gewachsen, im vollkommensten Ebenmaß der edlen Glieder, unbeschreibliche Anmuth in Gang und Blick, mit hoher Würde gepaart, schien die deutsche Kaisers-Tochter geboren eine ihr huldigende Welt zu beherrschen und zu entzücken.

Sie war blond, blendend weiß, die regelmäßigen Züge, das schöne Oval ihres Gesichts, die strahlenden blauen Augen, die sanft gebogene Adlernase, Alles an ihr vereinte sich zu einer jener zauberrollen Gestalten, wie die Welt selten sie erblickt. Sogar die damals herrschende Mode in aller ihrer geschmacklosen Uebertriebenheit entstellte sie nicht, wenigstens nicht in den daran gewöhnten Augen ihrer Zeitgenossen. Obwohl die Pariser, um doch einen Tadel an ihr zu finden, hin und wieder behaupten wollten, sie habe röthliches Haar, so war es doch schwer hierüber zu entscheiden; der damals übliche bräunliche Puder à la marechalle, den auch die Königin trug, ließ allem Haar einen röthlichen Schein, von welcher Farbe es auch sein mochte.

Ich zweifle, ob die Volkswuth ein gut gemaltes ähnliches Portrait der Königin unzerstört auf die Nachwelt kommen ließ. Ich habe, so viel ich auch darnach geforscht, nie eines gesehen oder davon gehört; doch wäre dieses auch der Fall, so würde jenes lächerlich erscheinende Kostüm doch nie erlauben, ihr volle Gerechtigkeit wiederfahren zu lassen.

Die ihr folgenden Damen, welch reicher Himmel, Stern bei Stern! wer nennet ihre Namen? Mir wurden sie genannt, diese Namen, indem die

glänzenden Erscheinungen langsam an mir vorüber=
zogen; welch ein Geschick stand ihnen allen ganz
nahe bevor! Wie oft habe ich viele dieser großen
Namen später in öffentlichen Blättern schaudernd ge=
lesen! Am deutlichsten erinnere ich mich noch der
Schwester des Königs, der Prinzessin Elisabeth, als
eines unbeschreiblich holden, lieblichen, wenn gleich
durch auffallende Schönheit sich nicht auszeichnenden
Wesens, Sie, die in Noth und Tod treue Freundin;
wohl war sie den Ihrigen ein tröstender Cherub
vom Himmel gesandt! der auf blutiger Bahn in
seine Heimath ihnen nachfolgte, als er seine schwere
Aufgabe auf Erden vollendet und den bittersten Kelch
der Leiden bis auf die Hefen muthig mit ihnen ge=
leert hatte.

Auf der großen Terrasse, dicht vor dem Schlosse,
saß ein kleiner lächelnder Knabe in einem Kinder=
wägelchen, ein etwa achtjähriges schlankes, etwas
bleiches Mädchen, hielt, neben ihm hergehend, ihn
beim Händchen und sah mit ruhigen freundlichen
Augen in die bunte regsame Welt hinein, die sie
umgab. Der Knabe war das schuldloseste Osterlamm
seiner Zeit, der Dauphin; die zierliche kleine Nym=
phe war seine Schwester, nachmals Herzogin von
Angoulème, die unglückseligste ihres Geschlechts.

Hochgebietend, blendend schön ging, die königlichen Kinder begleitend, Diana von Polignac; vielleicht war es nur ihr dem Volke schon damals verhaßter Anblick, das in ihr eine gefährliche Beratherin der Königin zu sehen meinte, was die zahllosen Spaziergänger im Garten abhielt, den kleinen Dauphin wie sonst jubeld zu begrüßen.

Was könnte ich hier noch weiter hinzufügen?

Es wenden die Götter
Ihr segnendes Auge
Von ganzen Geschlechtern,
Und meiden im Enkel
Die eh'mals geliebten,
Still redenden Züge
Des Ahnherrn zu seh'n.

Achtunddreißigstes Kapitel.

> I looked at Monsieur dessein trough and
> through — ey'd him as he walked along, in
> profile — then en face — thought he look'd
> like a Jew — then a Turk.
> *Yorik's sentimental Journey.*

Da waren wir nun in Calais, in dem aus Yorik's empfindsamen Reisen aller Welt bekannten Hotel Dessein, das ich bis dahin nur für eine von Sterne's poetischen Fictionen gehalten hatte und nun auf vielleicht vierundzwanzig Stunden und länger mich selbst darin einheimisch fand; denn vierzig Jahre vor Erfindung der Dampfschiffe mußte noch günstiger Wind und ein Paketboot abgewartet werden, um von Frankreich nach Albion sich zu versetzen.

Es war noch ziemlich frühe am Tage, für heute keine Aussicht sich einschiffen zu können vorhanden, und wir hatten Zeit vollauf, uns in Calais umzusehen. Mit unserm Gasthofe, als der uns zunächst liegenden Merkwürdigkeit, fingen wir an, und gaben die Hoffnung auf, hier eine größere zu finden, denn dieses wirklich kolossale Etablissement konnte an Um=

fang beinahe einer kleinen Stadt sich vergleichen lassen. Ich habe seines Gleichen nie wieder gesehen, und glaube auch nicht, daß es noch irgendwo in der Welt anzutreffen sei. Es war ganz auf das damals durch Wind und Wetter bedingte unwillkürliche Verweilen der Reisenden, besonders der brittischen, berechnet und paßt nicht mehr für unsere rastlose, niemals Zeit habende Zeit.

Der europäische Ruf, den Yorik noch neben der Anwartschaft auf literarische Ewigkeit dem Stifter dieses Hotels verliehen, hatte diesem goldene Früchte gebracht, deren Ertrag er und seine Nachkommen darauf verwandten, im Bezirk desselben alle Comforts zu vereinen, die Reisende wünschen und bedürfen können. Auf die Milords anglois, die ihm in Fülle zuströmten, um in die Fußtapfen ihres berühmten Landsmanns zu treten, war es hauptsächlich dabei abgesehen, das versteht sich von selbst. Bekanntlich aber ist in Frankreich jeder Engländer, der gut bezahlt, ein Mylord; auch gefiel es manchem derselben dort so gut, daß er einige Wochen in Calais verweilte, dann direkt in seinen Laden oder sein Brauhaus in der City zurückkehrte, und Zeitlebens mit der Ehre stolzirte, auf dem Continent und in Frankreich gewesen zu sein.

Die große Anzahl der Zimmer und Säle, die für jeden Stand und jeden Geldbeutel berechnete Einrichtung derselben, will ich übergehen; dergleichen trifft man auch jetzt und mit noch weit größerem Luxus ausgestattet, in viel besuchten großen Städten hin und wieder an, aber nicht so wie hier, die Möglichkeit, sich mit Allem zu versehen, was man auf Reisen bedarf, ohne deshalb gezwungen zu sein, sich nur einen Schritt weit von seinem Gasthofe zu entfernen.

Sattler, Schreiner, Stellmacher, Schmiede, Schlosser, Riemer, alle Gewerke, deren ein Reisender für sein weiteres Fortkommen nöthig haben kann, hatten hier in für sie eingerichtete Werkstätten, ihren eigenen Repräsentanten, und dabei in wohlgefüllten Magazinen das rohe Material zur Hand, dessen sie zu ihrer Arbeit bedurften. Die Remise, deren Yorik erwähnt, stand noch voll Fuhrwerke jeder Art zum Verkauf, daneben ein Magazin mit Koffer und Mantelsäcken von allen Größen und Formen. Schneider und Schuhmacher, Barbiere und Friseurs, waren in Masse zur Auswahl vorhanden, Modisten, Seiden= und Tuchhändler, Bijouteriehändler hielten ihre Waaren, auf das zierlichste zur Schau gestellt, jeder in seinem eignen Laden feil.

In einem großen Schoppen sah ich mehrere hun=

dert rother Rebhühner und eine große Anzahl Hasen und Rehe sorgfältig einpacken, die mit uns nach England überschiffen sollten, und so stieß ich, fast bei jedem Schritt, auf neue Beweise der auf die englischen Guineen sehr weislich speculirenden französischen Industrie.

Das Alles indessen erscheint noch ausführbar, aber was außer in diesem einzigen Fall gewiß noch in keines Gastwirths Herz gekommen, ist der Gedanke, in seinem Garten ein kleines elegantes, mit dem Gasthofe in Verbindung gebrachtes Theater zu erbauen, und darin für die Zeit, während welcher die eigentliche Reisesaison vorhält, auf eigne Kosten eine Schauspielergesellschaft zu etabliren. Desseins Truppe beschränkte sich auf kleine Operetten, Vaudevilles und dergleichen, die sie bei der Darstellung, der ich am nämlichen Abend beiwohnte, mit ziemlichem Geschick und durchaus gutem Humor durchführte. Sehr zufrieden mit meinem in Calais zugebrachten Tage ging ich Abends zu Bette, und ahnete nicht, daß mir am folgenden Morgen noch die größte Merkwürdigkeit dieses Hauses kennen zu lernen bevorstände, den Erfinder und Stifter aller übrigen, den alten Herrn Dessein selbst, in eigner, lebender Person, den ich nach den vielen Jahren, die seit der Erscheinung von Yoriks empfindsamen Reisen verstrichen waren, längst zu seinen Vätern versammelt glauben mußte. Auch hatte ich im Hause, dessen Leitung er seinen Kindern übergeben hatte, nie ihn erwähnen gehört. Eine seltsam gebrochne, mit großer Geläufigkeit jedoch sehr undeutlich perorirende Stimme, machte auf dem Wege zum Garten, wo wir zu frühstücken gedachten, auf eine Gruppe von mehreren Aufwärtern uns aufmerksam, die vor der offenen Thüre eines Bedientenzimmers einen uralten, wenigstens achtzigjährigen Greis umstanden, dessen lange und heftige Rede sie ganz ehrerbietig und andächtig anhörten. Der Alte war ein von der Last der Jahre zusammengedrücktes, in sich versinkendes, von einem dünnen Morgenrock umflattertes Skelett, mit einem Paar dunkelglühenden Augen, in welche der ganze Rest des ihm noch inwohnenden Lebens sich augenscheinlich zurückgezogen hatte. In der Hand hielt er einen in traurigen Umständen befindlichen Strohsessel, das Thema seiner Rede, in welcher er sehr eindringlich seinen Zuhörern das Unrecht vorhielt, ein Möbel durch Vernachlässigung so weit herunter kommen zu lassen, während mit einem einzigen Hammerschlag und einem Nagel der Schaden gleich anfangs geheilt und es noch auf lange Jahre dem Hause erhalten werden könne.

Ein alter Franzose damaliger Zeit blieb höflich bis zum letzten Hauch seines Lebens. Sobald Herr Dessein uns gewahr wurde, verabschiedete er sein Auditorium auf der Stelle und eilte, mit für seine Jahre bewundernswerther Leichtigkeit, auf uns zu, um sich wegen der unanständigen Scene, wie er sie nannte, zu entschuldigen, von der wir wider seinen Willen Zeugen geworden waren. Er gab sich daneben als der, der er war, zu erkennen und war entzückt, als wir unsere Freude ihm ausdrückten, einen in der Welt so berühmt gewordenen Mann persönlich kennen zu lernen.

Wundern Sie sich nicht, daß ich von einer solchen Misere, als ein alter zerbrochener Strohstuhl ist, so viel Aufhebens mache, sprach er beim Scheiden; auch das Geringste zu beachten, ist der nächste Weg zum Großen zu gelangen, und ich lasse noch bis auf den heutigen Tag keine Woche vergehen, ohne jedes einzelne Zimmer in diesem weitläufigen Hause recht gründlich zu revidiren.

Neunundbreißigstes Kapitel.

>Wie ohne Rast die Fluth der leichten Wogen
>Sich zitternd regt, im wandelbaren Schaum,
>Wie ewig neu der Wolke zarter Flaum
>Verschwebend wallt am blauen Himmelsbogen,
>So werd' auch ich unruhig fortgezogen,
>Bild folgt auf Bild, und Traum zerrinnt in Traum.
>   Ernst Schulze.

Der Wind war indessen uns günstig geworden, ein englisches Packetboot lag seegelfertig, wir schifften uns ein. Ich etablirte mich in einem auf dem Verdecke fest gebundenen Lehnstuhle, denn mir grauete vor der schwülen dumpfen Kajüte. Das Wetter war schön, ich freuete mich auf die herrliche Wasserfahrt; aber ach! das Meer behandelte seine Verehrerin nicht freundlich; krank, krank, sterbenskrank, wie ich meinte, war ich bereit, mein Leben für eine Nußschaale hinzugeben, so entmuthigte mich das für den Augenblick trostloseste aller Uebel! Zum Glück währte dieser Zustand nicht lange. Nach wenigen Stunden landeten wir in Dover, und all mein Leid war vergessen.

Wir hatten, um die Kosten und Umständlichkeiten

des Einschiffens zu vermeiden, unsern in England ohnehin leicht zu entbehrenden Wagen bis zu unserer Wiederkehr in Herrn Desseins Remise stehen lassen, und traten noch am Tage unserer Ankunft in Dover die Reise nach London in einer Stage coach an. Es war das erste-, und blieb das einzigemal, daß ich in einem solchen, aus meinen englischen Romanen mir wohlbekannten Fuhrwerke mich befand. Sehr gespannt auf alle die interessanten Ereignisse, die mir in demselben begegnen würden, setzte ich recht bequem und erwartungsvoll mich zurecht und erlebte gar nichts, außer daß ich am folgenden Morgen ganz wohlbehalten in London anlangte. Nicht einmal ein Highwayman, von denen es in meinen Romanen doch wimmelte, hatte während dieser prosaischen Nacht sich blicken lassen, und diese jetzt ganz verschollenen irrenden Ritter waren doch damals, sogar noch außerhalb der Zeitungsblätter, in der Nähe von London wirklich vorhanden.

Von Allem, was ich während meines damaligen Aufenthalts in London, und auf unsern kurzen Ausflügen in den Umgebungen der kolossalen Stadt sah und bemerkte, will ich hier nichts erwähnen; was ich von England und Schottland zu sagen weiß, habe ich längst nach einer zweiten weit späteren Reise

dem Urtheile der Lesewelt unterworfen, die mit nach=
sichtigem Wohlwollen es aufgenommen hat.

Ueberdem hatte ich, mir selbst völlig unbewußt,
schon von Danzig aus meine Reise in einem Zu=
stande angetreten, in welchem Frauen keine unterneh=
men sollten, ohne von dringender Nothwendigkeit da=
zu gezwungen zu werden. Ich befand mich übrigens
wohl, aber es wurde mir täglich schwerer, mich mit
jener Leichtigkeit von einem Orte zum andern zu be=
wegen, wie es doch noch ganz vor Kurzem der Fall
gewesen war.

Schopenhauer, wie alle angehende Väter, hoffte
auf einen Sohn und Erben seines Namens; jeder
von ausländischen Eltern in England, ja selbst nur
auf einem englischen Schiffe Geborne, wird durch
seine Geburt bekanntlich ein Engländer, gewinnt
durch sie alle übrigens unerkäuflichen Vorrechte eines
solchen, und wird in jeder Hinsicht als ein echter
Sohn Albions betrachtet.

Daß mein Mann unserm zu hoffenden Sohne
dieses besonders für seine Verhältnisse als Kaufmann
sehr bedeutende Vorrecht zu verschaffen wünschte, da
die Gelegenheit dazu so vollkommen sich darbot, daß er
Alles anwandte, um mich zu bewegen, meine Nieder=
kunft in London abzuwarten, war sehr natürlich;

aber auch mir wird wenigstens keine Frau das offene
Geständniß verargen, daß es mir diesmal unendlich
schwer wurde, mich seinem Wunsche zu fügen.

Erst nach sehr harten Kämpfen mit mir selbst,
die ich ganz allein bestand, gelang es mir, mein in=
neres Widerstreben zu besiegen, die bange Sehnsucht
nach der beruhigenden Gegenwart, der wohlthätigen
Pflege meiner Mutter in jener mir immer näher
rückenden schweren Stunde.

So ergab ich mich denn endlich auf leidlich gute
Art dem Willen meines Mannes, dem ich, außer
dem, was mich selbst allein betraf, eigentlich nichts
Vernünftiges entgegenzustellen wußte; anfangs zwar
mit schwerem, dann aber mit durch äußere Veran=
lassung sehr erleichtertem Herzen.

Die Fertigkeit, mich in der Landessprache mitzu=
theilen, die leichte und willige Art, mit der ich in
ihre Sitten und Gebräuche mich schickte, machten
mich bei den Familien, in welche ich eingeführt wurde,
zu einem gern gesehenen Gaste, während mein Zu=
stand in einem fremden Lande bei so großer, anschei=
nend noch an Kindheit grenzenden Jugend, mir die
wärmste Theilnahme der älteren Frauen erwarb.
Lange Zeit habe ich immer für weit jünger gegolten,
als ich es eigentlich war, und obgleich ich damals

schon vor zwei Monaten mein einundzwanzigstes Jahr vollendet hatte, so bestanden meine englischen Freundinnen doch darauf, daß ich unmöglich älter sein könne als siebzehn, höchstens achtzehn Jahre.

Von allen Seiten kamen sie mit tröstendem, wahrhaft mütterlichem Zuspruch mir entgegen, suchten meine zu ängstliche Bangigkeit zu bekämpfen, überließen so wenig als möglich mich meinen trüben Gedanken, verhießen mir die Stelle meiner Mutter gewissenhaft und liebend zu ersetzen, mich und mein Kind zu pflegen, mich unter keiner Bedingung zu verlassen, und überdem Alles, was ich sonst noch bedürfe, recht pünktlich zu besorgen. Doctor Meyer, ein deutscher, in London hochgehaltener Arzt, den mein Mann mir zuführte, trug durch seine Theilnahme, seine geistreiche Unterhaltung und das in der Fremde so mächtige und anziehende Band landsmannschaftlicher Verwandtschaft viel dazu bei, mich mit meinem Entschluß völlig auszusöhnen, und ich sah, von allen Seiten mit liebenden Freunden umgeben, jetzt ruhig der Zukunft entgegen.

Die schönen Monate September und October vergingen unter mancherlei Freuden und Genüssen, der düstere November kam herbei mit seinen trüben, nebelvollen Tagen, während welchen man in London oft nur wenige Stunden brennende Kerzen und Lampen entbehren kann, und nun verfiel mein Mann plötzlich in die nämliche ängstliche Sorge um mich, von der ich eben mich losgekämpft hatte.

Meine stille Ergebung in seinen Willen hatte einen weit tieferen Eindruck auf sein Gemüth gemacht, als er es anfangs mir zeigen mochte, die große Theilnahme, die ich überall fand, erweckte in ihm Befürchtungen mit meinem in London=Bleiben verknüpfter Gefahr, die ihn endlich zu dem Entschluß bewogen, alle Pläne für unser noch ungeborenes Kind aufzugeben, um mich nur im Schutz und in der Pflege meiner Mutter zu sehen. Wir hatten jetzt wirklich im wörtlichsten Sinne die Rollen gegenseitig vertauscht und kamen endlich nach vielem Hin= und Wiederstreiten überein, daß der damals berühmteste Arzt in London, der bekannte Doktor Hunter, über unser Gehen oder Bleiben entscheiden solle.

Der große Mann erhob sich ein ganz klein wenig in seinem Lehnsessel, beugte beinahe unmerklich das Haupt und lud mit einer Bewegung der Hand uns schweigend zum Niedersitzen ein, als wir sein Zimmer betraten.

Mein Mann setzte die Veranlassung unsers Besuches ihm aus einander, ich schob bescheiden eben=

falls ein paar Wörtchen ein; Doctor Hunter sah forschend mich eine Weile an, als wolle er mich durch und durch sehen, hielt ein paar Augenblicke meine Hand, um meinen Puls zu beobachten und versicherte dann, daß für Frauen in meinem Zustande Bewegung sehr heilsam sei, daß noch nie eine an der Seekrankheit gestorben wäre, und daß wir folglich, sobald es uns bequem sei, die Reise nach dem Continent antreten könnten; nur wolle er uns unmaßgeblich den Rath ertheilen, zu lange Tagereisen zu vermeiden.

Die ganze Verhandlung war in weniger als einer kleinen halben Stunde abgethan, Doktor Hunter steckte die beiden Guineen, die er erhielt, sehr gleichgültig ein und verabschiedete uns eben so höflich als er uns empfangen.

Zwei Guineen war sein festgesetzter Preis für einen in seinem Hause empfangenen Krankenbesuch; für einen außerhalb desselben verlangte und erhielt er das doppelte Honorar.

Und so war denn durch Doctor Hunters Orakelspruch Alles ohne Widerrede entschieden; wir besorgten die nothwendigen Reiseanstalten und, nach einem recht schmerzlichen Abschiede von meinen Londoner Freunden, war ich an einem der letzten Abende des

Monats November, jedoch nicht in einer Stage coach, in Dover glücklich angelangt und hinter einer Schüssel voll der größten Austern placirt, die ich jemals früher oder später gesehen. Eine derselben mit einem Schluck zu bewältigen war unmöglich, sie mußten zerschnitten werden und wurden dadurch eben nicht einladender.

Ganz unerwartet wurden wir schon um drei Uhr geweckt, um uns bei plötzlich günstig gewordenem Winde an Bord zu begeben; gewiß eine harte Zumuthung, aber wir mußten ihr folgen.

Als wir bei dem Packetboote anlangten, wollte mein Mann mich nicht auf die gewöhnliche Art hinaufsteigen lassen; es mußte von einem im Hafen liegenden Schiffe ein zu dem Zweck eingerichteter Lehnstuhl geholt werden, um mich hinauf zu ziehen, und als dieser endlich herbeigeschafft worden war, suchte mein Mann durch reichliche Trinkgelder die Matrosen zu bestimmen, sich zuvor herauf ziehen zu lassen, um sich von der Sicherheit der Anstalt und der Stärke der Stricke zu überzeugen, ehe er mich ihnen anvertrauete.

Neptuns lustige Söhne erfüllten einer nach dem andern unter lautem Lachen sein Begehren und schienen darin gar nicht ermüden zu wollen. Am Ufer des Meeres, beim Scheine der Laternen, übrigens in dunkler Nacht, gab dies eine Scene, der Darstellung des in diesem Fache unübertrefflichen Zeichners Cruikshank nicht unwerth, die mich unendlich belustigt haben wurde, hätte ich mit einiger Bequemlichkeit und nicht vom kalten Nachtwinde durchweht, ihr beiwohnen können.

Endlich war ich glücklich an Bord und in der Kajüte in einem wohl durchwärmten Bette untergebracht; eine englische Dame, die ich in derselben vorfand, nahm sehr menschenfreundlich sich meiner an und setzte sich neben meinem Lager, um mich zu verpflegen, da sie, wie sie versicherte, der Seekrankheit nicht unterworfen sei, indem sie schon zweimal die Reise nach Ostindien bestanden habe.

Das Alles war sehr tröstlich und vortrefflich, so lange das Schiff ruhig lag, doch kaum waren die Anker gelichtet, als meine Pflegerin von Schwindel ergriffen sich fühlte, wenige Minuten darauf lag sie in einem Bette mir gegenüber, fast nicht minder leidend als ich selbst es war.

Der uns übrigens günstige Wind war in Sturm übergegangen, pfeilschnell flogen wir über die wildempörten Wogen hin, und die träge Novembersonne war kaum aufgegangen, als wir nach kaum vier Stunden in Calais landeten.

Unser Wagen wurde aus Monsieur Desseins gastlicher Remise wohlbehalten hervorgezogen und ich gewann einige Stunden Zeit zum Ausruhen, während die höchst langweiligen und verdrießlichen Verhandlungen im Zollamte abgethan wurden; dann setzten wir unsern Weg fort, um bald ein leidliches Nachtquartier zu erreichen.

In Lille ließ ich ein paar Tage von unsern Freunden wie ein verzogenes Kind mich pflegen; in Lüttich, wo keine uns bekannte Seele lebte, mußte ich, zum Erstenmal seit wenigstens zehn Jahren, einen ganzen Tag im Bette zubringen, weil das schnelle Reisen meine Kräfte erschöpft hatte. Dann ging es nach dem nahen Aachen. Dort verbrannte ich in einem frisch aus der heißesten Quelle geschöpften Glase Wasser aus kindischer Neugier mir die Finger, und verlor darüber einen nicht kostbaren, aber mir sehr werthen Ring; weiter weiß ich für dasmal von der uralten berühmten Kaiserstadt nichts zu bemerken.

Von der vortrefflichen Kunststraße, die jetzt von Köln nach Mainz, längs dem Rhein, durch das Paradies von Deutschland führt, war vor funfzig Jahren noch keine Spur vorhanden; der Weg war theils unfahrbar, theils gefährlich und in keinem Fall uns zu empfehlen. Wir wandten uns also von Aachen geradezu nach Düsseldorf, um von dort aus durch Westphalen den kürzesten Weg nach Berlin einzuschlagen, ohne das, wegen seiner Düsterheit damals verschrieene Köln mit seinen dreihundert Kirchthürmen, welche die Sage der frommen Stadt zuschrieb, zu berühren.

So viel ich von Düsseldorf, das ich seitdem nicht wieder gesehen, mich erinnere, machte die Stadt einen recht freundlichen Eindruck auf mich; die berühmte, damals noch nicht nach München abgeführte Bildergallerie war die erste bedeutende, die ich seit Berlin und Potsdam, oder vielmehr überhaupt gesehen, und staunend über den Reichthum, der hier sich mir offenbarte, schlich ich langsam durch die weiten Räume, bis ich vor Rubens' jüngstem Gerichte stand. Auch dieses weltberühmte Gemälde habe ich seitdem nicht wieder erblickt, aber den gewaltsamen, ich kann sagen fürchterlichen Eindruck, den es auf mich machte, haben die funfzig Jahre, die seitdem verstrichen sind, nicht völlig auslöschen können.

Alle diese wunderseltsam in einander verschlungenen nackten Leiber, verzweifelnder oder zu Paradiesesseligkeit entzückter Menschen, die wilden Teufelsfratzen, die holden Engelsbilder, die alle zusammen rings um das kolossale Gemälde zu einem schauerlichen Kranz sich gleichsam verflechten! ich konnte vor innerem Grauen den Anblick kaum ertragen, und auch nicht mich davon abwenden. Lange hat er wachend und im Traume mich verfolgt. Ich wünsche, das Gemälde jetzt wieder zu sehen, um es in der Wirklichkeit mit dem zu vergleichen, das noch immer meiner Phantasie davon vorschwebt.

Aber wie soll ich es anfangen, um die tragikomischen, oft unüberwindlich, oft unaushaltbar scheinenden Mühseligkeiten unserer ferneren Reise durch Westphalen gebührend zu beschreiben? diese mit großen rohen Feldsteinen überschütteten Straßen, welche die Leute Chausseen nannten, auf welchen wir Tage lang uns fortschleppen lassen mußten, wollten wir nicht zur Abwechselung auf dem daneben hinlaufenden sogenannten Sommerwege bis über die Achse in Koth versinken!

»Ah quel chien de pays!« rief ich an allen Gliedern wie zerschlagen, halb lachend halb weinend mit Voltaire aus, an dessen Bericht von dem Schlosse des Monsieur le baron van Tonderstronkhausen mich hier Alles erinnerte. Hülfreiche Bauern begleiteten uns oft große Strecken weit, um unsern Wagen an recht gefährlichen Stellen vor dem Umfallen zu bewahren, oder mit langen Hebebäumen ihn aus den Löchern zu lüften, in die er versank.

In den jetzt nicht zu umgehenden Nachtquartieren lauschte ich Nächte hindurch dem traulichen Gepiepe gesellig mich umtanzender Mäuse; in den vereinzelt liegenden Posthaltereien, wo wir anhielten, um Pferde zu wechseln und ich aus dem Wagen stieg, um von der langwierigen Session in demselben mich zu erholen, wurde ich jedesmal in die sehr geräumige Küche gleich am Eingange geführt, die zugleich zum Wohnzimmer diente. Mitten in derselben, auf einem sehr wenig erhöheten Heerde, brannte ein gewaltiges Torffeuer, über welchem, in an der Decke befestigten eisernen Ketten, ein ziemlich großer offener Kessel hing, in welchem ein schwärzliches Gebräude brobbelnd kochte, das die Leute Kaffee nannten. Uebrigens war es unmöglich, hier aufrecht zu gehen oder zu stehen, ohne zu ersticken, denn wegen der unter dem Dache zum Räuchern aufgehängten Schinken und Speckseiten, dem weltberühmten Erzeugniß dieses Landes, war das Gebäude mit keinem Schornsteine versehen, und eine undurchdringlich dicke Rauchsäule senkte bis etwa zwei Ellen über dem Fußboden sich von oben herab, die den ganzen übrigen Raum ausfüllte.

Eine Gesellschaft des Rauches wegen ganz gebückt sitzender Bauern bildete, den Tabackspfeifenstummel im Munde, rings um das Feuer einen Kreis, und hatte auch wohl die Gefälligkeit zusammen zu rücken, um mir in ihrer Mitte ein Plätzchen, wo ich mich erwärmen könne, einzuräumen, wenn die Wirthin sie darum ersuchte.

Und wieder seufzte ich innerlich, ah quel chien de pays! hütete mich aber etwas dem Aehnliches zu äußern, denn die Kaffeegesellschaft sah gar nicht darnach aus, als ob sie geneigt wäre, dergleichen gelassen hinzunehmen.

Dieser Zustand wiederholte sich während mehrerer Tage, denn bei dem jetzt eingetretenen unaufhörlichen Regen und den entsetzlichen Wegen kamen wir nur sehr langsam vorwärts. Mancher andere wirklich tragikomische Unfall, der uns betraf, diente uns mitunter zur erheiternden Abwechselung; so kauften wir zum Beispiel einmal unterwegs einen Hasen, freuten uns der Aussicht auf ein seltenes gutes Souper, und als wir in unserm Nachtquartier anlangten, war im ganzen Orte Niemand aufzutreiben, der dem ehrlichen Lampe das Fell abzuziehen verstand.

Eine in einem guten Bette von Mäusen unbeunruhigt durchschlafene Nacht hatte in Osnabrück mir neue Kräfte verliehen; bei dem Postmeister der nächsten nur drei Meilen entfernten Station, den wir, im Begriff nach Hause zu reisen, in unserm Gasthofe antrafen, bestellten wir Nachtquartier, und ruhten nun getrosten Muthes bis gegen Mittag in Osnabrück aus, in der festen Ueberzeugung, für den Abend auf das vortrefflichste gesorgt zu haben.

Wir reisten ab; anfangs ging Alles herrlich bis ungefähr eine Viertelstunde vor der Stadt, dann aber empfing uns die gräßlichste aller westphälischen Chausseen, die unsere Geduld und unsern Wagen bis jetzt auf die Probe gestellt hatten, eine Sammlung der größten ganz unbehauenen sorglos über einander hingeworfener Feldsteine bildete diesen Weg; so mag vor der Schöpfung die Welt ausgesehen haben! Schritt vor Schritt krochen die Pferde vorwärts, bis endlich unser Wagen es müde wurde. Ein heftiger Stoß, ein lauter Krach, und da lagen wir mit einer zerbrochenen Achse, bei einbrechender Nacht und heftig strömendem Regen, mitten im Wege.

Guter Rath war hier theuer, weit und breit kein Gasthof, kein schützendes nicht mit Rauch angefülltes

Obdach. Schon machte ich Anstalt, etwas zu verzweifeln; da erschien als rettender Engel der Verwalter eines nahe liegenden adeligen Gutes, den unser gescheuter Postillion ganz in der Stille herbeigeholt hatte, und mit diesem noch ein halb Dutzend rüstiger Knechte. Jetzt war nur noch die Frage, wie ich fortzubringen sei, denn für unsern Wagen war nun gesorgt.

Auch hier wußte der Verwalter Rath; ein wegen seiner außerordentlichen Stärke weit und breit berühmter Mann wurde aus dem Dörfchen herbeigeschafft, um mich ins Schloß zu tragen, wo zwar die Herrschaft nicht mehr anwesend war, der Verwalter aber für diese Nacht uns dennoch unterzubringen versprach. Der Riese kam, groß und breit wie Sankt Christopherus; leicht, als wäre ich eine Feder, trug er bei Laternenschein mich Zitternde auf seinen Armen durch dick und dünn, von herabströmenden Regengüssen umsäuselt. Stark war er, das ist gewiß, und ging unter seiner Last sichern Trittes vorwärts, doch leider war er engbrüstig, wie er mir unterwegs klagte, und mußte deshalb alle acht Schritte ohne sonderliche Auswahl des Platzes mich auf die Füße stellen, um zu verschnaufen. In welchem Zustande ich daher nach allem diesen im Schlosse anlangte, ist leicht zu errathen, das übrigens gar nicht an Tonderstronkhausen erinnerte, sondern alle Bequemlichkeiten uns darbot, die wir vernünftiger Weise wünschen konnten.

Um die Abenteuer dieses abenteuerlichen Tages würdig zu beschließen, mußte auch der einzige Schmied des Dorfes ein paar Stunden vor unserer Ankunft mit Tode abgegangen sein. Ein anderer wurde aus einem ziemlich weit entlegenen Orte herbeigerufen. Er kam am folgenden Morgen, schweißte die zerbrochene eiserne Achse zusammen und verlangte vier Louisd'or für eine Arbeit, die mit halb so viel Thalern überreichlich bezahlt gewesen sein würde.

So en Mylord anglois mitten in Deutschland behandelt zu werden, war uns doch zu viel; mein Mann stritt hin, der Schmied stritt her, endlich trat der Verwalter vermittelnd dazwischen und bestimmte beide Parteien im nächsten Dorfe, wo heute eben Gerichtstag gehalten werde und durch welches ohnehin unser Weg ging, die Sache durch den dortigen Gerichtshalter entscheiden zu lassen.

Bei dicht verschlossenen Fensterladen hielt ich eine Stunde darauf in unserm Wagen vor dem Gerichtshofe, während mein Mann hineinging, umtobt von der muntern Dorfjugend, von unter sich zankenden

Weibern laut umschrien, drückte ich ganz still mich in eine Ecke. Endlich kam sogar unter Fluchen der Widersacher mit einem Beile in der Hand, um die eben von ihm reparirte Achse wieder zu zerschlagen, wovon die Umstehenden nur mit großer Mühe ihn zurückhielten; bald darauf wurde der Wagenschlag heftig aufgerissen, Schopenhauer sprang sehr erhitzt herein und wir fuhren ab.

Ah quel chien de pays! rief nun auch er, und diesmal gewiß nicht mit Unrecht. Der Herr Gerichtshalter hatte erklärt, die zusammengeschweißte Achse sei eine Kunstarbeit, die er nicht zu beurtheilen verstehe, wir möchten daher gefälligst im Orte verweilen, bis die gehörige Anzahl Schmiedemeister aus der Umgegend versammelt werden könne, um sie zu tariren, oder die vier Louisd'or bei ihm einstweilen deponiren, von denen das etwa übrig bleibende uns gewissenhaft nachgeschickt werden solle. Welchen von diesen beiden Vorschlägen mein Mann befolgte, ist wohl keine Frage.

Nach vielen noch erlittenen Püffen und Stößen sahen wir endlich das ersehnte Städtchen Bohmte vor uns; der Postmeister, der schon am vorigen Abende uns erwartet hatte, begegnete uns, erkundigte sich nach der Ursache unsers Ausbleibens und schlug dann einen näheren Fußsteig. nach seinem Hause ein, um unsern Empfang vorzubereiten, während wir auf der Landstraße weiter fuhren.

Und wieder gab es einen gewaltigen Stoß, einen Krach, und wieder, wie am gestrigen Abende, nur bei hellem Tage und heiterem Himmel, lagen wir. Die Unglücksachse war ebenfalls an der nämlichen Stelle gebrochen. Diesesmal aber vertrauete ich lieber meinen eignen Füßen und dem stützenden Arm meines Mannes, um die wenigen Schritte bis zum Posthause zurückzulegen.

Das Unangenehmste dabei war, daß wir an diesem Tage nicht weiter fahren konnten, aber wir waren gut aufgehoben, bei guten, freundlichen Leuten. Ach nur zu freundlichen! Der Herr Postmeister kam gleich nach Tische, meinem Manne Gesellschaft zu leisten, die Frau Postmeisterin zu mir, sobald ihre Geschäfte dies erlaubten und brachte noch ein halb Dutzend kleiner niedlicher Postmeisterlein beiderlei Geschlechts mir zur Erheiterung mit. Was konnte ich unter solchen Umständen besseres thun, als unter dem Vorwande recht großer Ermüdung recht frühe zu Bette zu gehen?

Mit diesem Tage waren auch alle Tribulationen beendet, die wir bisher standhaft ertragen; auf leid=

lichen Wegen erreichten wir bald die westphälische
Grenze, kamen durch bekannte, befreundete Städte,
und endlich wohlbehalten in Berlin an.

So erging es uns, genau so, ohne alle Uebertrei=
bung, in Westphalen; aber vor funfzig Jahren und
in der Reisenden ungünstigsten Jahrszeit, das ist da=
bei wohl zu erwägen. Die immer höher steigende,
überall sich verbreitende Kultur der neueren Zeit, hat
gewiß jetzt auch dort Vieles, wenn gleich vielleicht
nicht Alles, verändert und verbessert.

Vierzigstes Kapitel.

>Le plus beau jour du voyage,
>Ah c'est le jour du retour.
>*La Colonie.*

Doctor Hunters Ausspruch bewährte sich glorreich
durch den Erfolg; glücklich und gesund langte ich
am letzten Tage des Jahres sieben und achtzig in
meiner lieben Vaterstadt, im noch lieberen Kreise der
Meinen an. Die auf dem Hinwege ängstlich ver=

miedenen Nachtquartiere zwischen Berlin und Danzig fand ich jetzt vortrefflich, sobald ich dabei an Westphalen zurückdachte und achtete im Gefühl des nahen Wiedersehens weder Ermüdung noch Unbequemlichkeit.

Meine Erscheinung nach der Reise führte im Kreise meiner Landsmänninnen eine große Revolution herbei. Sämmtliche Poschen und Reifröcke sanken in ihr voriges Nichts zusammen, denn gleich am ersten Tage meiner Ankunft in Paris waren die meinigen als eine unerträgliche Antiquität, une mode d'avant hier, dem herrschenden Geschmacke des Tages zum Opfer gefallen. Die Frisur war von den lästigen Unterlagen befreiet, und alle Damen ließen, nach meinem Beispiel, zwischen den tief ins Gesicht gezogenen, bis auf die Schultern herabhängenden, wohl pomadisirten und gepuderten Locken, nur Mund, Augen und Nase sichtbar werden.

Geliebt, gehätschelt, von Mutter und Schwestern und allen mir Nahestehenden gleichsam auf Händen getragen, vergingen mir die Tage und Wochen, bis ich am zwei und zwanzigsten Februar des Jahres acht und achtzig die frohe Mutter eines kräftigen gesunden Knaben wurde.